JN441058

Answer

질문하는 문법

김의수

박영사

머리말

이 책은 한국어의 단어와 문장이 가진 문법적 특징을 다룹니다. 기초부터 시작하여 깊이 있는 내용에 이를 수 있게 만들었죠. 이런 내용을 책 한 권에 다 담기는 힘들어 부득이 두 권으로 나누게 되었고 이 책이 바로 그 첫 번째 책입니다. 두 권에 담길 내용은 다음과 같습니다.

1부. 문장의 재료
  1장. 단어의 종류
  2장. 단어의 구성
2부. 문장의 짜임
  3장. 문장의 구성
  4장. 문장의 확대
3부. 문장의 양상
  5장. 문장의 변경
  6장. 문장의 한정
  7장. 문장의 부정
  8장. 문장의 너머

1부와 2부는 이 책에 있고, 3부는 다음 번 책에 담길 예정입니다. 주인공은 문장이며 1부는 문장의 재료가 되는 단어를 다루고 2부는 이를 바탕으로 문장의 구조를 살핍니다. 1장에서는 단어의 종류에 관한 품사론을, 2장에서는 단어의 내부 구성에 관한 조어론을 이야기하죠. 품사론과 조어론은 형태론의 두 축입니다. 형태론은 단어를 다루는 언어학의 하위분야예요.

문장에 관한 본격적인 이야기는 2부와 3부에서 이루어집니다. 이걸 통사론이라고 부르죠. 단어를 다루는 형태론과 문장을 다루는 통사론을 합하여 문법론이라고 부릅니다. 혹시 문장이 명제와 양상으로 이루어져 있다는 거 아세요? 문장을 주어와 서술어의 결합이라고만 알고 있다면 이 책을 읽고 크게 느끼는 바가 있을 겁니다. 2부에서는 문장의 기본 구성과 그것을 바탕으로 한 확대 구성을 살펴보죠. 3장은 문장이 명제와 양상으로 이루어져 있다는 걸 알려주고, 4장은 내포와 접속을 통해 문장이 어떻게 확대될 수 있는지를 보여줍니다.

이렇게 2부가 끝나고 이어지는 3부는 문장의 양상에 관한 다양한 이야기로 꾸며집니다. 2부가 문장의 명제 중심이라면 3부는 문장의 양상 중심이죠. 5장에서는 피동과 사동을, 6장에서는 시제와 상을, 7장에서는 문장의 부정을, 8장에서는 높임과 종결을 다룹니다. 이런 것들이 문장의 옷에 해당합니다. 아까 2부의 명제는 문장의 몸이고요. 문장의 몸과 옷이 명제와 양상입니다.

문법에 관한 이야기는 자칫 딱딱해질 수 있는데 그걸 피하고자 대화의 형식으로 내용을 전개해 보았습니다. 한 명의 교수와 스물세 명의 학생들이 강의실에서 만나 질문하고 대답하며 문제를 함께 풀어 나가죠. 교수의 일방적인 강의가 아니라 학생들이 능동적으로 참여하여 알쏭달쏭한 문제들을 풀어 나가는 걸 보노라면 어느새 여러분은 한국어의 단어와 문장에 대한 깊이 있는 이해에 도달해 있는 자신을 발견하게 될 것입니다.

이 책은 한국어 문법에 대한 그동안의 틀에 박힌 내용에서 벗어나 매우 초보적인 수준에서부터 학계의 최신 이슈들에 이르기까지 여러 흥미로운 내용을 깊이 있게 다룹니다. 현재 중학교나 고등학교에서 국어 문법에 관심을 가지고 공부하는 학생이나, 대학의 국어국문학과나 국어교육과, 한국어교육과에서 전공 공부나 임용고시 준비를 하는 학생들, 대학원의 석사나 박사 과정에 진학하여 국어학을 전문적으로 연구하거나 한국어교육 전문가 되기를 꿈꾸는 이들에게 이 책은 친절한 안내자가 되어 줄 것입니다.

언어는 생각의 집입니다. 그런 언어를 구성하는 근간이 바로 단어와 문장이고요. 이 책에 쓰여 있는 무수한 단어와 문장들 사이로 아들과 아내의 잔잔한 미소가 떠오릅니다. 이 모든 것이 내게 주신 가없는 하나님의 은혜임을 고백합니다.

2025년 12월 어느 날
늘을 서재에서
김의수 씀

목차

2장 | 단어의 구성 128

2부 문장의 짜임 187

3장 | 문장의 구성 189

1부

문장의 재료

1장 단어의 종류

1 너는 꼬리가 있니?: 단어 분류의 형태적 기준

교수

여러분, 반갑습니다. 지난 시간까지 우리는 언어의 특징, 그리고 언어 연구의 분야와 흐름에 대해 살펴보았습니다. 언어의 대표적인 특징은 기호성, 창조성, 추상성이고, 언어학의 핵심 분야에는 음운론, 형태론, 통사론, 의미론, 화용론이 있으며, 언어학의 세 가지 주요 입장은 전통문법, 기술문법, 생성문법이라는 걸 알았습니다. 이에 대해 궁금하신 분은 『질문하는 언어학』(박영사, 2024)을 보시기 바랍니다.

이제는 더 깊숙이 언어 안으로 들어가 그 생생한 모습과 작동 원리를 살필 것인데, 그 주인공은 바로 문장입니다. 문장은 우리에게 매우 친숙한 언어단위죠. 매우 중요하기도 하고요. 그런 문장의 이모저모를 여러분과 함께 탐구해 볼 것인데, 이러한 논의를 언어학에서는 '통사론'이라고 부릅니다. 그런데 문장을 제대로 이해하려면 그것의 재료가 되는 단어에 대해서도 알아야 합니다. 이것을 다루는 분야는 '형태론'입니다. 형태론과 통사론을 한데 묶어 '문법론'이라고 불러요. 단어와 문장에 대한 과학, 문법론의 세계로 여러분과 함께 여행을 떠나 보겠습니다. 시작은 형태론, 그중에서도 단어의 종류를 구분하는 품사론에서부터입니다. 자, 그럼, 1조부터 문제를 풀어 볼까요?

학생 1

1조 '집에 가고 싶죠'입니다. 문제는 '품사란 무엇이고, 그것의 3가지 설정 기준은 무엇이며, 그에 따라 한국어에서 품사는 많게는 몇 개, 적게는 몇 개인가?'입니다. 저희 조에서 찾은 답은 이렇습니다. 품사란 단어의 종류이고, 품사 설정 기준은 형태적 기준, 통사적 기준, 의미적 기준의 세 가지이며, 한국어 품사는 많게는 9개, 적게는 2개입니다.

교수

문제 안에 작은 문제들이 3개나 들어 있습니다. 그 세 문제들도 간단한 게 아니고요. 일단 잘해 주었습니다. 그럼, 차근차근 음미해 볼까요?
먼저 중요하게 등장한 게 '품사'입니다. 학생이 말한 대로 품사란 단어의 종류를 뜻합니다. 그런데 '품사'라는 말이 좀 어렵죠? 생소합니다. 여전히 나에게도 그래요. 그래서 나는 품사라는 말이 나오면 그걸 얼른 '단어 종류'로 바꾸어 이해한답니다. 일종의 번역이죠. 그렇게 사실은 한국어 간에도 번역이 필요합니다. 낯선 단어, 쉽게 친숙해지지 않는 용어는, 익숙한 단어, 친숙한 용어로 즉시 바꾸어 이해하는 거죠. 그게 학문을 잘하기 위한 중요한 팁 중 하나입니다. '품사'는 '단어 종류'입니다.
이제 그 다음 단계입니다. 단어를 종류별로 구분하기 위해서는 어떤 기준이 필요하겠죠? 학생, 아까 들었던 품사 분류의 3가지 기준이 뭐죠?

학생 1

예, 형태적 기준, 통사적 기준, 의미적 기준입니다.

교수

그래요. 그런데 아까 그 세 가지 기준이 각각 무엇인지 풀어 주지는 않았던 것 같아요. 그렇죠? 지금 설명해 주면 좋겠어요.

학생 1

아, 예. 음... 먼저 '형태적 기준'이란, 그 단어가 '어미'를 취하느냐를 보는 것입니다. 그래서 어미를 취하는 것을 '가변어'라고 하고, 어미를 취하지 않는 것은 '불변어'라고 합니다.

교수

좋아요. 여기서 '어미'가 등장했는데, 그게 뭔가요?

학생 1

동사나 형용사가 활용할 때 변하는 부분입니다.

교수

꽤 어려운 내용인데 어떻게 그렇게 잘 대답을 하나요?

학생 1

아, 예... 너무 어려워서 미리 좀 찾아봤습니다.

교수

준비성이 대단하네요. 좋습니다. 일단, 학생이 잘 말해 준 덕에 진행하기가 상당히 수월해졌어요. 동사나 형용사가 활용할 때 변하는 부분이 어미이다. 그렇다면 변하지 않는 부분도 있다는 거네요, 동사나 형용사가 활용할 때?

학생 1

예? 아, 예... 동사나 형용사가 활용할 때 변하지 않는 부분은 '어간'이라고 합니다.

교수

동사나 형용사에서 활용할 때 변하는 부분과 변하지 않는 부분이 있다. 변하는 부분이 어미, 변하지 않는 부분이 어간. 이렇게 정리가 되네요. 그럼, 그게 실제적으로 뭔지 좀 더 확인해 볼 필요가 있겠습니다. 여기 칠판에 써 놓은 것에서 어느 것이 어간이고 어미인지 구별해 보세요.

교수

동사와 형용사를 한 가지씩 활용을 시켜 보았습니다. 학생, 여기서 어떤 게 동사고 어떤 게 형용사인 거 같아요?

학생 1

예, '먹다'가 동사이고, '높다'가 형용사인 것 같습니다.

교수

좋습니다. 그렇게 본 이유는?

학생 1

'먹다'는 움직임을 뜻하니까 동사이고, '높다'는 상태니까 형용사이고 그렇게 판단했습니다.

교수

그래요. 다행히 동사와 형용사에 대해서는 우리가 어느 정도 구별할 수 있는 거 같습니다. 잘했어요. 그러면 여기서 어떤 게 어간이고 어떤 게 어미일까요?

학생 1

예, 우선 '먹다'에서 어간은 '먹'인 것 같습니다. '먹다, 먹고, 먹었고, 먹겠다'에서 변하지 않는 부분은 '먹'입니다. 그리고 '높다'에서 어간은 '높'입니다. 역시 '높다, 높고, 높았고, 높겠다'에서 변하지 않고 있으니까요.

교수

좋습니다. 잘 관찰했고 잘 설명했습니다. 이렇게 동사와 형용사는 그 말의 끝에 변하는 부분이 있습니다. 그걸 어미라고 하고, 그렇게 어미를 취하는 단어를 가변어라고 하는 것이지요. 그래서 동사와 형용사는 가변어입니다. 어미를 '꼬리'라고 비유적으로 부른다면, 동사와 형용사는 꼬리를 가진 단어라고 말할 수 있겠죠.

- 품사: 단어의 종류
- 형태적 기준: 어미를 취하느냐
  → 가변어, 불변어
- 어미: 동사나 형용사가 활용할 때 변하는 부분
- 어간: 동사나 형용사가 활용할 때 변하지 않는 부분

2 친구인 듯 친구 아닌 친구 같은 것: 어미와 조사

교수

그러면 여기서 문제 하나 더 내겠습니다. 다음에 써 놓은 것에서도 어미에 해당하는 걸 찾을 수 있을까 생각해 보세요.

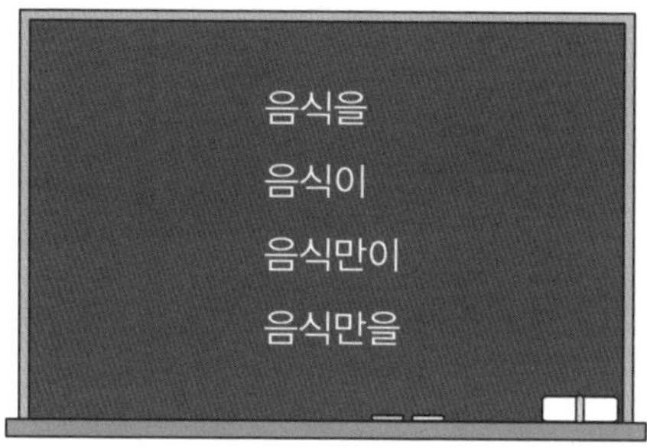

교수

여기서도 말의 끝에 변화하는 것들이 있지 않나요? 어떻게 생각하세요?

 학생 1

음... 여기서도 '음식' 다음에 '을, 이, 만이, 만을'과 같이 바뀌어 붙는 게 있어서 어미 같은 느낌을 주긴 하는데, 그런데 제가 알기로 여기서 '음식'은 명사인 걸로...

교수

명사는 어미를 취하지 못하나요?

 학생 1

명사는 어미 대신 '조사'를 취하는 것이라고... 알고 있는데요...

교수

그래도 학생이 꽤 알고 있네요. 자, 그런데 뭔가 알쏭달쏭한 게 있습니다, 바로 여기에서요. 그렇죠? '먹다'나 '높다' 말고도 '음식을'에서도 끝에 뭔가 붙어서 변하고 있으니까요. 왜 '먹다'나 '높다'의 '다'와 '음식을'의 '을'을 같은 것으로 취급하지 못하는 걸까요? 이 대목에서 누가 이 알쏭달쏭함을 해소해 주면 좋겠는데요.

학생 2

제가 한번 설명해 보겠습니다. 음, 일단 '먹다'와 '높다'는 각각 동사, 형용사로서 가변어가 맞는 것 같습니다. 그러나 '음식을'은 아닌 거 같습니다. 아, 가변어가 아닌 거 같습니다. 왜냐하면, 변하는 부분, 그니까 어미로 보이는 부분을 떼면 '먹'과 '높'처럼 되어 이상해지는데, '음식'은 이상하지 않습니다.

교수

잠깐만요, 학생! 거기서 '이상하다'는 게 무슨 말인가요?

학생 2

음... 그런 말은 안 쓰인다는 걸 말하고 싶었는데요, 그니까, 어미를 뗀 '먹'과 '높'은 그렇게 쓰일 수 없는데 '음식'은 끝에 붙은 말 떼고서도 잘 쓰일 수 있으니까요.

교수

그래서 '먹다'와 '높다'는 '음식을'과는 다르다? 그렇다면 이때 '음식'은 동사나 형용사 말고 뭔가요?

학생 2

명사 아닌가요?

교수

그렇습니다. 명사입니다. 그럼, 명사 '음식' 뒤에 붙은 말들은 뭔가요? '음식을'에서 '을', '음식이'에서 '이'와 같은 거 말이에요.

 학생 2

'조사'라고 알고 있습니다.

교수

좋습니다. 잠시 정리하겠습니다. 학생 말대로, '먹다'와 '높다'에서 '다'는 어미고, '음식을'에서 '을'은 조사다. 둘 다 말의 끝에 와서 변하는 부분인데 '먹다'와 '높다'에서의 '다'는 어미이고, '음식을'에서 '을'은 조사이다. 그럼, 이러한 판단의 근거가 되는 것은 무엇인가요? 무엇이 '다'와 '을'의 운명을 갈랐나요?

학생 2

음... '다'와 '을'을 떼어 냈을 때 그 앞의 말이 혼자 쓰일 수 있느냐의 여부로 갈라진 거 같습니다.

교수

아주 좋아요. 구체적으로 가리켜 주면서 다시 설명하면?

학생 2

예, '먹다'와 '높다'에서 '다'를 떼어 내면 '먹'과 '높'은 혼자 쓰일 수가 없습니다. 하지만 '음식을'에서 '을'을 떼어 내도 '음식'은 혼자 쓰일 수 있습니다.

교수

끝에 붙은 말을 떼어 내면 홀로 쓰일 수 없는 말이 있고, 홀로 쓰일 수 있는 말이 있다. 홀로 쓰일 수 없는 말인 '먹'과 '높' 뒤에 오는 '다'는 어미이고, 홀로 쓰일 수 있는 말인 '음식' 뒤에 오는 '을'은 조사이다. 맞나요?

학생 2

예, 맞습니다.

교수

어미를 떼어 내면 그 앞의 말은 홀로 쓰일 수가 없고, 조사를 떼어 내면 그 앞의 말은 홀로 쓰일 수가 있다. 이로부터 추론할 수 있는 것은 무엇일까요?

학생 2

예? 음... 어미는 그 앞의 말의 일부이고, 조사는 그 앞의 말의 일부가 아니다?

교수

방금 든 구체적인 예로 말하면?

학생 2

방금 든 구체적인 예로 말하면, 어미 '다'는 동사 '먹'과 형용사 '높'의 일부이고, 조사 '을'은 명사 '음식'의 일부가 아닙니다.

교수

여러분, 박수 부탁드립니다. 정말 수고하였어요! 멋진 추론입니다. 진짜 쉽지 않는 건데, 이렇게 논리적으로 풀어 낼 수 있다니 훌륭합니다.
정리하면, 어미는 동사와 형용사 즉, 용언의 일부로서, 명사의 일부가 아닌 조사와는 구별된다는 것입니다. 어미나 조사나 단어의 끝에 와서 변하는 것은 같은데, 그 단어의 일부를 이루느냐의 여부에서는 다르다는 거죠. 이게 학교문법이나 『표준국어대사전』에서 공식적으로, 일반적으로 취하는 입장이에요.
이 얘기를 마무리하기 전에 한 가지 짚고 넘어가고 싶은 게 있습니다. 단어의 끝에 온다는 점 말고도 어미와 조사가 가지는 공통점은 또 무엇일까요? 방금 잘 답한 학생, 모르겠어요? 음, 그렇다면, 조별 토의가 필요하겠습니다. 몇 분 줄 테니 이야기해 보세요.

((대여섯 명으로 구성된 4개의 조에서 학생들은 방금 들은 내용을 바탕으로 어미와 조사가 어떤 점에서 추가적으로 같은 것인지 따지기 시작했다. 어떤 말 뒤에 온다는 점에서 같은데, 과연 또 다른 어떤 점이 같다는 것이냐를 두고 의견이 오간다. 그러는 중에 어떤 학생은 어미와 조사라고 이미 다른 이름이 붙은 것들인데 어떻게 같은 점이 있을 수 있느냐며 답답해하기도 한다. 묘안이 없을까 고민하는 중에 어느덧 시간이 다 흘렀다.))

교수

쉽지 않아 보이네요. 그런데 그 답은 이미 아까 한창 이야기 나눌 때 어느 정도 충분히 암시가 된 거 같아요. 너무 어렵게 생각하지 않아야 맞출 수 있는 문제입니다. 누가 답해 볼래요?

학생 3

제가 이야기해 보겠습니다. 저희 조에서는 어미와 조사가 비록 용언 뒤에 오느냐, 명사 뒤에 오느냐의 차이가 있기는 하지만 결국은 어미나 조사나 홀로 쓰이지는 못하는 거 아니냐는 결론에 이르렀습니다.

교수

그래요? 훌륭합니다! 일단 박수! 그럼, 말이 나온 김에 하나 더 묻겠습니다. 그렇게 같은 점이 둘이나 있는데, 그래도 조사를 어미로 보지 못하는 이유가 뭘까요?

학생 3

그건 아까 선생님께서 이미 말씀하신 것처럼 어미는 앞 말의 일부이고, 조사는 앞 말의 일부가 아니기 때문 아닐까요?

교수

그래요. 잘 말해 주었어요. 어미는 앞 말의 일부이죠. 그러나 조사는 앞 말의 일부가 아니죠. 그래서 둘은 다른 취급을 받을 수밖에 없다고들 판단하는 거 같습니다.

물론, 나는 이 대목에서 다른 의견을 가지고 있습니다. 이건 사실 중대한 문제인데요, 그것 때문에 학교문법과는 다른 스타일의 문법 이론이 가능해지는 겁니다. 일단 그건 나중에 때가 되면 이야기하기로 하고, 여기서는 일단 이야기를 수습하는 차원에서 정리를 하겠습니다.
어미와 조사는 같은 점이 분명히 있음에도 불구하고 다르게 처리하는데, 그 중요한 이유는 어미는 앞 말의 일부이고, 조사는 앞 말의 일부가 아니라는 점 때문이다. 그럼, 학생, 어미가 일부를 이루는 앞 말은 그렇다면 뭐라고 부르는 거죠? 다시 말해, '먹다'와 '높다'에서 '먹'과 '높'은 뭐라고 부르느냐는 겁니다.

학생 3

예, 아까 1조 학생이 답한 대로, '먹'과 '높'은 변하지 않는 부분이니 어간이라고 할 수 있습니다.

교수

그렇다면, 동사나 형용사와 같은 용언은 기본적으로 두 부분으로 구성되어 있다고 할 수 있겠네요? 그 둘이 뭐죠?

학생 3

예? 음... 아, 어간과 어미입니다.

교수

그렇습니다. 잘 답했어요. 이렇게 우리는 정말 쉽지 않은 어미의 문제를 넘어갈 수 있게 되었습니다. 그러는 가운데, 어미와 대비되는 어간, 어미와 같은 듯 다른 조사까지도 짚고 넘어갈 수 있었죠. 이 모든 이야기는 단어의 종류를 가르는 기준 중 하나인 형태적 기준에 대한 이해 과정에서 나온 것입니다. 이제 드디어, 어미를 취하느냐에 따라 나누는, 가변어와 불변어의 차이에 대해 우리는 어느 정도 알게 되었습니다. 동사나 형용사는 어미를 취하는 가변어이고, 명사는 어미를 취하지 않는 불변어라고 정리할 수 있어요.

- memo -

- 조사와 어미의 공통점: 말의 끝에 와서 변하는 부분
- 조사와 어미의 차이점: 앞 말이 홀로 쓰일 수 있느냐
  - 어미의 앞 말: 홀로 쓰일 수 없음
  - 조사의 앞 말: 홀로 쓰일 수 있음
- 어미: 앞 말의 일부임
- 조사: 앞 말의 일부가 아님

3 네가 맡은 배역은 뭐니?: 단어 분류의 통사적 기준

교수

이제 품사 분류의 그 다음 기준에 대해 살펴볼 차례입니다. 1조에서 답을 해 주었었는데, 같은 조의 다음 학생이 이어서 설명해 줄래요? 품사 분류의 두 번째 기준에 대해서요.

학생 4

예, 품사 분류의 두 번째 기준은 통사적 기준입니다. 통사적 기준이란, 단어가 문장 안에서 하는 기능에 따라 단어를 나누는 것입니다.

교수

좋습니다. 그럼 이때 단어가 문장 안에서 하는 기능이란 무엇인가요? 그건, 비유적으로 말해, 문장 안에서 단어가 맡은 배역이라고 볼 수 있습니다. 그걸 뭐라고 부를까요?

학생 4

단어의 배역이요?

교수

음, 그니까, 단어가 문장 안에 들어가서 일정한 역할을 할 거 아니에요? 그럴 때 단어가 맡게 되는 그러한 역할, 문장 안에서 문장을 구성하는 어떤 성분으로 쓰이느냐 하는 것. 방금 내 말에 힌트가 있어요. 문장을 구성하는 성분, 이걸 간단히 줄이면?

학생 4

문장을 구성하는 성분, 문장... 구성... 성분. 문장 구성 성분, 문장 구성 성분이요?

교수

좋은데, 더 줄일 수 있어요. 그 세 단어 중에서 한 단어 빼고 둘만 남겨 보세요.

학생 4

문장 구성? 구성 성분? 문장 성분? 아, 문장성분이요?

교수

그렇습니다. 문장성분! 품사 분류의 통사적 기준에서는 단어의 무얼 본다?

학생 4

예, 단어가 문장 안에서 어떤 문장성분으로 쓰이느냐를 봅니다.

교수

아주 좋아요! 그럼 구체적인 예를 가지고 이야기를 하죠. 여기 칠판에 쓰는 예문 보세요.

아이가 음식을 먹었다.

교수

이제까지 우리가 말한 단어의 종류로는 명사와 동사 등이 있으니, 그런 것들에 우선 주목해 볼까 합니다. 학생, 여기서 명사에 해당하는 것에는 우선 어떤 게 있나요?

학생 4

이 문장에서 명사로는 '아이'와 음... '음식'이 있습니다.

교수

좋습니다. 그럼, 그 둘이 어떤 문장성분으로 쓰였는지 말해 볼까요?

학생 4

예, '아이'는 주어로 쓰였고, '음식'은 목적어로 쓰였습니다.

교수

그래요. '아이'와 '음식'을 명사라고 묶을 수 있고, 이렇듯 명사는 문장에서 주어나 목적어로 쓰이는 걸 확인할 수 있습니다.
그렇다면, 동사에 해당하는 것은 무엇이며 그건 이 문장에서 어떤 문장성분인가요?

학생 4

동사에 해당하는 것은 '먹었다'이고, 그것은 이 문장에서 서술어입니다.

교수

좋습니다. '먹었다'라는 동사가 서술어로 쓰이는 걸 볼 수 있습니다. 이렇듯 동사는 문장 안에서 서술어 역할을 한답니다.
어때요? 이렇게 단어들이 문장 안에서 어떤 배역을 맡아 쓰이는지 관찰하면 단어의 종류별 특징이 드러나겠죠? 이런 게 단어 분류의 통사적 기준인 겁니다.
여기서 하나 짚고 넘어가고 싶은 게 있어요. 지난 물음에 등장했던 조사와 어미에 관해서입니다. 학생, 이 문장에서 조사와 어미를 식별해 낼 수 있겠어요?

학생 4

음, 예! 우선 조사로는 '가'와 '을'이 있고, 어미로는 '었다' 아니 '었'과 '다'가 있습니다.

교수

좋습니다. 그럼, 이들 중 단어에 해당하는 건 뭐고, 그렇지 못한 건 뭘까요?

학생 4

예, 조사인 '가'와 '을'이 단어이고, 어미 '었'과 '다'는 단어가 아닙니다.

교수

잘 답했습니다. 일반적으로 조사는 단어로 보고, 어미는 단어로 안 보죠. 학생, 왜 그렇게 되었다고 보세요? 그 이유가 뭘까요?

학생 4

아까 형태적 기준 얘기 나왔을 때 조사는 명사의 일부가 아니고 어미는 동사나 형용사의 일부라고 했는데, 그래서 그런 거 아닐까요?

교수

학생, 정말 착실히 들었군요! 좋은 답변입니다. 뭔가 새로운 걸 찾기 전에 지금까지 나온 얘기들로부터 답을 구하는 태도, 높이 평가하고 싶네요. 학생이 말한 대로 일단 그렇게 생각해 볼 수 있습니다.

명사와 조사의 결합에서 조사는 명사로부터 쉽게 분리될 수 있죠. 명사는 자립성이 있고, 그런 자립성 있는 말로부터 조사가 쉽게 떨어져 나온다고 해서 조사도 준자립성을 갖는다고 보는 겁니다. 하지만 어미는 상황이 좀 다릅니다. 어미는 어간에 결합되죠. 다시 말해, 동사나 형용사는 어간과 어미의 결합체인데, 여기서 어미를 떼어 내면 동사나 형용사는 어간만 남아 제 구실을 하지 못합니다. 단어는 홀로 쓰일 수 있는 말입니다. 이걸 자립성을 가진 언어단위라고 하죠. 그런 관점에서 볼 때, 어미 그리고 어미 앞의 어간 모두 자립성을 가지지 않죠. 물론, 조사 역시 그 자체로는 홀로 쓰일 수가 없습니다. 그러나 조사 앞의 명사는 홀로 쓰일 수가 있어 자립성이 있는데, 그러한 자립성 있는 말로부터 분리할 수 있다는 점에서 조사 또한 자립성에 준하는 성질 즉, 준자립성을 지닌다고 보는 게 학교문법의 입장입니다.

학생 5

선생님, 질문 있는데요. 그렇다면 단어는 자립성을 가진 것뿐만 아니라 그런 자립성을 가진 말로부터 분리가 가능한 것이라고 정리하면 될까요?

교수

대단하네요! 정확히 짚었습니다. 그게 바로 학교문법이 정의하는 단어입니다. 자립성을 가진 말이거나 자립성을 가진 말로부터 분리가 가능한 말. 명사나 조사는 이 정의에 부합하지만, 어미나 어간은 이 정의에 맞지 않습니다. 그래서 명사와 조사는 단어이고, 어간과 어미는 단어가 아니죠. 물론 어간과 어미가 합쳐진 전체는 자립성을 가지게 되니 단어죠. 여기 쓰여 있는 '먹었다'와 같은 것 말입니다. 이게 바로 동사라는 단어죠. '예쁘다'와 같은 형용사도 마찬가지입니다. 어간 '예쁘'와 어미 '다'가 결합하여 비로소 자립성을 가지게 되니까요.

- memo -

- 통사적 기준: 단어가 문장 안에서 하는 기능은?
- 기능: 문장 안에서 단어가 맡은 배역 (= 문장성분)
- 자립성: 홀로 쓰일 수 있는 성질
- 준자립성: 앞 말과의 분리성. 조사가 지님.
- 단어의 정의: 자립성을 가지거나, 자립성을 가진 말로부터 분리가 가능한 것

4 너의 의미는 뭐니?: 단어 분류의 의미적 기준

교수

품사 분류의 3가지 기준 중에서 이제 마지막 것을 살펴볼 차례죠? 1조의 다른 학생이 이어서 설명해 주면 좋겠습니다. 품사 분류의 세 번째 기준이요.

학생 6

예, 품사 분류의 세 번째 기준은 의미적 기준입니다. 의미적 기준이란, 단어가 가지고 있는 의미에 따라 단어를 분류하는 것입니다.

교수

좋습니다. 그렇다면 의미에 따라 단어를 나눈다는 것이 무엇인지 알아봐야겠어요. 예를 들면 이해가 편하겠죠? 앞서 든 '음식, 아이, 먹다, 높다'를 가지고 말해 봅시다. 이 네 개의 단어를 의미적으로 묶는다면 어떻게 될까요?

학생 6

어... '음식, 아이'가 묶이고, 그리고... '먹다, 높다'가 묶일 것 같습니다.

교수

좋아요. 판단이 무척 빠르군요. 그럼, 같이 따져 봅시다. 먼저 '음식'과 '아이'를 한데 묶은 이유는 뭔가요?

학생 6

예, 그건 둘이 명사이기 때문입니다.

교수

아, 맞는 말이긴 한데, 지금 여기서 답해야 할 것은, 의미적 기준에서 볼 때 둘이 함께 묶여야 하는 이유가 뭐냐는 겁니다.

학생 6

예? 아... 그건...

교수

일단 학생이 '음식'과 '아이'를 명사라고 답했으니, 그럼 왜 그 둘을 명사라고 부르는지 물어볼게요.

학생 6

예, 그건 그 둘이 어떤 거를 가리키니까, 그니까, 사물의 이름에 해당하니까 같이 묶일 수 있지 않을까 합니다.

교수

사물의 이름을 나타내는 단어들이니까 한데 묶는 거다? 알겠습니다. 그럼, 그 둘은 각각 어떤 사물을 가리키는 이름인가요?

학생 6

예? 어떤 사물을 가리키는 이름이요?

교수

그래요. '음식'이 가리키는 사물은 무엇이고, '아이'가 가리키는 사물은 무엇이냐는 겁니다. 잘 모르겠어요? 그렇다면 국어사전을 찾아보기 바랍니다. 지금요! 음... 『표준국어대사전』을 찾아보면 좋겠어요. 그게 우리나라의 대표적인 사전이니까요.

학생 6

음... 먼저 '음식'은 "사람이 먹을 수 있도록 만든, 밥이나 국 따위의 물건."입니다. 어, 그리고 뜻이 하나 더 있는데요...

교수

일단 그것 하나만으로 충분합니다. 그 의미는 우리가 다 아는 거죠? 사람이 먹을 수 있도록 만든 물건. 물건이라고 하니까 갑자기 낯설어지기는 하지만 음식도 물건은 물건이죠. 왜냐하면 물건이란 "일정한 형체를 갖춘 모든 물질적 대상."을 가리키기 때문이죠. 저도 방금 『표준국어대사전』에 쓰여 있는 걸 그대로 읽었어요. 여하튼, 먹을 수 있는 물건에 대한 이름이 바로 '음식'인 겁니다. 그러니까 '음식'이라는 단어는 그런 대상에 대한 이름인 거죠.
같은 맥락에서 '아이'는 어떤 대상에 대한 이름일까요? 어렵지 않죠? '나이가 어린 사람'을 가리키는 이름이죠? 이렇게 '음식'이나 '아이'는 어떤 대상을 가리키는 이름이에요. 그래서 하나로 묶이는 겁니다. 그리고 그걸 명사라고 부르는 거고요.
자, 그럼, 다른 묶음에 대해서도 살펴보죠. 그건 '먹다, 높다'였죠? 학생, 이 둘은 어떻게 묶일 수 있다고 본 거죠?

학생 6

예, 어미를 가지고 활용한다는 점에서 같이 묶었습니다.

교수

그래서 용언이라고는 하는데요, 아쉽게도 여기서 요구하는 답은 아닙니다. 그러한 대답은, 처음 등장했던, 단어 분류의 형태적 기준에 어울리죠. 그런데 지금은 의미적으로 그 두 단어가 한통속이라는 걸 밝혀야 하는 상황이에요.

학생 6

아, 예. 그렇다면, 음... 우선 '먹다'는 음...

교수

이 경우에서도 사전을 참고하면 되겠죠?

학생 6

아, 예. 음... 사전에 음... '먹다'는 "음식 따위를 입을 통하여 뱃속에 들여보내다." 입니다.

교수

좋습니다. 그럼, '높다'는요?

학생 6

예, '높다'는 "아래에서 위까지의 길이가 길다."입니다.

교수

학생이 잘 말해 준 단어 두 개의 뜻을 여기 이렇게 적어 두었어요.

먹다: "음식 따위를 입을 통하여 뱃속에 들여보내다."
높다: "아래에서 위까지의 길이가 길다."

교수

여기서 우리는 두 단어의 의미적 성격이 같은지 관찰해야 합니다. 학생, 어떤가요? 두 단어는 뜻하는 바가 비슷한가요? 같은 유형의 의미로 보여요?

학생 6

어... 지금 보니 같은 의미 유형으로 보는 건... 쫌 힘들 것 같습니다.

교수

그래요? 왜죠?

학생 6

음... '먹다'는 어떤 행동이나 움직임 같은 걸 뜻하는 거 같고, '높다'는 높은 상태 같은 걸 의미하는 거 같아서, 그래서...

교수

핵심을 잘 짚어낸 거 같네요. '먹다'는 어떤 움직임을 뜻하고 '높다'는 어떤 상태를 뜻하고. 그럼, 품사 중에서 움직임을 나타내는 단어를 뭐라고 하고, 상태를 나타내는 단어를 뭐라고 부르죠?

학생 6

예, 움직임을 나타내는 단어들을 '동사'라고 하고, 상태를 나타내는 단어들을 '형용사'라고 부릅니다.

교수

맞아요. 정리하면, '먹다'는 움직임을 나타내는 동사이고, '높다'는 상태를 나타내는 형용사입니다. 어때요? 둘은 의미적 성격이 다른 단어들이죠? 그래서 의미적 기준으로 보았을 때 '먹다'와 '높다'는 다른 단어가 됩니다. 물론, 학생이 앞서 말한 대로, 어미 활용의 측면에서는 두 개가 가변어로서 같죠. 그러나 여기서는 단어 분류의 의미적 기준을 따지고 있다는 걸 명심해야죠. 자, 이렇게 정리한 걸 칠판에 써 보면 이렇습니다.

음식: 이름 → 명사

아이: 이름 → 명사

먹다: 움직임 → 동사

높다: 상태 → 형용사

- memo -

- 의미적 기준: 단어가 가진 의미가 무엇이냐
- 명사: 사물의 이름을 나타내는 단어
- 동사: 사물의 움직임을 나타내는 단어
- 형용사: 사물의 상태를 나타내는 단어

5 의미의 한계: 기준의 위계

교수

그런데 여기서 한 가지 주의할 점이 있어요. 학생, 지금까지 우리가 살펴본 단어 분류의 기준들을 모두 말해 줄래요?

학생 6

예, 우선 형태적 기준하고, 그리고 음... 아, 통사적 기준, 마지막으로 의미적 기준, 이렇게 셋입니다.

교수

좋아요. 그렇다면 이제 질문입니다. 이 세 가지 기준은 모두 다 똑같이 중요할까요? 셋이 비중이 똑같냐는 겁니다. 고개를 갸웃거리는 걸 보니, 논의가 좀 필요한 거 같습니다. 어서 조별 토의해 주세요.

((학생들은 세 가지 기준을 하나씩 살펴보며 그게 뜻하는 바를 다시 음미해 보기도 하고, 물음 자체가 뜻하는 바를 아직도 잘 모르겠다며 머리를 손으로 감싸기도 한다. 어렵게 생각할 필요 없다며, 세 가지 기준 사이에 순위가 있는지 살펴보라는 얘기라며 독려하기도 한다. 무슨 기준으로 세 가지 기준의 차이나 중요도를 따질 수 있느냐며 여전히 막막해하는 학생들이 적지 않다.))

교수

다들 좀 고전하는 분위긴데, 학생 조에서는 어땠나요?

학생 6

예, 저희 조에서도 좀 헤맸습니다. 세 개의 기준이 다 똑같이 중요하다고 여겼는데, 그것들 중에서 더 중요한 게 있고 덜 중요한 게 있다는 얘긴 거 같아 좀 당황했고, 일단 그렇다면 중요한 것의 순서는 어떻게 될까를 논의하게 되었습니다.

교수

좋습니다. 그래서 어떤 일정한 결론에 이르렀나요?

학생 6

아쉽게도, 세 가지 기준을 다시 되새김질만 하다가 끝난 기분입니다.

교수

그래요. 애썼습니다. 그럼, 내가 구체적인 문제를 낼 테니 그걸 차근차근 맞추어 보기 바랍니다. 자, 칠판을 보세요.

교수

칠판에 두 개의 단어를 써 놓았습니다. 학생, 단어 분류의 3가지 기준을 통해 이 둘을 구별해 볼 수 있겠어요? 먼저 형태적 기준으로 볼 때, 이 두 단어들은 같은 부류인가요, 아닌가요? 형태적 기준의 정의부터 말하고 나서, 그걸 두 개의 단어에 적용해 보는 거예요.

학생 6

예, 먼저 형태적 기준은 음... 어미를 취하느냐는 것인데, 그니까, 먼저 '공부'를 보면 그건 어미가 없고, 그런데 '공부하다'를 보면 어미가 있으니까, 그러니까 둘은 다른 거 같습니다.

교수

좋아요. 그렇다면, 형태적 기준으로 볼 때 '공부'는 뭐고, '공부하다'는 뭔가요?

학생 6

예? 아, '공부'는 불변어고, '공부하다'는 가변어입니다.

교수

좋습니다. 좋아요. 그럼, 그 다음 기준으로 통사적 기준을 적용해 볼까요?

학생 6

예, 통사적 기준은 단어가 문장에서 하는 기능을 보는 거니까, 그러니까 음… '공부'는 '공부가 어렵다'나 '공부를 그만두고 싶다'에서처럼 주어나 목적어로 쓰입니다. 어, 그런데 '공부하다'는 '나는 수학을 공부한다'에서처럼 서술어로 쓰입니다. 이런 걸 보면, 둘은 문장에서의 기능이 좀 다른 거 같습니다.

교수

그래서 '공부'는 체언이라 하고, '공부하다'는 용언이라고 부르며 둘을 떼어 놓는 거죠. 이때 체언은 명사 같은 거라고 보면 됩니다. 용언은 동사와 형용사를 통칭하는 거고요. 여하튼 여기서 핵심은 '공부'와 '공부하다'가 통사적 기준에서 보아도 다른 종류라는 겁니다. 자, 이제 남은 기준은 의미적 기준입니다. 학생, 이 기준으로 볼 때 이 둘은 어떻게 되나요?

학생 6

음… 의미적 기준은 단어가 가진 의미를 보는 거니까, 그래서 '공부'는 음…

교수

어떻게 하면 되죠? 이 경우도 사전을 찾으면 되겠죠? 그럼, 사전을 찾아보세요. 찾는 대로 읽어 주세요.

공부: "학문이나 기술을 배우고 익힘"

공부하다: "학문이나 기술을 배우고 익히다"

교수

학생이 방금 읽어 준 것을 칠판에 함께 적어 보았습니다. 학생, 의미적 기준에서 볼 때 이 두 단어, 어떤가요?

학생 6

어, 의미적으로는 구분이 잘 안 되는 것 같은데요.

교수

그렇죠? 거의 똑같죠. 끝부분만 살짝 다르고요. 그렇다면, 이 둘은 의미적 기준에서는 같다고 보면 되나요?

학생 6

예, 같다고 보아야 할 거 같습니다.

교수

같다면, 이 둘은 무엇을 하는 거니까 움직임이고 그렇다면 동사에 속하겠죠. 의미적으로 말이에요. 자, 이걸 정리하는 느낌으로 칠판에 이렇게 적어 봅시다.

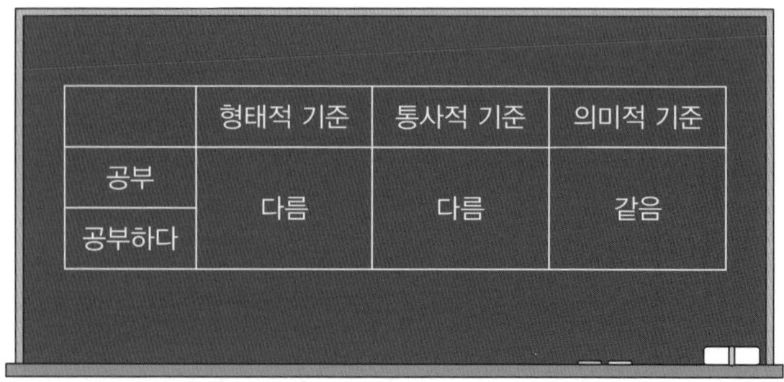

	형태적 기준	통사적 기준	의미적 기준
공부 공부하다	다름	다름	같음

교수

이렇게 하니 한눈에 보이죠? 학생, 이 표를 보고 설명해 줄래요?

학생 6

아, 예. 이 표에서 보면, '공부'와 '공부하다'는 형태적 기준과 통사적 기준에서는 다른데, 의미적 기준에서는 같은 걸로 보입니다.

교수

좋습니다. 3개의 기준 중에서 형태적 기준과 통사적 기준은 이 두 단어가 다른 종류의 단어라고 보는데 의미적 기준은 이 둘이 같은 유형의 단어라고 보고 있군요. 학생, 학생은 개인적으로 이 두 단어가 같다고 느껴지나요, 다르다고 느껴지나요?

학생 6

저는 그냥 볼 때, '공부'랑 '공부하다'는 다른 단어 같습니다. 비록 '공부'라는 부분을 공유한다고 해도, '공부'와 '공부하다'는 다른 종류의 단어들인 것 같습니다.

교수

그걸 직관, intuition이라고 해요. 더 정확히는 언어적 직관이죠. 모어 화자는 모어를 들을 때, 즉각적으로 그것이 옳은 모어 표현인지, 틀린 모어 표현인지를 알 수 있죠. 자신의 모어 표현에 대해 어떤 판단 같은 것을, 즉각적인 판단

력을 가지는 겁니다. 그걸 언어학적으로 설명하라고 하면 설명하지는 못해도 그냥 알아요. 모어 화자니까. 그래서 언어학이란, 언어에 대한 모어 화자의 직관을 설명해 내는 것이라고 합니다. 언어학을 그냥 언어에 대한 학문이라고 정의하는 것보다 더 구체적이고 흥미롭죠? 이게 현대 언어학에서 정의하는 언어학의 모습입니다.

이제 중요한 단계로 접어듭니다. 학생을 포함해서 한국 사람들은 '공부'와 '공부하다'는 대체로 다르다고 느낍니다. 둘은 다른 단어라는 겁니다. 그걸 방금 배운 대로 한다면, 모어 화자의 직관은 '공부'와 '공부하다'를 다른 단어라고 구분한다는 건데, 단어 분류의 세 가지 기준들은 과연 이러한 직관에 잘 부응하는지 궁금합니다. 여기에 대해서 학생이 답해 볼래요?

학생 6

예, 음... 일단 형태적 기준과 통사적 기준은 두 단어를 다르다고 하였으니 직관을 잘 반영하는 것이고, 그런데 의미적 기준은 같다고 보았으니 직관을 잘 반영하지 못하는 것 같습니다.

교수

정확히 그렇습니다. 아주 잘 말해 주었어요. 그렇다면, 이 세 가지 기준은 대등한 자격을 가진다고 말할 수 있을까요? 아닙니다. 중요한 건 형태적 기준과 통사적 기준이고, 의미적 기준은 적용을 보류하거나 부차적인 기준 정도로 취급해야 합니다. 형태적 기준과 통사적 기준은 모어 화자의 직관을 잘 설명해 주지만, 의미적 기준은 오히려 그 반대이기 때문이죠.

- memo -

- 3가지 기준이 같은 지위를 가지는 건 아니다!
- '공부'와 '공부하다': 의미는 같지만, 품사는 다름
  - 두 단어에 대한 언어적 직관은 다름
  - 이에 잘 부응하는 것은 형태적, 통사적 기준
  - 의미적 기준은 반대로 설명함. 문제가 있음
  - 3가지 기준 중 의미적 기준은 적용을 보류하거나 부차적인 기준 정도로 취급해야 함
- 언어학: 언어에 대한 모어 화자의 직관을 설명하는 것 (현대 언어학의 정의)

6 단어 종류의 종류: 둘에서 아홉까지

교수

이 시점에서 단어의 종류에는 무엇이 있는지 알아보면 좋을 것 같습니다. 우리가 일상적으로 알고 있는 것이 과연 언어학적으로는 어떤 위상을 가지는 것인지 점검해 보는 겁니다. 학생, 학생이 알고 있는 단어의 종류를 말해 볼래요?

학생 6

예, 우선 명사가 있고, 그리고 동사, 형용사가 있습니다. 그리고 음...

교수

그래요. 아직 좀 많이 남아 있는데, 혹시 누구 계속 이어서 말해 줄 사람 있을까요?

학생 7

제가 말해 보겠습니다. 방금 명사라고 하였는데, 그것에 이어서 대명사와 수사를 생각할 수 있습니다. 그 다음에 아까 나온 동사와 형용사, 그리고 또 음... 관형사와 부사가 있고, 그리고 어, 감탄사와 조사가 더 있습니다.

교수

좋습니다. 대단하네요. 혹시 학생이 말한 단어의 종류를 다 합치면 몇 개가 되나요?

학생 7

아홉 개입니다.

교수

그렇죠. 명사, 대명사, 수사, 동사, 형용사, 관형사, 부사, 감탄사, 조사, 이렇게 말이죠. 그런데 학생, 이러한 단어 분류가 어떠한 기준에 바탕을 두고 있는 것 같나요?

학생 7

아까 나온 단어 분류의 3가지 기준 중에서요? 아, 예. 음...

교수

학생, 단어 분류의 세 가지 기준 중에서 어떤 게 일반인들이 이해하는 데 가장 쉬울까요? 형태적 기준, 통사적 기준, 의미적 기준 중에서.

학생 7

음...

교수

기준들 각각의 핵심 내용이 뭔지 따져 보면 알 수 있는데요. 학생, 그걸 잠깐 정리해 줄래요?

학생 7

예, 우선 형태적 기준은 음... 어미 활용을 하느냐를 보는 것이고, 통사적 기준은 문장 안에서의 쓰임이 무엇인가를 묻는 것이고, 그리고 의미적 기준은 어, 그 단어의 의미가 무엇인지 따져서 비슷한 것끼리 묶는 것입니다.

교수

좋습니다. 그렇다면, 이 세 가지 기준 중 일반인들에게 가장 쉽게 와닿을 수 있는 건 뭘까요?

학생 7

제가 보기엔, 의미적 기준이 아닌가 싶습니다. 어미 활용이나 문장성분을 따지는 건 언어학적으로 좀 전문적으로 깊이 들어가는 것 같아서요. 어떤 단어의 의미를 말하는 건 그래도 상대적으로 쉬워서 누구나 조금만 노력하면 할 수 있는 것 같습니다.

교수

그렇습니다. 맞아요. 의미적 기준이 제일 만만해 보이죠. 그런데 이러한 의미적 기준은 언어학적으로 타당성이 높다고 했나요? 아니면 그 반대라고 했나요?

학생 7

그 반대, 그니까, 다른 기준들에 비해 타당성이 좀 의심된다고 얘기됐습니다.

교수

그렇습니다. 일반인들에게 가장 친숙한 단어의 종류, 그건 바로 의미적 기준에 입각한 것이에요. 사물의 이름을 나타내는 명사, 움직임을 나타내는 동사, 이런 식으로 의미에 따라 단어들을 나누고 구분하는 거죠. 그런데 이런 식으로 단어를 분류하면 아까 '공부'와 '공부하다'의 구별 문제에서 보는 것 같이 단어들을 잘못 분류할 수 있습니다. 그렇다면, 이런 의미적 기준에 의한 단어 분류 말고, 다른 기준들에 입각한 단어 분류는 어떻게 될까요? 학생, 우선 형태적 기준에 의한 단어 분류는 뭔가요?

학생 7

예? 형태적 기준에 의한 단어 분류요?

교수

꽤 일찍 다루었던 내용인데, 어미 활용 여부로 단어를 나누었죠? 어미 활용이 가능하면 뭐고, 가능하지 않으면 뭐라고 했죠?

학생 7

아, 가변어와 불변어요?

교수

그렇죠. 어미 활용이 가능한 단어는 가변어라고 부르고, 그게 불가능한 단어는 불변어라고 부르고. 그럼, 통사적 기준을 바탕으로 한 단어의 종류는 무얼까요? 문장성분 위주로 생각해 보면 되는데요.

학생 7

우선 떠오르는 건 용언입니다. 여기에는 동사와 형용사가 들어 있는데 이들은 문장에서 서술어 역할을 합니다.

교수

훌륭합니다. 더하거나 뺄 게 없을 정도로요. 앞서 의미적 기준에서는 동사와 형용사라는 두 가지로 나뉘었던 것이 통사적 기준에서는 용언 하나로 합쳐졌네요. 또 뭐가 있을까요?

학생 7

음... 서술어가 서술해 주는 주어나 서술어가 취하는 목적어 같은 걸로 쓰이는...
그니까 명사 같은 게 있는 것 같습니다.

교수

이미 나온 정보를 바탕으로 정보를 확장해 나가는 모습이 인상적입니다. 공부는 그렇게 하는 거죠. 좋습니다. 서술어는 주어를 요구하고, 필요에 따라 목적어, 더 나아가 보어도 요구할 수 있습니다. 이렇게 서술어가 취하는 주어나 목적어, 보어로 쓰이는 게 바로 명사죠. 학생, 이러한 명사 계열로 묶일 만한 게 또 뭐가 있을까요? 아까 나온 9개 품사 가운데?

학생 7

아, 예. 대명사와 수사가 있을 거 같습니다.

교수

그래요. 명사, 대명사, 수사를 합쳐서 전통적으로 뭐라고 불러 온 줄 아세요? 용언과 대비되는 용어인데요.

학생 7

혹시 체언인가요?

교수

그렇습니다. 명사와 대명사, 수사를 한데 묶어 체언이라고 부릅니다. 학생, 체언 말고 다른 용어는 없을까요? 더 좁혀서 물어보면, 명사, 대명사, 수사 중 이 셋을 대표할 만한 이름은 무얼까요?

학생 7

셋 중에서요? 음... 혹시 명사요?

교수

왜 명사일까요? 명사 편에서 대명사와 수사를 명사의 일원으로 파악해 볼 수는 없을까요? 그니까, '대명사도 이러저러한 명사이고, 수사도 결국에는 이러저러한 명사이다.'라는 식으로 말이에요.

학생 7

음... 대명사는 혹시 명사를 대신하는 명사? 그리고 수사는 수를 나타내는 명사?

교수

훌륭합니다. 바로 그거예요! 그렇게 해서 대명사와 수사는 결국 명사인 겁니다. 특수한 명사들을 따로 떼어 대명사, 수사라고 명명한 거라 볼 수 있죠.
이제 체언과 용언이 손에 들어왔습니다. 그 밖의 단어 부류는 또 뭘까요? 힌트는 체언과 용언을 꾸며 주는 말들이에요.

학생 7

아, 관형사와 부사, 그니까, 체언을 꾸며 주는 관형사와, 용언을 수식해 주는 부사가 있습니다.

교수

매우 좋습니다. 그렇다면 그 둘을 한데 묶어 부르는 이름은 무얼까요? 수식하는 말. 체언, 용언처럼 '언'자 돌림으로.

학생 7

아, 수식언이요?

교수

아주 좋아요. 여세를 몰아 체언, 용언, 수식언 다음에 또 뭐가 있을까요? 아까 의미적 기준 차원에서 얘기한 9가지 품사 중 남아 있는 게 뭐죠?

학생 7

음, 체언의 명사와 대명사, 수사, 그리고 용언의 동사와 형용사, 수식언의 관형사와 부사, 이렇게 7개가 나왔으니까, 남은 건... 감탄사와 조사, 이렇게 둘입니다.

교수

자, 그럼, 감탄사와 조사를 처리해야 하는데, 그 둘은 한데 묶일 수 있을까요?

학생 7

음... 좀 어려운 거 같습니다. 성격이 너무 달라서요.

교수

나도 같은 생각입니다. 감탄사는 감정을 나타내는 말이고, 조사는 체언에 결합하여 그것의 기능이나 의미를 드러내 주는 말이니까요. 그럼, 각각 이름을 붙이면 되겠네요. 감탄사와 조사에 어울리는 이름 알고 있나요?

학생 7

어, 모르겠습니다.

교수

누구 아는 사람 있나요?

학생 8

예, 제가 알고 있습니다. 감탄사는 독립언, 조사는 관계언이라고 부릅니다.

교수

문법에 대해 관심이 많은 학생인가 봐요. 잘했습니다. 역시 '언'자 돌림이죠. 그럼, 이제껏 나온 단어 부류를 모두 모아 보면 어떻게 되나요? 예, 학생이 계속 답해 주세요.

학생 8

체언, 용언, 수식언, 독립언, 관계언, 이렇게 5가지입니다.

교수

정리하는 차원에서 이제까지 단어 분류의 형태적 기준, 통사적 기준, 의미적 기준 차원에서 각각 나온 단어 분류, 즉 품사의 가짓수가 어떻게 되는지 말해 줄 수 있을까요?

학생 8

예, 형태적 기준에서는 가변어와 불변어의 2가지 품사가 있고요, 통사적 기준에서는 체언, 용언, 수식언, 독립언, 관계언의 5가지 품사가 있고요, 마지막으로 의미적 기준에서는 명사, 대명사, 수사, 동사, 형용사, 관형사, 부사, 감탄사, 조사의 9가지 품사가 있습니다.

교수

고맙습니다. 정말 깔끔하게 잘 정리해 주었어요. 여러분, 이렇듯 단어의 종류, 즉 품사도 어떤 기준에 의한 것이냐에 따라 적게는 2개에서 많게는 9개까지 가능합니다. 여러분에게 가장 친숙한 품사는 의미적 기준에 의거한 것입니다. 이제부터는 그런 9개 품사를 가지고 이야기하더라도 그러한 단어 부류 설정이 가진 한계나 문제점을 잘 인식하며 사용할 필요가 있습니다. 아울러, 형태적 기준의 2가지 품사 설정과, 통사적 기준의 5가지 품사 설정도 잘 참고하며 공부해 나가면 좋겠습니다.

- memo -

- 형태적 기준에 따른 단어 분류: 2개 품사
- 통사적 기준에 따른 단어 분류: 5개 품사
- 의미적 기준에 따른 단어 분류: 9개 품사

7 명사의 두 가지 특징: 관형어와 조사

교수

이제 단어들의 세계를 탐험할 기초를 다진 것 같습니다. 우리는 단어의 종류를 나누는 3가지 기준과 그들 간의 중요성의 차이, 기준에 따른 단어 분류의 실제 모습을 배웠습니다. 이제부터는 구체적으로 단어의 종류별 특징을 살펴봅니다. 통사적 기준에 의한 5가지 단어 유형이 기본 틀이 되고, 거기에 의미적 기준에 의한 품사 분류 9가지를 바탕으로 논의하겠습니다. 첫 번째 등장하는 것은 명사입니다. 2조가 풀 차례죠?

학생 9

예, 2조 '에이블 주시죠'입니다. 먼저 문제는 '한국어 명사의 가장 중요한 특징 두 가지는 무엇이고, 대명사와 수사가 명사에 비해 제한적인 용법을 보이는 국면은 무엇이며, 명사를 자립명사와 의존명사로 나누는 것에 내재한 문제는 무엇인가?' 입니다. 저희 조에서 찾은 답은, 명사의 가장 중요한 특징 2가지는 관형어 수식과 조사 부착이고, 대명사와 수사는 명사에 비해 관형사의 수식에 제한을 받으며, 자립명사는 잉여적이며 의존명사는 모순적이라는 것입니다.

교수

아주 간략히 잘 말해 주었어요. 그럼, 하나하나 음미해 볼까요? 먼저 명사의 특징 2가지입니다. 학생, 예를 들어 설명해 줄 수 있을까요?

학생 9

아, 일단 명사는 관형어의 수식을 받을 수 있습니다. 예를 들어, 음... '그 학생이 오늘 떠난다.'와 같은 문장에서 명사 '학생'은 그 앞에 관형어 '그'의 수식을 받고 있습니다.

교수

좋아요. 같은 예문을 가지고 명사의 두 번째 특징도 말해 보죠.

학생 9

예, 명사 '학생'의 바로 뒤를 보면 조사 '이'가 있습니다. 이런 것처럼 명사 뒤에는 조사가 붙습니다.

교수

매우 잘했어요. 명사 앞에는 관형어가, 명사 뒤에는 조사가 온다는 게 명사의 가장 중요한 특징입니다. 이를, '앞에 관형어, 뒤에 조사'로 구호처럼 간단히 정리해 볼 수 있죠. 학생이 든 예문과 해당 정보를 정리하면 이렇습니다.

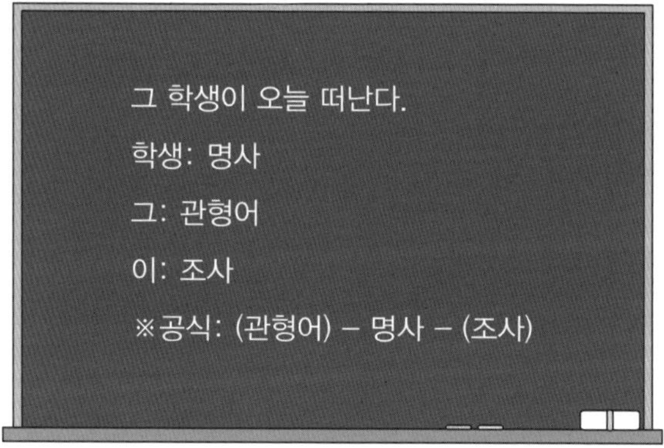

교수

여기서 '공식'이라고 한 것에서 관형어와 조사에 괄호를 친 이유는 무엇일까요?

학생 9

음... 글쎄요. 혹시 생략될 수 있다는 뜻인가요?

교수

그래요. 맞습니다. '그 학생이 오늘 떠난다.'도 되지만 '학생이 오늘 떠난다.'나 '그 학생 오늘 떠난다.'처럼 '그'나 '이'가 생략될 수도 있습니다. 여기서 중요한 것은, 명사가 원칙적으로 앞에 관형어, 뒤에 조사를 취할 수 있다는 것입니다. 취할 수 있다는 것과 항상 취하고 있는 것은 다릅니다. 관형어와 조사를 취할 수 있는 가능성, 그게 중요하다는 말입니다.
여기서 흥미로운 문제 하나 더! 이 예문에 등장하는 '오늘'은 명사일까요, 아닐까요?

학생 9

예? 음...

교수

칠판에 쓰여 있는 이 공식을 활용하면 되겠죠? 관형어와 조사를 취할 수 있는 가능성, 이걸 기준으로 '오늘'을 판단해 보면 됩니다.

학생 9

아, 예. 먼저 이 문장에서 '오늘'은 관형어를 음... 관형어의 수식을 받을 수가...
있는 거 같습니다.

교수

어떻게요? 구체적으로 말해 주면?

학생 9

예, 그니까, 예를 들면 '그 학생이 <u>비가 많이 오는</u> 오늘 떠난다.'처럼 '오늘'은 관형어의 수식을 받을 수 있습니다.

교수

좋습니다. '비가 많이 오는'이 '오늘'을 수식해 주고 있네요. '비가 많이 오는'은 관형어 중에서도 절이 명사를 수식하는 경우죠. 자, 그럼 그 다음은?

학생 9

그 다음은 조사 부착인데 음... '오늘'은 조사를... 조사 부착을... 못 하는 거 같습니다.

교수

그것도 구체적으로 말하 주면 좋겠는데요.

학생 9

예, 예를 들면, '그 학생이 오늘에 떠난다.'처럼 말할 수 있어야 하는데 그게 안 되는 거 같습니다.

교수

아주 정확히 짚었습니다. 문장에서 시간이나 장소를 나타내는 말에 '에'나 '에서'를 붙일 수 있죠. 예를 들어, '아침에 떠난다.'나 '저녁에 떠난다.'처럼 '에'가 시간을 나타내는 말 뒤에 올 수 있는 거죠. 그런데 학생이 말한 대로 '그 사람이 오늘에 떠난다.'는 그게 안 되죠? 이때 '오늘'은 분명히 시간을 나타내고 있는 말이지만 조사 '에'의 부착을 허용하지 않습니다. 뭔가 이상하죠? 명사의 특징인 '앞에 관형어, 뒤에 조사' 중 하나라도 어기면 어떻게 된다? 명사가 아니다! 그래서 여기서 '오늘'은 명사가 아닌 겁니다. 그럼 뭘까요? 사전 찾아보세요. '오늘'의 품사가 어떻게 나와 있는지 말해 주세요.

학생 9

지금 찾아보니 '오늘'의 품사로 '명사'와 '부사'가 나와 있습니다.

교수

명사인 예와 부사인 예를 하나씩 들어 줄래요?

학생 9

예, 명사인 예로는 "오늘의 날씨"나 "오늘이 첫 출근입니다."가 있고, 부사인 예로는 "그가 오늘 왔다"와 "오늘 해야 할 일을 다음 날로 미루어서는 안 된다."가 있습니다.

교수

좋습니다. 명사인 예와 부사인 예의 차이점은 무언가요? 학생, 눈치 챌 수 있어요? 방금 우리가 나눈 대화가 힌트인데. 명사의 두 번째 특징.

학생 9

아, 예. 명사인 경우에는 뒤에 조사가 붙어 있는데, 부사인 예들에서는 모두 조사가 없습니다.

교수

그렇습니다. 바로 그겁니다. 같은 '오늘'이라도 희한하게 조사 부착을 싫어하는 '오늘'이 있어요. 이건 왜일까요? 이미 자체적으로 부사이기 때문에 조사 부착을 거부하는 거죠. 그렇게 보는 겁니다.

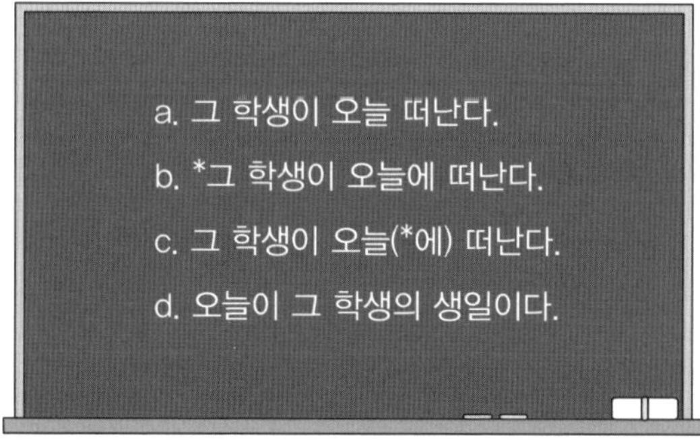

교수

방금 얘기한 거를 적어 보았는데요, 여기서 (a)는 원래 문장이고, (b)는 '오늘'이 조사 '에'를 가질 경우 비문이 된다는 걸 표시한 것입니다. 여기서 별표 '*'는 비문법적인 문장 앞에 붙이는 언어학의 부호입니다. (b)를 (c)처럼 표시할 수도 있어요. 문제가 되는 것이 '에'이니까 그것에 직접 별표를 붙이는 건데, '에'가 나올 경우 비문이 된다는 의미로 별표와 괄호를 그렇게 사용한 겁니다. 만약에 '*(에)'라고 쓰면 어떤 뜻일까요? 그건 거꾸로 '에'를 생략하면 비문이 된다는 걸 뜻하게 됩니다. 그리고 (d)는 '오늘'이 조사 '이'를 취하여 주어로 쓰인 경우인데, 이때 '오늘'은 명사이겠죠. 조사 부착을 하고 있으니까요. 이렇게 조사 부착이 명사에서 중요합니다. 알겠죠?

학생 9

예, 알겠습니다.

- memo -

• 명사의 2가지 특징: 앞에 관형어, 뒤에 조사

8 대명사와 수사의 한계: 관형사의 수식 여부

교수

그런데 이렇게 '앞에 관형어, 뒤에 조사'는 명사만의 특징일까요? 아니면 다른 것들도 이런 특징을 가질까요? 아까 통사적 기준에 따른 단어 분류에서 명사와 함께 체언으로 묶였던 것들은 무엇이죠?

학생 9

아! 대명사와 수사입니다.

교수

그래요. 그렇다면 명사의 특징 2가지는 대명사와 수사에게도 통할 겁니다. 그렇겠죠? 대명사와 수사도 명사의 일종이니까요. 그런데 이들에게는 제약이 좀 있어요. 학생, 아까 그게 뭐라고 했죠?

학생 9

어, 대명사와 수사는 명사에 비해 관형사의 수식에 제한을 받는다고 말씀드렸습니다.

교수

그래요. 그런데 그 둘은 관형사의 수식 제한에서 다시 차이를 보입니다. 그게 뭘까요?

학생 9

어...

교수

조별 토의가 필요할까요? 교재를 정말 잘 들어다보면 답이 보일 겁니다. 찾는 데 시간이 좀 필요할 겁니다. 지금 같이 논의해 보세요.

((학생들은 대명사와 수사에 관해 쓰여 있는 부분을 교재에서 부지런히 찾는다. 먼저 대명사의 경우를 살펴보고, 그 다음으로 수사에 관해 쓰여 있는 곳을 찾아본다. 해당 부분들을 확인한 후 둘의 차이가 무엇인지 견주어 보려고 노력한다. 그러나 둘의 차이가 쉽사리 간파되지는 않는 표정들이다. 교재에서 찾은 부분을 자꾸 되뇔 뿐 더 이상의 진척은 어려운 분위기다.))

교수

좀 까다로워하는 눈치인데 학생, 어떻게 둘의 차이를 좀 밝혀냈나요?

학생 9

아쉽게도 교재의 해당 부분들만 확인했지, 둘의 차이에 대해서는 잘 모르겠습니다.

교수

그럼, 교재의 해당 부분에 대해 찾은 걸 말해 줄래요? 먼저 대명사부터.

학생 9

예, 대명사의 경우에는 "관형어의 수식을 받을 수 있지만 관형사의 수식은 불가능해 보인다"고 나와 있습니다.

교수

그리고 수사의 경우는?

학생 9

수사의 경우는 "대명사와 마찬가지로 관형어의 수식은 허용하나 관형사의 수식을 받기는 어렵다"고 되어 있습니다.

교수

두 가지 진술의 차이점을 발견하지 못했나요?

학생 9

예, 둘 다 사실상 같은 말이라고 생각이 되서요.

교수

나에게는 차이점이 보이는데요. 주어진 진술을 있는 그대로 읽을 줄 아는 것도 굉장히 중요합니다. 대명사나 수사의 공통점은 뭐죠? 학생이 읽은 글귀에서 말이에요.

학생 9

둘 다 관형어의 수식은 허용한다는 것입니다.

교수

그렇다면 차이점은요?

학생 9

선생님께서 관형사 수식에서 둘이 차이를 보인다고 하셨는데, 아까도 말씀드렸지만 둘에 대한 그 부분의 얘기가 다르지 않은 거 같습니다.

교수

정말 그렇게 생각하세요? 그럼, 내가 그 부분들을 칠판에 써 볼게요. 정말 차이가 없는지 다시 한 번 체크해 보세요.

대명사: "관형사의 수식은 불가능해 보인다"
수사: "관형사의 수식을 받기는 어렵다"

교수

자, 이렇게 써 놓았는데, 정말 두 진술에 차이가 없나요? '관형사의 수식이 불가능해 보인다'와 '관형사의 수식을 받기가 어렵다'는 것이 정말 같은 말인가요?

학생 9

음... 혹시 대명사는 관형사 수식이 불가능한데, 수사는 어렵지만 가능은 하다는 것인가요?

교수

그렇죠. 바로 그거예요. 그걸 알아차릴 수 있어야 합니다. 대명사의 경우는 관형사 수식이 아예 불가능한데, 수사는 어찌됐든 가능하기는 하다는 거죠. 그럼, 예를 들어 볼까요? 대명사는 아예 불가능하다고 하니 예를 들 수 없을 테고, 수사는 가능하기는 하다고 했으니 뭔가 예를 들어야겠죠? 학생, 떠오르는 거 있어요?

학생 9

글쎄요. 음...

학생 10

제가 답해 볼 수 있을까요?

교수

그래요. 말해 보세요.

학생 10

‘저 둘이 사귀니?’ 이런 문장에서 관형사 ‘저’가 수사 ‘둘’을 꾸며 주는 걸 볼 수 있습니다.

교수

자, 박수 부탁드립니다. 맞았어요. 시간이 좀 걸릴 줄 알았는데 금세 맞추는 학생이 있네요. 예문도 그렇고 설명도 그렇고 모두 훌륭해서 내가 덧붙일 말이 없습니다. 참 잘했어요! 이렇듯 수사는 관형사의 수식을 허용합니다. 그렇다고 관형사 수식이 명사처럼 자유롭다고 할 수는 없죠. 학생, 그럼 대명사와 수사 모두 관형어 수식을 받는 경우를 말해 줄 수 있을까요?

학생 10

예, 아까 생각해 본 예들이 있는데요, 우선 대명사의 예로는 ‘내가 아까 만난 그분은 매우 친절하셨다’가 있고, 수사의 예로는 ‘내가 가진 하나를 이웃과 나누니 둘이 되었다’가 있습니다.

교수

역시 잘했습니다. 관형어 ‘내가 아까 만난’이 대명사 ‘그분’을 수식하고 있고, 관형어 ‘내가 가진’이 수사 ‘하나’를 꾸며 주고 있죠. 두 개의 관형어 모두 절입니다. 대명사와 수사는 이렇듯 다른 관형어 수식은 가능합니다. 그러나 관형사가 수식할 때는 제약이 있습니다. 관형사는 관형어 중 일부이죠.

- memo -

<대명사와 수사>

- 공통점: 관형사의 수식에 제한을 받음
- 차이점: 대명사는 관형사 수식이 불가능, 수사는 제한적으로 가능

9 품사 통용: 언어의 경제성

학생 11

선생님, 질문 있습니다.

교수

뭔가요?

학생 11

아까 '어제'라는 단어가 명사이기도 하고 부사이기도 하다고 하셨는데, 이런 현상이 자연스러운 건가요?

교수

학생에게는 좀 낯설게 느껴지나요? 물론 그럴 수도 있죠. 그런데 이런 현상은 꽤 흔한 현상이랍니다. 형식은 하나인데 내용은 둘 이상인 경우죠. 이런 건 의미론에서 다루는 다의어나 동음어와 연관됩니다. 학생이 질문한 것에 다시 집중해 보면, '어제'가 명사로도 쓰이고 부사로도 쓰이는 걸 '품사 통용'이라고 합니다. 품사 통용이란 품사가 바뀌는 걸 의미하고, 그런 모습을 보이는 단어를 품사 통용어라고 하죠. 학생, 사전에서 '이런'이란 말을 지금 찾아볼래요?

학생 11

예, 음... '이런'이라는 말 오른쪽 위에 작은 숫자 1과 2가 붙어 있는데요, 먼저 '이런[1]'은 관형사라고 나와 있고, '이런[2]'는 감탄사라고 나와 있습니다.

교수

'어제'라는 말이 명사와 부사로 쓰일 수 있듯이, '이런'이라는 말도 관형사와 감탄사로 쓰일 수 있다는 거네요? 그런데 '이런'은 형용사 '이러하다'의 활용형일 때도 있습니다. 그렇다면 '이런'은 관형사, 감탄사, 형용사라는 3가지 품사로 통용될 수 있는 것입니다. 학생, '들'이라는 말은 어떤가요? 어떻게 알고 있나요?

학생 11

'학생들' 할 때 '들'이요? 그건 복수 파생접미사 아닌가요?

교수

맞습니다. 그런데 '들'은 거기서 그치지 않습니다. 사전에서 찾으면 '들'이 조사로 쓰이는 경우와 의존명사로 쓰이는 경우도 볼 수 있죠. 각각의 예를 찾아 읽어 줄 수 있나요?

학생 11

예, 알겠습니다. 음... 먼저 조사 '들'의 예로는 "다들 떠나갔구나."가 있고, 의존명사 '들'의 예로는 "과일에는 사과, 배, 감 들이 있다."가 있습니다.

교수

"다들 떠나갔구나."에서 '들'은 부사 '다' 뒤에 쓰인 보조사입니다. 이걸 명사 뒤에 붙는 복수 파생접미사로 볼 수는 없겠죠. 그리고 "과일에는 사과, 배, 감 들이 있다."에서 '들'은 한자어 '등(等)'으로도 바꾸어 쓸 수 있는 의존명사입니다. 이렇게 '들'은 의존명사나 조사라는 단어를 넘어서 접미사와 같은 형태소 차원으로까지 내려가죠. '어제', '이런', '들'은 하나의 형식이 다양한 내용을 가지는 경우에 해당하며 품사 통용의 좋은 예입니다.

학생 11

선생님, 아까 품사 통용 말씀하시기 바로 전에 '의미론'의 '다의어', '동음어' 얘기를 잠깐 하셨는데 그에 관해서 좀 더 말씀해 주실 수 있나요?

교수

알겠습니다. 아까 '어제'와 '이런'을 사전에서 찾아보았는데, 둘은 비록 품사 통용의 경우들일지라도 하나는 다의어이고 다른 하나는 동음어에 해당합니다. 학생, 어떤 게 어떤 건지 알겠어요? 음, 다의어나 동음어나 하나의 음성이 둘 이상의 의미와 연결되는데, 그 의미들 사이에 연관성이 강하면 다의어로, 약하면 동음어로 취급합니다. 사전을 다시 찾아 의미들을 확인해 보면, 어떤 게 어떤 건지 알 수 있을 겁니다.

학생 11

말씀하신 대로 지금 사전을 다시 들여다보니 '어제'는 하나의 표제어 아래에 명사와 부사가 모두 나와 있고, '이런'은 표제어가 따로 구별되어 품사별로 나뉘어 있습니다. 그럼, '어제'는 다의어이고, '이런'은 동음어인가요?

교수

맞습니다. 그런데 사실 다의어와 동음어를 구별하기 어려운 경우가 꽤 있어요. 하나의 음성에 연결된 의미들 간의 연관성이 강하냐 약하냐를 잘 따져야 하는데 그게 어려운 겁니다. 그래서 어떤 학자는 모두 다 다의어로 보자고 주장하고, 또 다른 학자는 모두 다 동음어로 보자고 주장하기도 하죠. 여기서 중요한 건, 하나의 단어가 둘 이상의 품사로 쓰일 수 있다는 것은, 언어에 다의어와 동음어가 많이 있다는 것과 같은 맥락에 놓이는 현상이라는 겁니다. 하나의 형식이 하나의 내용과만 연결되어 쓰이면 참 좋을 것 같지만, 실제로는 그렇지가 않아요. 학생, 왜 그럴까요? 그 이유가 뭘까요?

학생 11

음... 그건...

교수

간단한 사고 실험을 통해 생각해 보면 어렵지 않게 이해할 수 있습니다. 단어는 음성과 의미의 결합체입니다. 그런데 어떤 언어가 100개의 단어로 되어 있다고 가정해 보죠. 단어는 보통 외우는 언어단위죠? 그렇죠? 그럼, 학생, 100개의 단어를 외운다는 건, 음성과 의미 차원에서는 몇 개를 외운다는 거죠?

학생 11

음... 200개를 외운다는 것입니다. 음성 100개와 의미 100개.

교수

셈이 꽤 빠르네요. 그렇습니다. 100개의 단어를 기억하는 건, 100개의 음성과 거기에 연결된 100개의 의미를 기억하는 거라고 할 수 있죠. 그런데 혹시 이걸 줄일 방법은 없을까요? 기억해야 할 대상의 개수를 줄여 보자는 겁니다. 단서를 정확히 달아 주어야 답이 정확히 나올 거 같군요. 단어의 개수는 100개이어야 합니다. 그런 조건 하에서 답을 찾아보세요.

학생 11

어... 단어는 100개인데, 음성 100개와 의미 100개의 수를 줄이려면... 음...

교수

문제를 잘 이해했네요. 힌트는 아까 언급한 다의어, 동음어.

학생 11

음... 혹시 음성을 100개 미만으로 하고 의미는 그대로 100개로 하면 되지 않을까요?

교수

계속 얘기해 보세요.

학생 11

그니까, 음... 70개인 음성에 의미 100개가 결합하면, 170개만 기억하면 될 것 같습니다. 단어는 여전히 100개고요.

교수

좀 더 자세히 설명해 줄 수 있을까요?

학생 11

음성 100개 중 30개는 없애 버리고 나머지 70개로 100개의 의미를 실어 나르는 것입니다. 예를 들어, 70개의 음성 중 40개는 의미를 1개씩 가지고, 30개는 의미를 2개씩 가지면, 결국 70개의 음성이 100개의 의미를 담을 수 있습니다. 그렇게 되면, 단어는 총 100개이고, 그 100개를 일반적인 단어 40개와, 다의어 혹은 동음어 60개가 채우는 것입니다. 의미는 모두 100개고요.

교수

박수가 필요한 순간입니다. 대단하네요. 숫자가 좀 나오지만 그리 어렵지는 않습니다. 100개의 단어가 있다고 해서 100개 모두 음성이 다 다를 필요는 없다는 게 핵심이죠. 음성 1개가 여러 의미를 거느릴 수도 있습니다. 예를 들어, '배'라고 하는 음성은 '운송 수단의 일종으로 물 위를 떠다니는 것'을 뜻하기도 하고, '누르스름한 껍질을 가진 달콤한 과일'을 뜻하기도 하며, '복부'를 의미할 수 있죠. 사전에서 '배'를 찾아보면 '배^{1}', '배^{2}', '배^{3}'으로 구별해 놓았습니다. 동음어로 처리한 거예요. 오른쪽 숫자를 어깨번호라고 부르는데, 이런 번호를 붙이는 건 편의상 그렇게 한 거고, 실제로는 모두 동일한 하나의 음성이며, 거기에 서로 다른 의미들이 결합되어 있는 겁니다. 3개의 단어지만 음성은 한 개이고 의미는 3개입니다.
그럼, 여기서 질문 하나! 인간은 왜 이렇게 동음어나 다의어를 사용하는 걸까요? 학생의 설명 속에서 답을 찾을 수 있습니다. 100개의 음성과 100개의 의미로 된 100개의 단어일 수도 있고, 70개의 음성과 100개의 의미로 된 100개의 단어일 수도 있죠.

학생 11

100개의 음성과 100개의 의미로 되어 200개를 기억해야 하는 100개의 단어보다, 70개의 음성과 100개의 의미로 되어 170개만 기억하면 되는 100개의 단어가 더 경제적이기 때문입니다. 같은 효과를 내지만 기억의 부담은 적으니까요.

교수

그렇습니다. 바로 그겁니다. 언어의 경제성, 바로 그것 때문에 동음어나 다의어가 존재하는 것이고, 그 연장선상에서 품사 통용이 존재하는 겁니다. 하나의 형식이 둘 이상의 내용과 연결되거나 하나의 형식이 둘 이상의 품사로 쓰이면 그만큼 형식의 수가 줄어드는 효과가 일어납니다. 형식의 수가 줄어들면 그만큼 기억의 부담을 덜 수 있죠. 언어는 철저히 경제성에 바탕을 두고 작동한답니다.

- 다의어와 동음어: 하나의 형식에 둘 이상의 내용이 연결됨
- 언어의 경제성: 품사 통용은 다의어/동음어처럼 형식을 줄여 기억의 부담을 더는 것임

10 잉여와 모순: 자립명사와 의존명사

교수

이제 명사와 관련된 남은 물음은 자립명사와 의존명사의 용어 문제입니다. 일단 2조의 그 다음 학생이 해당 부분의 물음과 대답을 다시 말해 주면 좋겠어요.

학생 12

예, 해당 물음은 '명사를 자립명사와 의존명사로 나누는 것에 내재한 문제는 무엇인가?'이며, 그 대답으로 든 것은 '자립명사는 잉여적, 의존명사는 모순적'이라는 것입니다.

교수

매우 간결한 대답이어서 설명이 좀 필요할 거 같습니다. 명사를 자립명사와 의존명사로 나누는 것이 왜 잉여적이거나 모순적인 거죠? 먼저 자립명사에 대해 들어 볼까요?

학생 12

예, 자립명사는 '자립'이라는 말과 '명사'라는 말이 결합된 것인데, '자립'이라는 말은 '명사'라는 말로 인해서 잉여적이게 됩니다.

교수

왜 그렇죠? 왜 '명사' 앞에서 '자립'이 잉여적인 거죠?

학생 12

단어는 자립할 수 있는 가장 작은 언어단위라고 알고 있습니다. 명사는 단어의 일종이고요. 그렇다면 명사는 자립할 수 있는 말이 됩니다. 이렇게 이미 '자립'이라는 의미가 들어 있는 명사 앞에 다시 '자립'이라는 말을 붙이는 건 군더더기로 보입니다.

교수

훌륭합니다. 매우 논리적인 설명이에요. 단어는 자립성을 가진다. 명사는 단어다. 따라서 명사도 자립성을 가진다. 그런데 자립성을 내재하는 명사 앞에 다시 '자립'이라는 말을 붙인다면 그건 잉여적인 처사다. 그런 얘기죠. 그럼, 여세를 몰아 의존명사에 대한 비판도 이어가 볼까요?

학생 12

예, 의존명사는 모순적인데요, 방금 말씀하신 것과 같이, 명사는 자립성을 가진 것인데 그 앞에 '의존'이라는 말을 쓰면 '의존명사'는 '의존적인 자립성을 가진 단어'라는 것이 되어 '의존'과 '자립'이 충돌하게 됩니다. 이걸 모순이라고 한다면, 의존명사는 모순을 가진 용어라 할 수 있습니다.

교수

역시 똑 부러지는 설명입니다. 아주 논리적이에요. 추가 설명이 필요가 없을 거 같습니다. 그렇다면 사람들은 왜 자립명사라는 말과 의존명사라는 용어를 사용하는 걸까요? 학생, '물건'이라는 단어와 '것'이라는 단어 중에서 어떤 게 자립명사이고 어떤 게 의존명사일까요?

학생 12

'물건'은 자립명사이고 '것'은 의존명사입니다.

교수

왜 그렇죠?

학생 12

'물건'은 홀로 쓰일 수 있고 '것'은 홀로 쓰일 수 없어서입니다.

교수

홀로 쓰일 수 있다는 게 무슨 뜻인가요?

학생 12

예? 어, 음... 그건 그니까 그 자체로 쓰일 수 있다는 것인데...

교수

구체적으로 말해 본다면?

학생 12

음... '물건'은 그니까 '물건 주세요.'처럼 '물건'을 홀로 사용할 수 있습니다. 그런데 '것 주세요.'처럼 말하지는 못합니다. '저기에 있는 것 주세요.'처럼 '것' 앞에 어떤 수식어가 와야 올바른 쓰임이라 할 수 있습니다.

교수

좋습니다. 학생이 말한 '홀로 쓰일 수 있다는 것'은 관형어의 도움을 받지 않고서도 쓰일 수 있다는 걸로 이해됩니다. 방금 학생이 든 예에서 '물건'은 관형어 없이 쓰일 수 있지만, '것'은 반드시 관형어가 그 앞에 와야 하죠. 관형어 의존성의 측면에서 보면, 분명히 '물건'과 '것'은 구별됩니다. 그래서 학교문법은 이 둘을 자립명사와 의존명사로 구별하여 부르는 거죠. 그런데 정작 자립명사와 의존명사라는 용어 자체가 큰 문제라는 걸 우리는 알게 되었습니다. 이 시점에서 명사의 특징 2가지가 다시 소환될 필요가 있어 보입니다. 학생, 그게 뭐였죠?

학생 12

예, '앞에 관형어, 뒤에 조사'입니다.

교수

간명하게 잘 기억하고 있네요. 명사의 앞에는 관형어가 올 수 있고, 뒤에는 조사가 올 수 있다는 거죠. 방금 예시로 든 '물건'과 '것'은 이 두 조건을 충족하나요?

학생 12

음... 예, 그런 거 같습니다. '이 물건을 주세요.'처럼 '물건'의 앞뒤에 관형어 '이'와 조사 '을'이 올 수 있고, '저기에 있는 것을 주세요.'처럼 '것'의 앞뒤에 '저기에 있는'과 '을'이 올 수 있으니까요. 둘 다 명사의 2가지 조건에 맞습니다.

교수

그렇다면 '물건'과 '것'은 공히 명사라고 불러도 좋겠죠?

학생 12

예, 그렇습니다.

교수

다만, '물건'은 관형어 없이도 잘 쓰일 수 있고 '것'은 관형어 없이는 못 쓰이고의 차이만 있을 뿐이죠. 이러한 차이를 드러내기 위해 자립명사와 의존명사라는 용어를 사용하는 건 옳지 못합니다. 어떤 명사가 관형어를 필수적으로 요구하는 것은, 마치 어떤 동사가 목적어를 필수적으로 요구하는 것과 비슷해 보입니다. 그리고 목적어를 요구하는 동사가 그러지 않는 동사보다 모자란 동사가 아니듯, 관형어를 요구하는 명사가 그러지 않는 명사보다 모자란 명사는 아닐 것입니다. 타동사와 자동사가 다른 유형의 동사이듯, 기존의 의존명사와 자립명사는 다른 유형의 명사일 뿐입니다. 이때 자립이니 의존이니 하는 말은 명사를 중심에 놓는 것이 아니라 관형어를 중심에 놓고 명사를 저울질하는 인상을 줍니다. 그건 목적어를 중심에 놓고 타동사와 자동사를 저울질하는 것만큼 이상합니다. 개가 꼬리를 흔드는 게 아니라 꼬리가 개를 흔드는 격이죠. 결국, '물건'과 '것'은 모두 정상적인 명사이고, 관형어를 필수적으로 요구하는 데에서만 차이를 보인다고 할 수 있습니다. 그렇다면, '물건'과 달리 '것'은 왜 이렇게 관형어를 필수적으로 요구하게 되었을까요?

학생 12

음... 방금 설명해 주시는 말씀을 듣는 중에 떠오른 건데요, '것'은 그 자체로는 정확히 어떤 걸 의미하는지가 매우 막연해서 반드시 그 앞에 무언가 꾸며 주는 말이 와야 의미가 제한되고 분명해지는 것 같습니다. 그러나 '물건'은 이미 그 자체로 어느 정도 의미가 제한되고 있어 수식어가 꼭 있어야 할 것 같지 않습니다.

교수

의미가 막연하다는 것은, 달리 말해, 의미가 열려 있다는 것이 되고, 의미가 제한되어 있다는 것은, 달리 말해, 의미가 닫혀 있다는 것이라 풀이할 수 있을 것 같습니다. 그렇다면 '물건'과 '것'의 관형어 필수성 여부는 의미적 차원의 문제라는 거군요? 그렇죠?

학생 12

예, 제 말의 취지는 결국 그렇게 되는 거 같습니다.

교수

나도 동의합니다. '물건'과 '것'은 명사로서는 충분한 자격을 가지지만, 의미적 차원의 다름으로 인해 관형어 필수성 여부에서 차이를 보이는 거라고 정리할 수 있을 것 같습니다. 여기서 의미적 차원의 문제는 형식적 차원의 문제와 구별되어야 하죠. 명사의 두 가지 특징인 '앞에 관형어, 뒤에 조사'는 내용적 요건이라기보다는 형식적 요건이라고 할 수 있습니다. 명사 앞뒤에 어떤 범주의 말이 와야 하는지를 가리키기 때문이죠. 그리고 일단 그러한 형식적 요건을 충족하는 명사 중 어떤 명사는 의미가 열려 있어 관형어가 필수적으로 등장하여 의미를 제한해 주어야 한다는 특징을 가지는 것이고요. 이러한 문제를 의미의 열림과 닫힘으로 구별한다면, 기존의 의존명사는 의미가 열려 있는 명사, 그래서 '열린 명사'라고 부를 수 있고, 기존의 자립명사는 의미가 닫혀 있는 명사, 그래서 '닫힌 명사'라고 부를 수 있을 것 같습니다. 일단 학생들은 자립명사와 의존명사라는 용어는 알아 두어야 합니다. 그런 용어들이 여러 논문이나 책에 나오니까요. 그러나 그걸 용어 그대로 받아들여서는 안 됩니다. 자립명사는 닫힌 명사로, 의존명사는 열린 명사로 읽어야 합니다.

- memo -

- 자립명사: 잉여적인 용어
- 의존명사: 모순적인 용어
- 닫힌 명사: 자립명사의 대체 용어
- 열린 명사: 의존명사의 대체 용어
(관형어를 필수적으로 요구함)

11 술어와 논항: 학교문법과 학문문법

교수

체언과 관련된 이야기는 이만하면 되었고, 이제 용언의 세계로 나가 볼 차례입니다. 용언은 문장에서 서술어로 쓰이는 단어죠. 서술어는 자릿수를 가지며, 자릿수란 서술어가 필수적으로 요구하는 성분들의 개수입니다. 이러한 필수성분의 고려에서 주인공은 보어입니다. 이제 그 문제를 풀어야 하는데, 3조가 하면 되죠?

학생 13

예, 그렇습니다. 3조 '바로 그거죠' 문제 풀겠습니다. 문제는 '보어의 범위에 따라 주어와 목적어의 설정은 어떻게 달라지는가?'입니다. 저희가 마련한 답은 다음과 같습니다. 보어의 범위를 최대한 좁힐 경우 주어와 목적어가 별도로 설정되지만, 보어의 범위를 최대한 넓힐 경우 주어와 목적어가 모두 보어로 흡수된다는 것입니다.

교수

정말 간단명료한 답변이네요. 그런데 처음 듣는 사람은 이게 무슨 소린가 할 거 같아요. 그래서 이제 하나씩 풀어가 봅시다. 우선 묻고 싶은 것은, 보어의 기본적인 정의가 어떻게 되느냐 하는 겁니다.

학생 13

음, 기본적으로 보어는 서술어가 요구하는 필수성분 중에서 주어와 목적어를 제외한 나머지라고 할 수 있습니다.

교수

좋습니다. 학생이 필수성분이라는 말을 썼는데, 학교문법에서 말하는 필수성분과는 좀 다른 것 같네요?

학생 13

아, 예, 그렇습니다. 학교문법에서 말하는 필수성분은 주어와 목적어, 보어, 서술어, 이렇게 4가지입니다. 그런데 제가 말씀드린 필수성분이란 서술어가 요구하는 필수성분입니다. 따라서 학교문법의 필수성분 4가지에서 서술어를 뺀 나머지 3가지가 거기에 해당합니다.

교수

설명 잘 들었습니다. 필수성분이라는 용어에 대해 어떤 입장이냐에 따라 그 범위가 달라질 수 있다는 게 중요한 거 같습니다. 용어를 어떻게 사용하든 그것에 대한 정의만 제대로 내려 주면 그 다음부터는 문제가 없게 되지요. 학문문법에서는 그렇게 3가지만 가리키는 용어로 무엇을 사용하는지 알고 있나요?

학생 13

예, '논항'이라고 알고 있습니다.

교수

준비를 많이 했네요. 학교문법에서는 전혀 사용하지 않지만, 학문문법에서는 학자들이 정말 흔히 사용하는 용어입니다. 논항은 주어와 목적어, 보어를 모두 아우르죠. 그리고 논항이라는 말을 쓸 경우, 서술어 대신 '술어'라는 용어를 씁니다. 논항과 술어는 짝이 되는 말이죠. 자, 그렇다면 학교문법의 필수성분 4가지는 학문문법으로는 어떻게 정의된다고 할 수 있나요?

학생 13

예, 학교문법의 필수성분 4가지는 학문문법에서는 일단 술어와 논항이라는 2가지로 됩니다. 논항은 다시 주어, 목적어, 보어, 이렇게 3가지로 구분되고요.

교수

학문문법은 문장의 필수성분을 크게 '술어'와 '논항'이라는 2가지로 대별하고, '논항'은 다시 '주어', '목적어', '보어'라는 3가지로 세분한다는 거군요. 맞죠? 4가지 문장성분은 학교문법과 학문문법에서 다른 위상을 가지게 됩니다. 대등한 게 아니라, 계층화되어 있죠.
참, 학교문법과 구분되는 것으로 학문문법이 등장하여 좀 당황스러운 학생이 있나요? 약간의 설명이 필요할 거 같네요. 학교문법이 초중등 학교에서 가르치는 문법이라면, 학문문법은 대학 이상의 고등 교육기관에서 연구되는 문법을 말합니다. 학교문법이 가르치기 위해 획일성을 강조한다면, 학문문법은 연구를 위해 다양성을 중요시합니다. 아마 학자의 수만큼이나 다양한 학문문법이 존재할 거예요. 그만큼 학문문법은 다양하죠. 그러나 학교문법은 그럴 수가 없어요. 학생들이 시험을 보아야 하는데 학교문법이 다양해지면, 문법 문제의 정답이 너무 많아지거나 아예 없다고 해야 하는 상황이 발생하겠죠. 그래서 교육을 목적으로 하는 학교문법은 통일성이 생명이고, 진리 탐구를 목적으로 하는 학문문법은 자유로운 연구를 위해 다양성을 생명으로 한다고 말할 수 있습니다.
다시 원래 문제로 돌아가서, 보어의 범위에 따른 주어, 목적어의 설정 문제를 생각해 보죠. 이제 이 문제는 논항 내부의 문제로서 보어를 중심으로 논항을 어떻게 세분화할 것인가의 문제로 성격 지을 수 있겠습니다. 문제 풀이의 첫 단계로 보어의 범위를 가장 좁힐 경우부터 살펴보죠. 학생, 그럴 경우 논항의 하위 유형은 어떻게 된다고 하였죠?

학생 13

예, 논항에는 주어, 목적어, 보어가 있게 됩니다.

교수

구체적인 예문을 가지고 설명하면 좋겠어요.

학생 13

예, 저희가 준비해 본 예문은 '영수가 의사가 되었다.'와 '영수가 범인이 아니다.' 입니다. 보어를 '되다'와 '아니다' 앞의 '이/가' 성분으로 한정하는 게 가장 좁은 보어의 정의인데요, 여기서는 '의사가'와 '범인이'가 보어에 해당합니다. 이렇게 보어를 정의할 경우, 논항에는 보어 말고도 주어와 목적어가 있게 됩니다. 주어와 목적어의 예로는 '영수가 밥을 먹었다.'에서 '영수가'가 주어이고 '밥을'이 목적어입니다.

교수

매우 차분하게 구체적으로 잘 설명해 주었어요. 칠판에 적으면 이렇게 되겠죠.

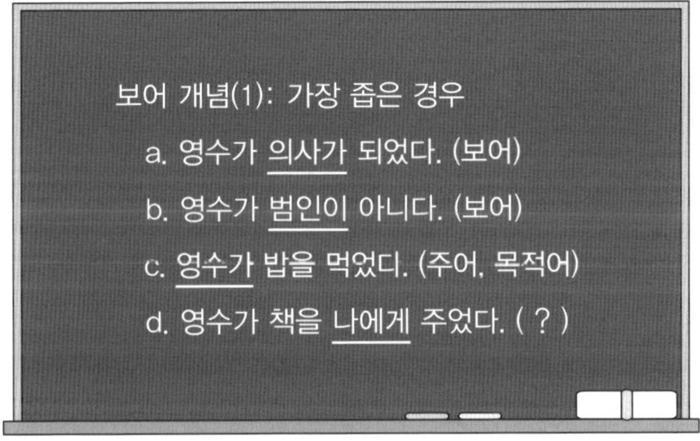

교수

이렇게 보어를 정의하는 것은 학교문법인데 정말 보어를 가장 좁게 규정하는 것이 됩니다. 왜냐하면 학생이 잘 설명해 준 것처럼 오로지 서술어 '되다'와 '아니다' 앞에 오는 '이/가' 성분만 보어가 되기 때문이죠. 그렇다면 학생, 예문 (d)의 밑줄 그은 말은 어떤 성분이 될까요?

학생 13

아, 그런 예는 저희 조에서도 미리 보기는 했는데 자세히 살피지는 못했습니다.

교수

그런가요? 그럼, 지금 잘 살펴보면 되지요. 예문 (d)의 밑줄 그은 '나에게'는 주어와 목적어, 보어 중 무엇인가요?

학생 13

단번에 대답을 드릴 수가 없어서 하나씩 지워 나가는 식으로 말씀드려야 할 거 같습니다. 음... 일단 주어, 목적어는 아닌 듯합니다. 그 문장에서 주어는 '영수가'이고 목적어는 '책을'이기 때문입니다.

교수

좋아요. 그럼, 보어인가요?

학생 13

보어일 수도 없는 것 같습니다. 왜냐하면 아까 말씀드린 것처럼 '되다'와 '아니다' 앞에 오는 '이/가' 성분만 보어가 되기 때문입니다. '나에게'는 조사 '에게'를 가졌기 때문에 '이/가' 성분이라고 할 수 없습니다.

교수

그렇게 되면, '나에게'와 같은 성분은 무엇이라 불러야 할까요? 주어, 목적어, 보어가 아니면요. 학생, 이 문장에서 '나에게'는 꼭 있어야 하는 성분인가요?

학생 13

예, 서술어 '주다'는 영어에서도 수여동사라고 해서 '누가, 무엇을, 누구에게'처럼 '누구에게'가 반드시 있어야 문장이 성립한다고 배웠습니다. 한국어에서도 크게 다를 거 같지 않습니다.

교수

좋습니다. 그럼, 문장 (d)에서 '나에게'는 서술어가 필수적으로 요구하는 성분이군요. 그런데 주어나 목적어나 보어가 아니란 말이죠. 그렇다면 이러한 성분을 뭐라고 부를까요?

- memo -

- 보어에 관한 첫 번째 입장 → 학교문법
  - 문장의 필수성분(1): 주어, 목적어, 보어, 서술어
- 보어에 관한 두 번째 입장 → 학문문법
  - 문장의 필수성분(2): 술어, 논항(주어, 목적어, 보어)
- 학교문법과 학문문법
  - 학교문법: 교육용, 통일성 강조
  - 학문문법: 연구용, 다양성 중시

12 필수적인 수의성분: 필수적 부사어

학생 13

일단 주어나 목적어, 보어는 아니니 그 밖에서 찾아야 할 것 같습니다. 남는 것은 관형어와 부사어, 독립어인데 그나마 가능해 보이는 건 부사어인 것 같습니다.

교수

아주 침착한 논리 전개입니다. 그렇게 차근차근 추리해 가는 거예요. 매우 잘하고 있어요. 그래요, 그나마 가능해 보이는 건 부사어라고 할 수 있죠. 형태적으로도 그래요. '나에게'에서 조사 '에게'를 '부사격 조사'라고 부르죠. 그래서 부사격 조사를 가진 '나에게'를 부사어라고 부를 법하죠. 그런데 이걸 부사어라고 규정하면 또 어떤 문제가 생기나요?

학생 13

음... 부사어는 관형어와 함께 수의성분으로 되어 있습니다. 수의성분은 있어도 되고 없어도 되는 문장성분인데, 그런데 문장 (d)에서 '나에게'는 반드시 있어야 하는 성분입니다. 필수적인 성분을 부사어라고 하면 수의성분이라고 하는 것이 되어 문제가 생기는 것입니다.

교수

그렇습니다. 바로 거기서 문제가 발생하는 거죠. 위기를 잘 모면했다고 생각했는데 더 커다란 문제가 도사리고 있는 셈입니다. 이 문제를 어떻게 해결하면 좋을까요? 학생, '나에게'라는 것이 가지고 있는 성질을 모두 합쳐 볼까요? 일단 그건 필수성분인가요, 수의성분인가요?

학생 13

필수성분입니다.

교수

그리고 그건 형태적으로 볼 때 특히 어떤 성분처럼 보인다고 했죠?

학생 13

부사어입니다.

교수

그럼, 두 가지 정보를 합쳐 보세요.

학생 13

예? 두 가지 정보를요? 필수성분과 부사어를요? 그러면 음... 필수 부사어?

교수

그렇습니다. 그게 답입니다. 그게 학교문법이 제시하는 답이에요.

학생 13

정말요?

교수

왜, 이상한가요?

학생 13

음... 예, 좀 이상해서요.

교수

어떤 부분이요? 솔직하게 말해 봐요.

학생 13

음... '나에게'가 가지고 있는 정보를 모두 합쳐 보라고 하셔서 합쳐는 보았는데, 사실 그렇게 합쳐진 정보가 서로 충돌하는 것들이어서, 그래서 좀 이상한 거 같습니다.

교수

좀 더 구체적으로 말해 보세요. 어떤 게 충돌한다는 건지.

학생 13

예, 그니까, '나에게'는 필수성분이고, 그런데 그건 또 수의성분인 부사어이고, 그래서 합쳐진 게 필수적인 수의성분이 되어 버려서... 그래서 모순덩어리 같다는 생각이 들어서요.

교수

학생의 문제의식은 매우 타당해 보입니다. 나도 똑같이 그렇게 느끼거든요. '필수적 부사어'라는 용어는 '의존명사'라는 용어를 연상하게 만듭니다. 명사는 단어이고 단어는 자립성을 가지는데 그러한 명사 앞에 의존이라는 말을 달아 만들어진 의존명사는, 의존과 자립이 충돌하는 용어가 되어 버리죠. 필수적 부사어 역시 마찬가집니다. '필수적'이라는 말과 부사어가 품고 있는 수의성이 충돌하는 거죠. 모순이라고 할 수 있습니다. 모순 관계에 놓인 두 대상은 결코 양립할 수 없죠. 하나가 성립하면 다른 하나는 성립할 수 없으니까요. '필수적'과 '부사어'는 원칙적으로 양립할 수 없습니다. '의존'과 '명사'도 함께 쓰일 수 없습니다. 그러나 필수적 부사어와 의존명사는 버젓이 학교문법에서 사용되고 있죠. 큰 문제입니다.
다시 필수적 부사어에 집중해 봅시다. 우리는 분명히 이러한 용어 설정에 문제가 있다는 걸 공감하게 되었습니다. 그러면 대안이 필요합니다. 그게 바로 보어에 대한 두 번째 접근 방식입니다. 학생, 보어에 대한 그 다음 입장은 무엇이죠?

학생 13

예, 여전히 논항 안에 주어와 목적어, 보어가 구분이 되는데, 다만 학교문법에서 보다 보어의 개념을 넓게 잡는 것입니다.

교수

좀 더 구체적으로 말해 주면 좋겠어요. 지금 문제가 되고 있는 '나에게'를 두 번째 입장에서는 어떻게 본다는 건가요?

학생 13

예, 보어로 보는 것입니다.

교수

필수적 부사어가 아니고요?

학생 13

예, 그렇습니다.

교수

보어에 관한 두 번째 입장은, 논항 가운데 주어나 목적어가 아닌 성분을 보어로 보는 것입니다. 이렇게 할 경우, 학교문법에 비해 보어 개념이 넓어지게 되죠. 학교문법이 보어로 본 것뿐만 아니라 필수적 부사어라고 부른 것까지도 보어가 됩니다. 필수성분이니까요. 이를 정리하면 다음과 같습니다.

보어 개념(2): 논항 가운데 주어나 목적어가 아닌 것

a. 영수가 의사가 되었다. (보어)

b. 영수가 범인이 아니다. (보어)

c. 영수가 밥을 먹었다. (주어, 목적어)

d. 영수가 책을 나에게 주었다. (보어)

교수

그런데 이러한 두 번째 입장에서도 문제가 좀 있습니다. 그게 뭘까요? 학생, 다음 예문에서 밑줄 친 말은 보어인가요, 아닌가요?

영수가 이 책을 불어에서 영어로 번역했다.

학생 13

음... '불어에서'는 부사어이고 '영어로'는 보어인 것 같습니다.

교수

'불어에서'는 수의성분이고 '영어로'는 필수성분이라고 본 거군요. 다른 의견은 없을까요? 어떤 학자는 둘 다 보어라고 봅니다. 또 다른 학자는 둘 다 부사어라고 주장합니다. 사실상 나올 수 있는 의견은 다 나온 거죠. 정말 의견이 분분합니다. 어때요? 이게 바로 두 번째 입장의 문제점입니다. 보어의 범위를 정하는 게 학자마다 달라질 수 있다는 점 말이에요. 개념상으로는 논항 중에서 주어나 목적어가 아니면 모두 보어로 보면 된다고 말할 수 있지만, 정작 보어인

지 부사어인지가 헷갈린다는 것입니다. 이 문제는 언어학의 가장 큰 난제 가운데 하나예요. 아마도 영원히 풀리지 않을지도 모릅니다. 학교문법의 필수적 부사어 개념도 여기서 자유롭지 못해요. '불어에서'와 '영어로'가 과연 그냥 부사어인지, 아니면 필수적 부사어인지 구별해야 하니까요.

- memo -

- 필수성분: 주어, 목적어, 보어, 서술어
- 수의성분: 관형어, 부사어
- 독립성분: 독립어
- 필수적 부사어: 학교문법의 입장
  - 필수적인 수의성분 → 모순!
- 필수적 부사어의 대안: 학문문법의 입장
  - 보어: 논항 중 주어, 목적어를 제외한 나머지
- 난제: 보어와 부사어의 구별

13 Less is more: 논항을 삼킨 보어

교수

이제 세 번째 입장을 살펴볼 차례입니다. 학생, 준비되었나요?

학생 14

이 부분부터는 제가 답변하도록 하겠습니다.

교수

아, 그래요? 앞의 학생 고생 많았습니다.

학생 14

그 다음 입장, 그니까, 세 번째 입장은 보어의 개념을 더욱 넓혀 기존의 목적어까지 포함하는 것입니다.

교수

그렇게 되면 논항의 하위 유형은 어떻게 되는 거죠?

학생 14

예, 논항에는 주어와 보어만 있게 됩니다.

교수

칠판에 이렇게 정리하면 되겠네요.

보어 개념(3): 논항 가운데 주어가 아닌 것

a. 영수가 <u>의사가</u> 되었다. (보어)

b. 영수가 <u>범인이</u> 아니다. (보어))

c. <u>영수가</u> <u>밥을</u> 먹었다. (주어, 보어)

d. 영수가 책을 <u>나에게</u> 주었다. (보어)

학생 15

질문 있습니다. 그러면 (a)에서 (d)까지 보어가 많아지는데 그걸 어떻게 구별하죠? 기존에는 목적어와 보어가 구분되어 있어서 구별이 편했는데요. 그렇게 다 뭉뚱그리면 어떻게 구별하죠? 다 보어라고 하면요.

교수

방금 설명한 학생, 이에 대해 답할 수 있나요?

학생 14

날카로운 질문이라서 깜짝 놀랐는데요, 잠깐 생각해 보니, 보어가 가진 조사의 성격으로 구별할 수 있지 않을까 하는 생각이 들었습니다.

교수

예를 들면?

학생 14

음... (c)의 '밥을'은 목적격 조사를 가진 보어라고 하고, (d)의 '나에게'는 부사격 조사를 가진 보어라고 하고.

교수

훌륭한 관찰력입니다. 맞아요. 그렇게 할 수 있지요. 다만 '목적격 조사를 가진 보어'가 너무 기니까 간단히 줄여서 '목적격 보어'라고 부르면 더 좋겠죠. '부사격 조사를 가진 보어'도 간단히 '부사격 보어'라고 부르면 되고요. 어때요? 학생, 답변이 됐나요?

학생 15

예, 그러면 (a)와 (b)의 보어들은 '보격 보어'인가요?

교수

학교문법의 입장을 존중한다면 그렇게 부를 수도 있겠지만, 학문문법에서는 대체로 '보격 조사'를 인정하지 않고 형태를 중시하여 '이/가'는 모두 '주격 조사'로만 보는 게 일반적입니다. 격조사의 종류를 나눈다고 능사는 아니거든요. 가능하면 적은 수의 개념이나 용어로 현상을 설명하려는 게 학문문법의 태도입니다. 여하튼, 그렇게 되면 (a)와 (b)의 보어들은 모두 '주격 보어'라고 할 수 있겠죠.

학생 15

한 가지 더 궁금한 게 있는데요. 그렇게 되면 (c)의 '영수가'도 굳이 주어라고 불러야 할까 하는 의문이 방금 들었습니다. 그것도 '주격 보어'라고 하면 되지 않을까요?

교수

대단한 호기심과 추론입니다! 학생이 방금 네 번째 입장을 말해 버리고 말았어요. 문제 풀던 학생이 마저 정리해 주시죠, 보어에 관한 네 번째 입장을요.

학생 14

예, 보어에 관한 네 번째 입장은 논항 안에서 주어까지도 보어로 보는 것입니다. 결국, 논항이 곧 보어라는 입장이 됩니다.

교수

칠판에 정리하면 이렇게 되겠죠.

보어 개념(4): 논항 = 보어

a. 영수가 의사가 되었다. (주격 보어)

b. 영수가 범인이 아니다. (주격 보어)

c. 영수가 밥을 먹었다. (주격 보어, 목적격 보어)

d. 영수가 책을 나에게 주었다. (부사격 보어)

교수

이렇게 해서 보어의 범위에 관한 총 4가지의 입장을 살펴보았습니다. 다음 문제로 넘어가기 전에 간단히 질문하고 싶은 게 있어요. 학문문법에서 가장 최근에 취하고 있는 입장은 무엇일까요? 너무 막연한 질문인가요? 학문문법의 입장은 두 번째에서 네 번째까지인데, 그 셋 중에서 어느 입장이 가장 최근의 입장인가 묻는 겁니다. 누구 말해 볼 사람 없어요?

학생 15

저라면, 마지막 입장, 그니까, 네 번째 입장을 택할 거 같습니다.

교수

왜죠?

학생 15

음... 격조사 정보를 가지고 보어들을 구별할 수 있다면, 굳이 보어 이외에 다시 주어나 목적어를 두는 게 군더더기 같다는 생각이 들어서요. 이중으로 구별하지 말고 하나의 정보로 구별하고 논항은 사실상 모두 보어라고 하면, 문장의 필수성분은 간단히 술어와 보어, 아니면 보어라는 말도 필요 없이 그냥 술어와 논항이라고만 해도 될 테니까요.

교수

박수가 필요한 순간입니다. 여러분, 박수 주세요. 매우 논리적이고 합리적인 추론입니다. 바로 그게 생성문법의 촘스키(Noam Chomsky, 1928~) 생각입니다. 학생은 방금 멋진 추론을 통해서 촘스키가 걸어간 사유의 길을 스스로 걸었습니다. 정말 수업하는 보람이 있네요. 내가 굳이 말하지 않아도, 주어진 정보를 가지고 그렇게 차근차근 고민해 나가며 일정한 결론에, 그것도 매우 훌륭한 결론에 이르는 걸 보니 말이에요.
논항 안에서 주어와 목적어와 보어를 구별하다가, 주어만 남기고 목적어와 보어를 통합하였는데, 계속 논리를 밀고 나가다 보니, 학생이 말한 것처럼, 굳이 논항을 세분할 필요 없이 그냥 논항이라고만 하면 되고, 논항이 가진 격 정보만 가지고 충분히 구별할 수 있음을 알게 된 것입니다.
그렇게 학문은 간소화되고 발전해 나가는 것입니다. 용어나 개념을 많이 가지고 있는 게 더 좋은 이론은 아니에요. 오히려 반대죠. 같은 설명을 할 수 있는 이론 중 더 몸집이 작은 게 더 좋은 이론이라고 봅니다. 그걸 학문에서는 '오컴의 면도날'이라고 부르죠. 이론에서 불필요한 가정은 면도날로 싹둑 잘라 내라는 것입니다.

- memo -

- 보어에 관한 세 번째 입장: 논항 = 주어 + 보어
- 보어에 관한 네 번째 입장: 논항 = 보어
- 보어에 관한 가장 최근의 입장: 논항 = 보어
(사실상 보어라는 용어까지도 필요 없어짐)

14 돌다리 두드리기: 형용사와 동사의 구분

교수

이제까지 보어를 통해서 서술어의 자릿수를 채우는 필수성분, 즉 논항에 대해 살펴보았습니다. 그런데 돌이켜보니 든 예들이 모두 동사들이네요. 형용사가 섭섭하겠어요. 형용사도 서술어가 되어 주어나 보어를 취합니다.

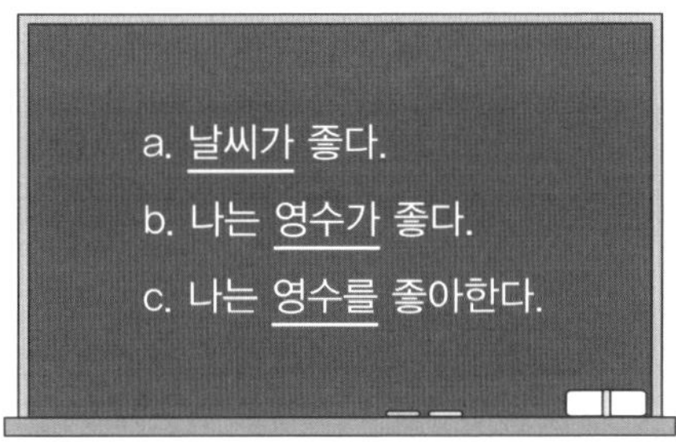

교수

여기 (a)에서 형용사 '좋다'는 주어 '날씨가'를 취하는 1자리 서술어입니다. (b)에서는 보어 '영수가'를 취하여 2자리 서술어로 쓰이고요. 의미가 달라지면 자릿수가 바뀌기도 하죠. 보어에 관한 네 가지 입장 중 여기서는 편의상 두 번째 입장을 택하여, 논항 중 주어나 목적어가 아닌 걸 모두 보어로 하여 이야기를 이어가겠습니다.

(b)와 (c)는 흥미로운 대조를 보입니다. 두 문장은 비슷하면서도 달라요. 같은 건 뭐고 다른 건 뭘까요? 이제 4조에서 문제 풀 차례죠? 어떤 학생이? 아, 예, 방금 내가 말한 문제에 대해 답해 주면 좋겠어요.

학생 16

예, 어, 그런데 방금 물으신 질문은 저희가 맡은 문제와 관련이 있어서, 문제 먼저 읽고 나서 함께 답하면 안 될까요?

교수

알겠습니다. 그렇게 하세요.

학생 16

4조 '언어는 소중하죠' 문제 풀겠습니다. 먼저 문제는 '동사와 형용사를 구별하는 일반적인 근거 5가지는 무엇인가?'입니다. 답은 명령형, 청유형, 목적어, 현재형, 진행형 가능 여부입니다. 선생님께서 물으신 것은 여기서 목적어와 관련된 건데요, 좀 자세히 말씀드리면, 동사는 목적어를 취할 수 있는데 형용사는 그게 안 된다는 것입니다. (c)는 동사가 목적어를 취하는 모습을 보여 주고, (b)는 형용사가 그러지 못하는 걸 보여 줍니다.

교수

좋아요. 동사와 형용사를 구별하는 근거 5가지 중 먼저 목적어 가능 여부에 대해 살펴보게 되었네요. 학생이 기본 사항을 잘 말해 줬습니다. 두 문장의 차이점인데요, 그럼 공통점은 뭘까요?

학생 16

공통점은 두 문장에서 주어가 같고, 음... 서술어의 의미가 비슷하다는 것입니다.

교수

그래요. 사전에서 찾아보면 (b)의 형용사 '좋다'는 "어떤 일이나 대상이 마음에 들 만큼 흡족하다."는 뜻이고, (c)의 동사 '좋아하다'는 "어떤 일이나 사물 따위에 대하여 좋은 느낌을 가지다."는 뜻입니다. 둘 다 모습도 그렇고 뜻도 비슷해요. '좋아하다'는 '좋다'에 뿌리를 두고 있죠. '좋다'의 활용형인 '좋아'에 보조동사 '하다'가 결합하여 '좋아하다'가 만들어졌으니까요. '좋다'는 '형용사, 2자리' 서술어이고 '좋아하다'는 '타동사, 2자리' 서술어입니다. 여기서 둘의 공통점은 '2자리'이고, 차이점은 2자리 중 두 번째 논항이 형용사의 경우에는 보어, 동사의 경우에는 목적어로 나타난다는 겁니다. 두 문장 모두에서 '영수'는 '내가 같은 감정을 느끼는 대상'이죠. 그런 점에서 의미상 목적어라고 할 수 있는데, 동사의 경우인 (d)에서는 그게 형식상으로도 목적어로 나타나지만, 형용사의 경우인 (c)에서는 형식상 보어로 나타납니다. 내용상으로는 같은 성분이 형식상으로는 다르게 실현되는 거죠. 비슷한 뜻을 가졌어도 형용사는 동사와 달리 목적어를 취할 수 없습니다. 그게 동사와 형용사를 구분하는 근거가 된다는 거예요. 이것 말고도 4가지나 더 있죠? 차례로 구체적인 예를 들어 가며 설명해 주세요.

학생 16

예, 남은 4가지는 '명령형, 청유형, 현재형, 진행형' 가능 여부입니다. 동사는 네 가지 모두 다 가능한데, 형용사는 네 가지 모두 다 불가능합니다. 예를 들어, 동사는 '가라, 가자, 간다, 가고 있다'처럼 '명령형, 청유형, 현재형, 진행형'이 모두 가능합니다. 하지만 형용사는 '예뻐라, 예쁘자, 예쁜다, 예쁘고 있다'처럼 모두 불가능합니다.

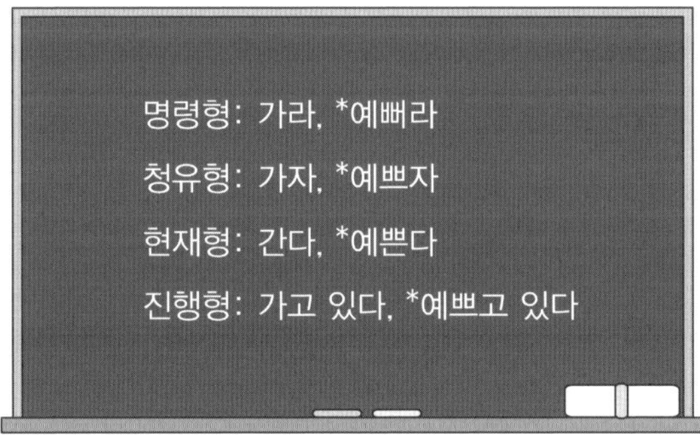

교수

학생이 말한 걸 칠판에 적어 두었습니다. 간단명료하게 잘 설명했어요. 예까지 들면서요. 동사 '가다'는 4가지 모두 가능한데, 형용사 '예쁘다'는 4가지 모두 불가능합니다. 이렇게 동사와 형용사를 나누는 기준들은 학교문법에서 매우 중요해요. 그래서 시험에도 종종 나오죠. 모두 잘 암기하고 있어야 하는 사항들입니다. 그런데 이런 기준들에 문제는 없을까요? 학생, 이에 대해 의심해 본 적 있나요?

학생 16

예? 음... 없는 거 같습니다.

교수

그래요. 아마 대부분의 학생들이 그럴 거예요. 그럼, 지금 한 번 의심해 볼까요? 먼저 명령형과 청유형입니다. 아까 학생이 '가다'와 '예쁘다'를 통해 동사와 형용사를 잘 대조해 주었죠. 동사는 되고 형용사는 안 된다. 이런 주장을 반박하려면 동사인데도 안 되거나 형용사인데도 되는 경우를 찾으면 되겠죠? 혹시 동사인데도 안 되는 경우 있나요? 난처한 표정이네요. 그럼, 조별 토의 시간을 잠시 가져 보도록 하겠습니다.

((강의실 곳곳이 웅성거린다. 동사와 형용사를 가르는 단단한 기준들에 대해 반박해 보라니! 흥미로워하는 학생들도 있고 맹랑하게 여기는 학생들도 있다. 당장 동사인데도 명령형과 청유형이 안 되는 경우를 찾기 위해 이것저것 예를 들어 보지만 뾰족한 답이 떠오르지 않는다. 명령형이나 청유형이 가능한 형용사를 찾는 것도 마찬가지다. 그러나 일상의 언어생활에 관심을 가져온 일부 학생들은 회심의 미소를 지으며 조원들에게 무언가를 말하기도 한다.))

교수

길게 시간을 주지 못해서 안타깝네요. 학생들이 스스로 답을 찾으면 좋겠는데. 학생, 조원들끼리 얘기 좀 해 봤나요?

학생 16

저희 조에서는 정답이라고 생각될 만한 것들이 확실하게 찾아지지는 않았습니다. 다만, 일부 의견이 좀 있었는데요.

교수

주저하지 말고 얘기해 보세요. 우리끼린데요 뭐, 이러면서 배우는 거죠.

학생 16

예, 음... 먼저 '흘러라', 그니까, '강물아, 흘러라' 같은 경우 '흐르다'는 분명히 동사인데 '강물아, 흘러라' 같은 게 불가능하니까 혹시 동사인데 명령형이 안 되는 경우가 아닌가 하는 의견이 있었습니다. 그런데 이것도 좀 그런 게... 시 같은 데서는 가능한 거 같아 다시 원점으로 돌아온 기분이에요.

교수

좋아요. 일단 수고했습니다. 그리고 귀한 예를 찾은 거 축하합니다. 원점으로 돌아온 게 아니에요. 상식적으로 강물한테 흘러라 마라 명령할 수 없겠죠. 이 경우 '흐르다'의 의미는 사전에 "액체 따위가 낮은 곳으로 내려가거나 넘쳐서 떨어지다."로 되어 있는데, 이건 일종의 자연 현상으로 인간의 의지가 개입할 여지가 없습니다. 간혹 시에서 이런 표현을 발견할 수 있는데 이걸 '시적 허용'이라고 하죠. '시적 허용'은 문자 그대로 시에서 허용되고 있을 뿐 상식적인 일상에서는 허용되지 않습니다. 그러니 '흐르다'와 같은 동사는 동사임에도 불구하고 명령형, 그리고 청유형이 불가능한 예라고 할 수 있죠. '너 먼저 흘러라.'가 안 되듯이 '우리 같이 흐르자.'도 안 되죠. 이제, 형용사인데 명령형, 청유형이 되는 경우를 들 차례입니다. 학생, 발견한 거 있나요?

학생 16

그것에 대해서도 이야기 나눈 게 있기는 한데요, 혹시 이것도 잘못된 예 아닌가 걱정이 들어요. 다른 게 아니라, '늘 건강해라.' 하고 말하는 걸 자주 듣는데, 여기서 '건강하다'는 사전에 형용사라고 나와 있어서, 이렇게 되면 형용사가 명령형이 되는 거 같아서요. 근데 이것도 일상생활의 잘못된 언어 습관은 아닐까 해서 좀 망설여집니다.

교수

일상의 언어 사용에 대해 그건 옳은 거다, 옳지 않은 거다 지적하기도 하는데, 엄밀히 말해 그건 순수 언어학의 학문적 태도는 아닙니다. 기본적으로 언어학은 순수 언어학이며 그것은 있는 그대로의 현실 언어를 연구합니다. 물론 국어 정책론이나 맞춤법과 같은 규범적인 영역이 있기는 하지만, 그건 순수 언어학이 아닌 응용 언어학의 영역에 해당하죠. 언어학의 출발은 일단 순수 언어학으로부터이어야 합니다. 그런 점에서, '늘 건강해라.'는 현실의 한국어로서 충분히 인정할 만해요. 아까 언급한 시적 허용과는 다르죠. 그건 시라는 특수한 텍스트 안에서 제한적으로 허용되는 언어 현상이라면, 이것은 현실 생활이라는 일상의 영역에서 흔히 관찰되는 언어 현상입니다. 분명히 언어학의 일차적인 연구 대상이죠. 그래서 형용사도 명령형이 되는 경우인 거고. '항상 건강해라.'가 되듯이 '우리 모두 건강하자.'도 가능합니다. 현실이 이렇다면, 동사와 형용사의 구분 기준으로 명령형과 청유형은 실격, 탈락입니다.

- memo -

- 동사와 형용사를 구분하는 5가지 기준: 명령형, 청유형, 목적어, 현재형, 진행형 가능 여부
- 명령형, 청유형에 대한 반박: 동사인데 안 되고(흐르다), 형용사인데 되고(건강하다)
- 언어 연구의 출발점: 순수 언어학으로부터

15 사진과 영화: 상태와 움직임

교수

그 다음에 남은 게 뭐죠, 동사와 형용사의 구분 기준으로? 현재형과 진행형이죠? 이것에 대해서도 조별 토의가 필요할 것 같은데 시간이 없어서 그러기는 쉽지가 않겠네요. 학생, 혹시 의견 있나요?

학생 16

저희 조에서는 그에 관해 아무것도 이야기 나눈 게 없어서요.

교수

그래요. 이것 역시 쉽지는 않죠. 그러나 찬찬히 생각해 보면, 뭔가 실마리를 찾을 수 있어요. 학생, 같이 이야기 나누어 볼까요? 먼저 묻겠습니다. 형용사는 움직임인가요, 상태인가요?

학생 16

상태입니다.

교수

그래요. 상태는 움직임과 다르겠죠? 어떻게 다를까요? 움직임과 상태를 영화와 사진에 비유한다면 어떻게 연결이 될까요?

학생 16

음... 움직임은 영화에 비유되고 상태는 멈춰 있으니까 사진에 비유될 수 있을 거 같습니다.

교수

그러면 영화와 사진의 관계는 어떻게 될까요? 힌트는 활동사진.

학생 16

아! 저 알아요. 영화를 활동사진이라고 부른다는 걸요. 그럼, 활동하는 사진, 움직이는 사진이 영화니까, 움직이는 사진을 만들기 위해서는 움직이지 않는 사진을 죽 이어 놓으면 되는 거니까, 그럼 아, 사진이 모여 영화가 되는 관계 아닐까요?

교수

나도 같은 생각입니다. 사진을 이어 붙여 빨리 돌리면 움직이는 영상이 만들어지죠. 그게 영화의 원리이고 그게 활동사진이 뜻하는 바예요. 그럼, 상태와 움직임의 관계는 무얼까요?

학생 16

상태와 움직임이 사진과 영화에 비유되니까, 사진을 이어 붙여 영화가 되는 것처럼, 상태가 이어지면 움직임이 되는 거 아닌가요?

교수

유추 능력이 대단하네요. 상태의 변화, 하나의 상태에서 다른 상태로 변화하는 걸 움직임이라고 이해해 볼 수 있겠어요. 사진은 정지해 있고, 영화는 움직입니다. 정지된 사진에서는 시간이 흐르지 않지만, 영화에서는 시간이 흐르죠. 상태는 시간이 멈추어진 사진이고, 움직임은 시간이 흐르는 영화입니다.
그렇다면 이제 시간의 문제로 들어가 봅시다. 학생, 무엇이 현재이고 무엇이 미래나 과거일까요?

학생 16

어디서 들은 거 같은데요, 미래도 과거도 아닌 바로 지금 이 순간이 현재인 것 같습니다. 아직 오지 않은 게 미래이고, 이미 지나간 것이 과거이고요.

교수

흥미롭네요. 그럼, 시간의 흐름 속에서 미래나 과거에 비해 현재는 매우 짧겠네요? 마치 시간이 정지되어 있는 듯이.

학생 16

그런 거 같습니다.

교수

시간이 정지되어 있을 때 가능한 것이 뭐죠?

학생 16

상태입니다.

교수

상태는 시간이 멈추어진 사진이라고 했죠. 그러한 상태를 담고 있는 단어는?

학생 16

형용사입니다.

교수

그래서 형용사는 현재성을 가지는 것으로 생각됩니다. 자체적으로 말이죠. 이게 형용사가 현재형이 불가능한 이유고요. 현재성을 내재하고 있으니 별도의 현재형이 굳이 필요 없겠죠. '작겠다, 작다, 작았다'처럼 형용사에서는 미래와 과거만 문법 형태를 추가합니다. '작다'라는 형태는 형용사의 기본형이면서 동시에 현재형이기도 하죠.
동사는 다릅니다. 동사는 움직임을 뜻하고 움직임은 시간의 흐름 속에서 가능합니다. 그래서 그 움직임이 언제의 움직임인지를 모두 다 표시해 주어야 하죠. '먹겠다, 먹는다, 먹었다'처럼 동사에서는 미래, 현재, 과거 모두에서 문법

형태를 추가합니다. '먹다'라는 형태는 동사의 기본형일 뿐, 특정 시간의 형태일 수 없습니다.
진행형의 문제 역시 같은 맥락에서 풀이해 볼 수 있습니다. 상태가 현재성을 가지고 있어서 현재형을 따로 취하지 못하는 것처럼, 진행형도 마찬가지의 방식으로 문제를 해결할 수 있다는 거죠. 학생, 왜 형용사는 진행형을 취하지 못하는 걸까요?

학생 16

방금 선생님의 말씀을 힌트로 생각해 보면, 상태가 현재성을 가지고 있어 현재형을 굳이 가지지 않는 것처럼, 상태가 진행성도 가지고 있어서 굳이 진행형을 따로 가지지 못하는 거라고 볼 수 있을 거 같습니다.

교수

좋은 추론입니다. 그렇다면 그러한 추론을 좀 더 구체적으로 풀어 보죠. 학생은 방금 '진행성'이라는 말을 사용했는데 보통은 '지속성'이라는 말을 씁니다. 진행형은 지속성을 나타내는 문법 형태죠. '먹고 있다'처럼 '고 있'을 통해 표시하고요. '작고 있다'는 안 됩니다. 왜 이런 걸까요? 학생, '먹다'와 '작다'의 뜻을 사전에서 찾아 줄래요?

학생 16

음... '먹다'는 "음식 따위를 입을 통하여 뱃속에 들여보내다."이고 '작다'는 "길이, 넓이, 부피 따위가 비교 대상이나 보통보다 덜하다."입니다.

교수

우리가 잘 알고 잘 쓰는 단어 두 개인데 굳이 사전에서 찾은 것은 '먹다'가 움직임을 나타내고 '작다'가 상태를 나타낸다는 걸 다시 한 번 확인하고 싶어서입니다. 학생, '먹다'는 자체적으로 지속성을 가진다고 볼 수 있나요? 또 '작다'는 어떤가요?

학생 16

음... 계속 먹는 게 아니라면 먹는 움직임은 계속해서 일어나는 게 아니니까 원칙적으로 '먹다'라는 움직임 자체로는 지속성을 가지지 않는다고 생각합니다. 그리고 음... '작다'는 어떤 것이 작다고 할 때 작은 것은 계속 작은 것으로 있어야 하니까 결국은 '작다'라는 상태는 자체적으로 지속성을 가지고 있다고 봐야 할 것 같습니다.

교수

매우 훌륭한 설명이에요. 내가 덧붙일 게 거의 없습니다. 핵심은, 움직임과 다르게 상태가 지속성을 자체적으로 가진다는 것입니다. 그러한 지속성이 매우 길어지면 그걸 '속성'이라고 별도로 칭하기도 하죠. 상태는 길거나 짧거나 지속성을 가집니다. 그리고 그렇다면 지속성을 핵심으로 하는 진행형은 상태를 뜻하는 형용사에게는 불필요하겠죠. 자체적으로 이미 지속성을 가지는데 굳이 거기에다가 지속성을 뜻하는 형태를 다시 달아줄 필요가 없으니까요.

- memo -

- [비유] 사진 : 영화 = 상태 : 움직임
- 영화: 사진을 이어붙인 것
- 움직임: 상태를 이어붙인 것
- 현재: 미래와 과거가 아닌 것. 시간이 흐르지 않는 바로 지금 이 순간
- 상태: 현재성을 내재하여 현재형이 안 되고, 지속성을 내재하여 진행형이 안 됨

16 반전: 형용사는 동사다!

교수

이렇게 해서 현재형과 진행형에 대해 동사는 되고 형용사는 안 되는 이유를 설명할 수 있었습니다. 이러한 설명의 핵심은 되고 안 되고의 이유가 동사라서, 형용사라서 아니라 움직임이고 상태라서 그렇다는 것입니다. 이것은 앞에서 명령형과 청유형을 설명할 때도 마찬가집니다. 동사라도 명령형과 청유형이 안 되는 게 있고, 형용사라도 되는 게 있습니다. 여기서도 되고 안 되고의 이유는 동사이고 형용사이고 해서 그런 게 아니라, 움직임 안에서도 인간의 의지가 개입할 수 있는 움직임에서는 명령형과 청유형이 되는 거고, 인간의 의지가 개입할 수 없는 움직임에서는 명령형과 청유형이 안 되는 겁니다. 핵심은, 어떤 용언이 어떤 의미를 가지고 있느냐는 것입니다. 그 의미에 따라서 명령형과 청유형, 현재형과 진행형의 여부가 갈리는 겁니다. 따라서 명령형과 청유형, 현재형과 진행형은 동사와 형용사를 가르는 기준이라고 볼 수 없습니다.
그렇다면 동사와 형용사의 구분 기준은 무엇이 되어야 할까요? 이제 같은 조의 그 다음 학생이 대답해 볼까요?

학생 17

아, 예, 음... 잠깐 좀 당황스러웠지만 생각해 보니, 앞에서 단어의 종류를 나누는 기준들에 대해 이미 배웠다는 게 떠올랐습니다. 형태적 기준과 통사적 기준, 의미적 기준을 가지고 동사와 형용사를 구분해 보는 게 일차적으로 중요할 거 같습니다.

교수

좋습니다. 다시 원점으로 돌아왔어요. 우선 기본에 충실해야 합니다. 우리가 이제껏 자명하다고 여겨 왔던 동사와 형용사의 구분이 품사 분류의 기준들에서 정말 그런지 점검해 보는 거예요. 먼저 형태적 기준으로부터 시작할까요?

학생 17

예, 형태적 기준이란, 어미 활용을 하는지 보는 것인데 동사와 형용사 모두 어미 활용을 합니다. 그래서 둘 다 가변어입니다.

교수

이건 여러 차례 확인한 것이니 굳이 더 설명할 필요가 없겠죠? 동사와 형용사 모두 어미 활용을 하는 가변어입니다. 그리고 통사적 기준에서는?

학생 17

통사적 기준은 단어가 문장 안에서 하는 역할이나 기능, 그니까 그것이 어떤 문장성분으로 쓰이는지를 보는 것인데 동사와 형용사 모두 서술어로 쓰입니다. 그래서 이것도 둘 다 같습니다.

교수

이것도 앞에서 보어 설정의 범위를 이야기하며 꽤 많은 시간 얘기했었죠? 다들 기억하죠? 동사와 형용사는 문장에서 서술어로 쓰이며 각자의 자릿수에 따라 주어만 취하거나 목적어나 보어까지 요구하기도 한다는 걸. 그러니 품사 분류의 통사적 기능에서도 동사와 형용사는 구별이 안 됩니다. 이제 마지막 남은 건 뭐죠?

학생 17

의미적 기준입니다. 이 기준에 따르면 동사는 움직임을, 형용사는 상태를 나타내는 것이니까 구별됩니다. 그래서 둘은 형태적 기준과 통사적 기준에서는 같지만, 의미적 기준에서는 다르다고 정리됩니다. 그런데 선에 품사 분류의 3가지 기준이 모두 같은 자격을 가진 건 아니라는 걸 확인했었습니다. 따라서 형태적 기준과 통사적 기준이 우선이 되고, 의미적 기준은 참고 정도 할 수 있습니다. 그러면 동사와 형용사는 형태적 기준과 통사적 기준에서 같으니 같은 단어 종류에 해당하고, 그 안에서 의미적으로만 구분할 수 있다고 생각합니다.

교수

매우 체계적인 진술이네요. 품사 분류의 3가지 기준을 정확히 알고 그걸 동사와 형용사의 구분 문제에 명확히 적용했습니다. 결국 동사와 형용사는 기존의 통념과 달리 하나의 품사임이 밝혀졌습니다. 비록 그 둘이 의미적으로는 움직임과 상태로 나뉠 수 있어도 일단은 같은 품사라고 보아야 하는 겁니다.

우리가 앞에서 동사와 형용사를 구분하는 5가지 기준에 대해 살펴보고 반박했었지요? 그걸 소극적인 논증이라고 부릅니다. 남의 주장에 대한 반박이니까요. 그런 반박을 하더라도 그것이 곧바로 나의 주장을 직접적으로 뒷받침하는 건 아닙니다, 남의 주장이 틀리다고 해서 자동적으로 내 주장이 옳은 것이 되는 건 아니죠. 그러나 지금 살펴본 품사 분류의 3가지 기준에서 동사와 형용사가 결국 하나의 품사에 속한다고 한 건 적극적인 논증입니다. 이것은 나의 주장을 직접 뒷받침하는 근거를 드는 것이니까요. 남의 주장에 대한 반박은 소극적인 논증, 나의 주장을 뒷받침할 수 있는 근거를 드는 건 적극적인 논증. 이렇게 우리는 소극적 논증과 적극적 논증을 통해 동사와 형용사가 하나의 품사를 이룬다는 주장을 이끌어 냈습니다.

학생 17

선생님, 질문이 있는데요, 소극적 논증에서 동사와 형용사를 구분하는 5가지 기준에 대한 반박을 하였다고 하셨는데, 사실 4가지는 그렇게 한 게 맞는데 1가지는 반박을 하지 않은 거 같습니다. 뭐냐면 동사는 목적어를 가지는데 형용사는 그러지 못한다는 것입니다.

교수

아, 그렇군요. 명령형과 청유형, 현재형과 진행형 문제에 몰두하느라 정작 맨 처음 다루었던 목적어 가능 여부에 대해서는 더 이야기를 나누지 못했네요. 이에 대한 학생의 의견 혹시 있으면 먼저 들어볼 수 있을까요?

학생 17

음... 저는 동사도 목적어를 취할 수 있는 게 있고 없는 게 있으니까, 그러면 목적어 가능 여부도 꼭 동사와 형용사를 가르는 기준이 될 수는 없지 않을까 하는 생각을 처음부터 하고 있었습니다.

교수

좋은 의견입니다. 목적어를 취할 수 있는 여건에서 동사는 목적어를 취하는데 형용사는 그게 안 된다는 것이 원래의 취지이긴 한데, 좀 더 일반적으로 말하면, 어떤 사정으로 인해 동사 중에서도 목적어를 취할 수 없는 동사가 있듯이, 형용사도 여건이 안 되어 목적어를 취할 수 없는 것이라고 하면, 목적어 가능 여부가 동사와 형용사를 가르는 중대한 기준은 되기 힘들다고 주장할 수도 있을 듯합니다. 만약 그렇다면, 이제 정말 5가지 근거 모두 동사와 형용사를 가르는 절대적 근거는 될 수 없다고 할 수 있겠네요.

학생 18

저도 질문이 있는데요, 그렇게 동사와 형용사가 하나의 품사라고 한다면 그 하나의 품사 이름은 무엇인가요?

교수

어려운 질문이네요. 왜 그게 어렵냐면, 아직 누구도 만족스러운 해답을 찾지 못해서예요. 일단 동사라고 보는 입장이 있습니다. 동사와 형용사를 동사로 본다? 어떻게 이렇게 볼 수 있을까요?

학생 19

동작동사와 상태동사로 나누는 걸 본 적 있습니다. 외국인을 위한 한국어 교재에서 그런 것 같은데요.

교수

그래요. 기존에 동사라고 불리는 걸 동작동사라고 하고, 기존에 형용사라고 불리는 걸 상태동사라고 하여 동사로 묶는 거죠. 그런데 이렇게 주장하게 되면 어떤 문제가 있을까요?

학생 19

음… 모르겠습니다.

교수

이것도 기본에 충실하면 답할 수 있는 문제입니다. 동작동사와 상태동사를 하나로 묶어서 동사로 한다고 했을 때…

학생 19

아, 어떻게 상태동사란 말이 가능하냐는 거 아닌가요?

교수

그렇죠. 바로 그거예요. 동사란, 움직임을 나타내는 단어라는 뜻인데, 그 앞에 '상태'라는 말을 얹으면 '상태'와 '움직임'이 충돌하게 된다는 거죠. 또 동작동사라는 용어에도 문제가 있어요. 동사는 이미 움직임이라는 뜻을 품고 있는데 그 앞에 또 동작이라는 말을 얹으면 동어반복이 되어 버리고 말죠. 동작동사와 상태동사는 마치 자립명사와 의존명사가 보여준 잉여와 모순을 똑같이 드러낸다고 할 수 있죠. 그럼, 대안은 뭘까요?

학생 19

혹시 동사와 형용사를 묶는 용언이라는 말이 있으니 '용언'에서 '언'을 떼고 그 대신 '사'를 붙여 '용사'로 하면 어떨까요?

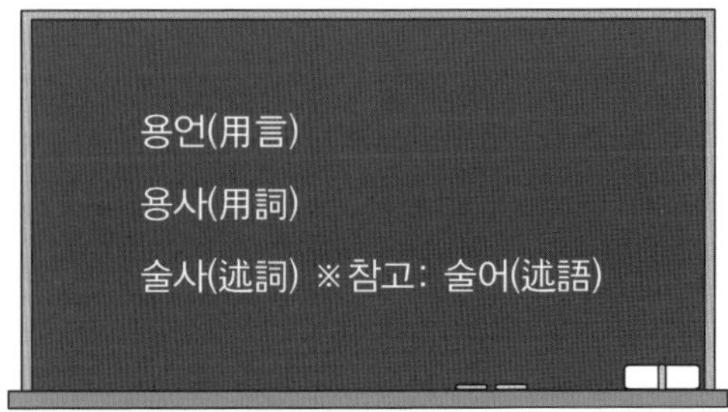

교수

이렇게 해 보자는 거죠? 나도 그런 생각을 해 본 적이 있습니다. 그것 또한 대안이 될 수 있을지도 모르죠. 그러나 아직 그런 주장이 공식적으로 나온 걸 본 적은 없어요.

'용사' 밑에 '술사'란 것도 생각해 볼 수 있는데, 이건 '서술하는 말'이라는 뜻이죠. '술어'라는 말은 많이 쓰는데 그건 서술어의 줄임말이라고 봐도 될 것 같아요. 의미가 아닌 기능에 바탕을 둔 용어라는 점에서 꽤 괜찮은 것 같습니다. 그런데 서술어는 문장성분의 이름이니 술어도 그렇다면 그건 품사 명칭으로는 적절하지 않겠죠. 이래저래 쉽지 않습니다. 모두가 환영할 만한 용어의 마련이 절실한 상황이죠.

학생 20

선생님, 저도 질문이 있는데요, 그렇게 한국어의 동사와 형용사는 하나의 품사로 합친다면, 영어와의 대응이 어려워져서 문제가 생기는 건 아닌가요?

교수

좋은 질문입니다. 매우 근본적인 문제를 지적했어요. 나도 꼭 짚어 보고 싶었던 부분입니다. 칠판을 보세요.

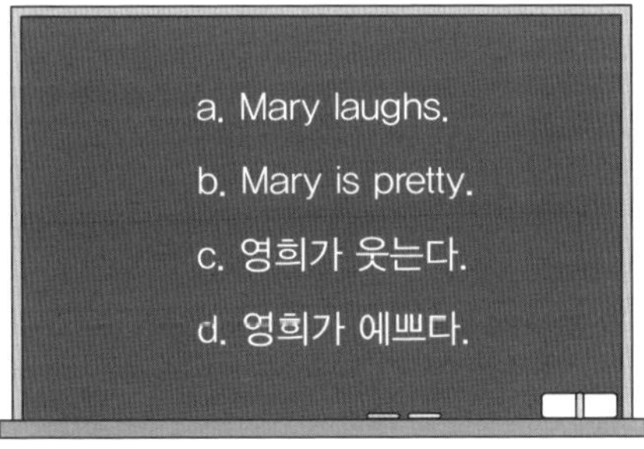

교수

영어와 한국어의 동사와 형용사가 일대일 대응한다고 생각하는 경향이 있는데, 그건 옳은 생각이 아닙니다. 영어의 동사는 한국어의 동사와 형용사처럼 서술어로 쓰입니다. (a)에서 'laughs'가 그렇죠. 그러나 영어의 형용사는 문장에서 서술어가 아닌 보어로 쓰입니다. (b)에서 'pretty'는 보어입니다. 여기서 서술어는 'is'이죠. 'be 동사'인 'is'가 서술어이고 그 뒤에 'pretty'가 보어로 쓰인 겁니다. 그러나 한국어 형용사는 (d)의 '예쁘다'처럼 직접 서술어로 쓰입니다. 한국어의 형용사는 한국어의 동사, 영어의 동사와 같이 행동합니다. 그런 한국어 형용사를 영어의 형용사와 일대일 대응 가능하다고 보는 건 잘못된 거죠. 이런 판단이 가능했던 건, 아마도 그 의미에 이끌려서인 것 같습니다. 'pretty'도 상태를 뜻하고, '예쁘다'도 상태를 뜻하니 의미적으로 같고 그래서 품사도 같을 거라고 판단하기 쉬운 거죠. 그러나 전에 설명한 것처럼 의미를 기준으로 품사를 나누면 '공부'와 '공부하다'를 모두 동사로 분류하는 오류에 빠집니다. 그래서 형태적 기준과 통사적 기준이 중요한 겁니다. 타당한 관점에서 현상을 올바로 관찰하고 결론을 내려야 하죠.

- memo -

- 형태적 기준, 통사적 기준: '동사 = 형용사'
- 의미적 기준에서 둘은 다르지만 이는 무시해도 됨
- 논증의 2가지 종류
  - 소극적 논증: 타인의 주장 반박
  - 적극적 논증: 내 주장에 대한 직접 근거 제시
- 목적어 가능 여부 건: 동사 중 자동사는 목적어 못 취함. 결국 여건이 안 되면 목적어 못 취하는 건 자동사나 형용사가 같음
- 영어와 한국어의 동사와 형용사는 일대일 대응이 어려움
- 한국어의 형용사는 영어와 한국어의 동사와 비슷함
- 동사와 형용사를 묶는 용어: '동사, 용사, 술사' → 모두 별로임!

17 두 가지 '다섯'과 한 가지 '곰': 수사와 수관형사

교수

용언에 대해서 어느 정도 살펴보았으니 이젠 수식언으로 넘어가 보겠습니다. 문제는 다시 1조가 풀게 되나요?

학생 21

예, 1조 '집에 가고 싶죠'입니다. 문제는 '관형사의 종류와 부사의 종류는 각각 무엇인가?'이며, 답변은 관형사의 종류에는 성상관형사, 지시관형사, 수관형사가 있고, 부사의 종류에는 성분부사, 문장부사, 접속부사가 있으며, 성분부사는 다시 성상부사, 지시부사, 부정부사로 나뉜다는 것입니다.

교수

간략히 잘 답변해 주었습니다. 그럼, 구체적인 예들을 통해 살펴봐야겠죠? 우선 관형사의 종류별로 구체적인 예를 들어 주세요.

학생 21

예, 관형사 중 성상관형사는 '옛 방식에 따라 갖은 양념을 첨가하였다.'에서 '옛'과 '갖은'처럼 성질이나 상태를 나타내며, 지시관형사는 '이 학생은 저 학생과 친하다.'에서처럼 지시하는 기능을 가지고 있고, 수관형사는 '한 학생이 늦게 오고 두 학생이 결석했다.'에서처럼 수나 양을 나타냅니다.

교수

구체적인 예를 통해 간명하게 잘 설명해 주었습니다. 이렇게 세 가지로 하위분류되는 관형사는 모두 체언을 수식해 준다는 공통점이 있죠. 그런데 여기서 좀 주의해야 할 게 있습니다. 학생, 칠판에서 밑줄 친 두 단어의 품사를 말해 볼래요?

a. 학생 다섯이 책을 읽고 있다.
b. 다섯 학생이 책을 읽고 있다.

학생 21

예, 음… 우선 (a)의 '다섯'은 수사인 것 같습니다. 그리고 (b)의 '다섯'은… 어, 그것도 수사인 것 같습니다.

교수

알겠습니다. 그럼, 왜 그 둘이 수사인지 이유를 말해 줄 수 있을까요?

학생 21

예, 앞에서 배운 대로 (a)의 '다섯'은 앞에 '학생'이라는 관형어가 오고 뒤에 '이'라는 조사가 오니까 수사라고 할 수 있습니다.

교수

좋아요. 수사도 체언에 속하니 명사와 같이 '앞에 관형어, 뒤에 조사'라는 특징을 공유하죠. 그래서 그걸 적용해 보면 (a)의 '다섯'이 체언, 그중에서도 수사인 줄 알게 되죠. 그렇다면 (b)의 '다섯'은 어떻게 설명할 수 있을까요?

학생 21

우선 형태가 (a)의 '다섯'과 똑같고 그리고…

교수

역시 '앞에 관형어, 뒤에 조사'라는 기준으로 따져 보면?

학생 21

그렇게 따져 보면, 음... 어? 여기서는 '다섯' 앞과 뒤에 관형어나 조사가 없는데요? 그럼, 체언이 아니라는 건데. 음... 체언이 아니면 수사도 아니고 그러면 음... 혹시 '수관형사'인가요?

교수

맞아요. (b)의 '다섯'은 학교문법에서 '수사'가 아니라 '수관형사'로 봅니다. 그 이유는 학생이 말한 대로라고 생각할 수 있고요. 사전을 찾아봐도 '다섯'은 수사와 관형사로 품사 통용을 하는 걸로 나옵니다. 그런데 여기서 칠판에 써 놓은 다른 두 개의 문장을 살펴보기 바랍니다. 문제가 그리 간단하지 않다는 걸 알게 될 거예요.

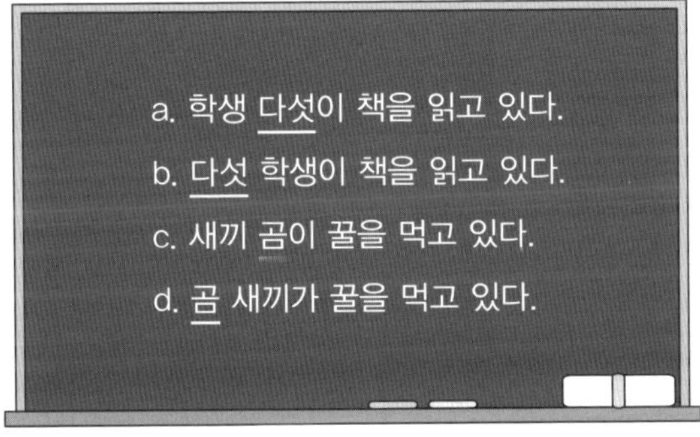

교수

학생, 추가로 적어 놓은 (c)와 (d)의 '곰'의 품사를 말해 줄래요?

학생 21

음... 두 문장에 나온 '곰' 모두 명사입니다.

교수

사전을 찾아봐도 '곰'이라는 단어는 오직 명사로만 나오죠. 그런데 학생, 이 예들에서 '곰' 역시 '다섯'과 마찬가지로 쓰이고 있지 않나요?

학생 21

예, 저도 방금 그 생각을 하고 있었는데요. (c)의 '곰'은 (a)의 '다섯'처럼 '앞에 관형어, 뒤에 조사'를 따르고 있어서 체언이라고 볼 수 있는데, (d)의 '곰'은 (b)의 '다섯'처럼 그러지를 않아서 체언으로 볼 수 없을 거 같습니다.

교수

그렇다면 (d)의 '곰'은 (b)의 '다섯'처럼 '수관형사'로 보면 되나요?

학생 21

아… 그건 아닐 것 같고요, 지시관형사도 아니니까 그렇다면 '성상관형사'로 보는 게 그나마 나을 것 같습니다.

교수

나도 같은 생각이에요. 그런데 사전에는 (d)의 '곰'도 명사라고 나옵니다. '앞에 관형어, 뒤에 조사'라는 기준을 따르지 않는데도 말이죠. 학생은 방금 본 '다섯'과 '곰'의 문법적 처리가 형평성에 맞는다고 생각하나요?

학생 21

아니요. 그렇지 않아 보입니다.

교수

동감입니다. 그리고 그래서 나는 (b)의 '다섯'도 '수관형사'가 아니라 '수사'라고 생각합니다. 칠판에 쓰여 있는 두 개의 '다섯'과 두 개의 '곰'은 모두 체언이라고 보는 거죠. 체언을 대표하는 명사의 특징 중 하나는 다른 명사를 수식할 수 있다는 겁니다. 모든 품사가 자신을 꾸며 줄 수 있는 건 아니죠. 당장, 관형사는 관형사를 수식하지 못해요. 그렇다면, (b)의 '다섯'도 체언, 그중에서도 수사로 볼 수 있는 거죠. 학교문법은 단어의 쓰임을 너무 잘게 나누어 각각의 국면마다 다른 단어로 보려는 경향이 있는 것 같습니다. 숲은 안 보고 자꾸 나무만 보려는 거죠.

학생 21

선생님, 혹시 '수사'와 '명사'는 급이 좀 다르다고 봐서 그런 건 아닐까요?

교수

수사는 명사보다 못하다는 시각이 있는 건 아니냐는 말인 것 같군요. 그런가요? 만약 그렇다면 더 문제죠. 수사나 명사 모두 체언에 속하고, 수사는 명사 중 수를 나타내는 명사만 가려 뽑은 걸 텐데, 그렇게 명사들끼리 차별을 한다면 분명히 형평성에 어긋나는 일일 겁니다.

- memo -

- 관형사의 종류: 성상관형사, 지시관형사, 수관형사
- 부사의 종류: 성분부사(성상부사, 지시부사, 부정부사), 문장부사, 접속부사
- '다섯': 수사, 수관형사
- '곰': '다섯'과 비슷해도 명사 하나로 처리
- '다섯'과 '곰'에 대한 이러한 처리는 형평성에 어긋남
- '다섯'을 수관형사로 보는 시각은 지양되어야 함

18 이동의 자유: 성분부사와 문장부사

교수

관형사에 대한 이야기는 여기까지 하고 수식언의 또 다른 구성원인 부사에 대해 생각해 봅시다. 아까 말한 부사의 종류를 구체적인 예를 통해 자세히 설명해 주면 좋겠어요.

학생 21

예, 부사는 크게 성분부사, 문장부사, 접속부사로 나뉩니다. 먼저 성분부사는 특정한 문장성분을 꾸미고, 문장부사는 문장 전체를 꾸미며, 접속부사는 두 개의 단어나 두 개의 문장을 이어줍니다. 성분부사는 다시 성상부사, 지시부사, 부정부사로 구분하는데요, 성상부사는 성질이나 상태를 꾸며 주는 부사로 '날씨가 매우 차다.'에서 '매우'와 같은 것이고, 지시부사는 장소나 시간을 가리키는 부사로서 '네가 이리 와.'의 '이리'나 '그는 먼저 떠났다.'의 '먼저' 같은 것이며, 부정부사는 '우리는 안 자.'의 '안'과 같이 용언 앞에서 그 내용을 부정하는 부사입니다. 성분부사가 뒤에 오는 단어를 수식한다면, 문장부사는 '다행히 비가 내린다.'의 '다행히'처럼 문장 전체를 수식합니다. 마지막으로 접속부사는 '그래서 나는 이곳이 좋아.'의 '그래서'처럼 문장과 문장을 이어 주거나 '화요일 또는 수요일에 오세요.'의 '또는'처럼 단어와 단어를 이어 주기도 합니다.

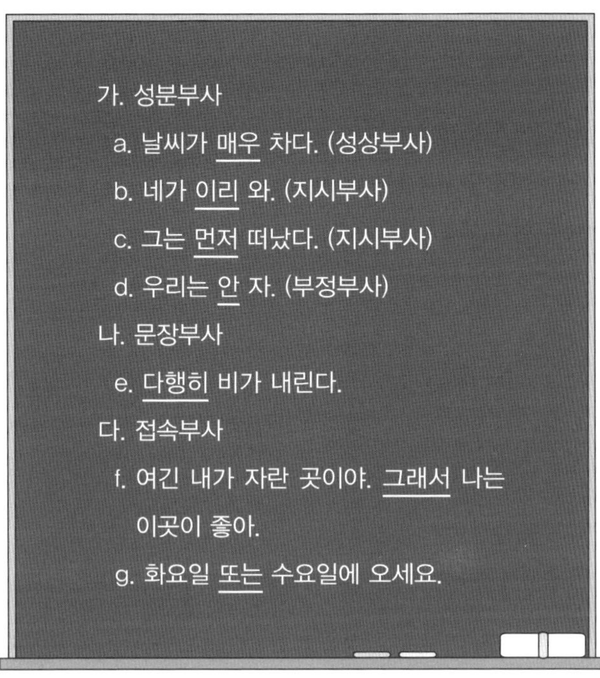

교수

차분하게 설명 잘했어요. 학생이 말한 걸 칠판에 적어 보았는데, 이해를 돕기 위해 문장과 문장을 연결하는 접속부사의 경우에는 앞에 문장을 하나 추가했습니다. 그래야 부사가 문장과 문장을 잇는다는 게 어떤 건지 더 실감이 날 테니까요. (f)를 보면 접속부사 '그래서'가 두 문장, 즉 '여긴 내가 자란 곳이야.'와 '나는 이곳이 좋아.'를 연결해 주고 있죠.
부사의 핵심은 성분부사와 문장부사인데, 둘을 형식적으로 어떻게 구분하는지 학생 알고 있나요?

학생 21

성분부사는 특정한 성분을 수식하고, 문장부사는 문장 전체를 수식하는 거 아닌가요?

교수

당연히 그런데, 내가 말하는 건, 그걸 형식적으로 어떻게 입증할 수 있느냐는 거예요. 조별 토의가 필요하겠죠? 몇 분 드리겠습니다. 잘 논의해 보세요. 참, 구체적인 예를 가지고 고민해 보는 게 좋겠습니다. 칠판의 예 중 (d)와 (e)를 가지고 고민해 보세요.

((학생들은 그냥 그런 줄 알고 외운 내용인데 그걸 어떻게 형식적으로 입증하라는 것이냐며 처음부터 헤매는 분위기이다. 어떤 학생은 형식적으로 입증하라는 게 무슨 말인지 모르겠다고 하고, 다른 학생은 형식과 내용이 대립되고 내용이 의미라면 형식은 귀에 들리는 음성이니까 뭔가 겉으로 드러나게 입증하라는 거 아니냐며 의견을 낸다. 특정한 문장성분을 꾸며 준다는 건 알겠는데, 문장 전체를 꾸며 주는 건 어떻게 알 수 있냐며 질문하는 학생도 있다. 머리를 맞대고 열심히 이야기 나누는 중 벌써 시간이 다 흘렀다.))

교수

지금 우리가 공부하고 있는 게 문법이죠? 문법은 겉으로 드러나는 걸 보고 판단합니다. 겉으로 드러나는 걸 형식이라고 하죠. 성분부사와 문장부사의 차이를 어떻게 겉으로 드러나게 할 수 있을까요? 그러려면 뭔가 일을 벌어야 합니다. 드러내는 방식을 고안해야죠. 형식적으로 말이에요. 힌트입니다. 성분부사와 문장부사가 가진 정의 자체가 실마리에요. 성분부사는 특정한 문장성분 앞에서 수식한다고 했고, 문장부사는 문장 전체가 수식 대상이라고 했어요. 학생, 뭔가 나왔나요?

학생 21

아, 저희는 문제 자체를 이해하느라 시간을 다 써 버렸어요. 방금 말씀해 주신 걸 가지고 더 고민해 봐야 할 거 같습니다.

교수

그래요. 쉽지 않죠. 문제를 잘 이해하는 것부터가 그래요. 두 가지 종류의 부사가 가진 차이를 어떻게 눈에 보이게 드러낼 수 있을까! 다른 조, 의견 없나요? 예, 있으면 말해 보세요.

학생 22

저희 조에서는 부사를 움직여 보면 될 것 같다고 생각했습니다.

교수

부사를 이동시킨다! 계속해 보세요. 아까 말한 대로 예문 (d)와 (e)를 가지고.

학생 22

예, 문장 (d)에는 성분부사인 부정부사 '안'이 있는데요, 이걸 움직여 보면 문장이 이상해집니다. 그니까, '우리는 안 자.'에서 '안'을 다른 자리로 옮긴 '안 우리는 자.'나 '우리는 자, 안.' 모두 이상한 문장이 됩니다. 그런데 문장부사는 똑같이 부사를 이리저리 옮겨도 이상해지지 않습니다. (e)의 '다행히 비가 내린다.'를 가지고 '비가 다행히 내린다.'나 '비가 내린다, 다행히.'처럼 바꾸어도 이상하지 않습니다.

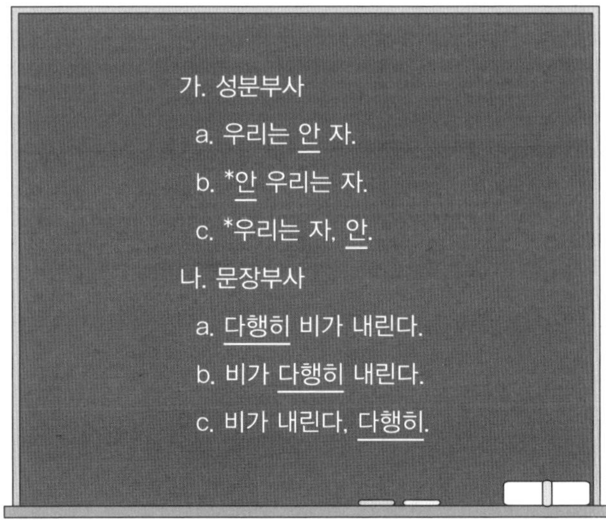

교수

뭔가 발견했군요. 축하합니다. 학생이 말한 걸 칠판에 써 놓았는데, 여기서 부사 이동의 가능 여부가 왜 성분부사와 문장부사에서 달라졌을까요? 그걸 말하면 마무리될 거 같습니다.

학생 22

예, 성분부사는 그 정의상 특정한 문장성분을 수식하는 것이니까 수식을 받는 말 앞으로 자리가 고정되지만, 문장부사는 그 정의상 문장 전체를 수식하는 거라서 어느 특정한 문장성분에 얽매이지 않아 이동의 자유를 가진다고 생각합니다.

교수

박수를 보냅니다. 정말 잘 이끌어 냈어요. 그렇다면 학생, 여기서 부사의 종류를 구분하는 형식적 근거가 결국은 뭔가요? 뭐라고 한마디로 말할 수 있겠어요?

학생 22

부사의 이동 가능성 아닌가요?

교수

그렇습니다. 부사를 이동시키는 건 겉으로 드러나는 거죠? 그로 인해 어순이 달라지니까요. 이건 눈으로 직접 확인할 수 있는 형식적인 변화입니다. 이동의 가능 여부라는 형식적 판단 근거를 가지고 문법은 성분부사와 문장부사를 구분합니다. 이렇게 문장성분을 이동해 보는 걸 전문적으로는 '뒤섞기'나 '어순재배치'라고 합니다. 영어로는 'scrambling'이고요.

- memo -

- 성분부사와 문장부사의 구분
- 구분하는 형식적 기준: 부사 이동 가능성
- 이동 가능성: 뒤섞기 또는 어순재배치

19 형식과 내용의 불일치: 부사어 모습을 한 서술어

교수

여세를 몰아, 부사를 가지고 언어의 두 가지 질서를 얘기해 볼까 합니다. 이를 위해 문제를 하나 내겠습니다. 조별로 토의해 보세요. 문제는, 앞서 다룬 문장부사의 예문 (e) '다행히 비가 내린다.'에서 형식상의 서술어는 무엇이고 내용상의 서술어는 무엇인가입니다. 방금 성분부사와 문장부사를 어순재배치라는 형식적인 절차를 통해 구분해 내었는데, 이걸 힌트 삼아서 새로운 문제에 대해 답해 보라는 것입니다.

((학생들은 문법에서 중요시하는 형식이란 게 무엇인지 감을 잡은 것 같았는데, 형식상의 서술어와 내용상의 서술어를 구별하여 찾으라는 문제를 접하고 나서 다시 미궁에 빠진 표정들이다. 그동안 알고 있었던 서술어가 형식상의 서술어인지 내용상의 서술어인지부터 우선 따져 보자는 학생도 있고, 형식상의 서술어는 눈으로 확인할 수 있지만, 내용상의 서술어는 그렇지 않을 거라는 학생도 있다. 그리 길지 않은 문장 하나를 가지고 이리저리 궁리하는 학생들에게 주어진 시간은 짧기만 하다.))

교수

많은 시간을 주지 못해서 미안합니다. 어떻게, 답을 좀 찾았나요? 뭔가 발견한 조에서는 발표해 주기 바랍니다.

학생 23

저희 조에서 이야기 나눈 걸 말씀드려 보고 싶습니다.

교수

좋습니다. 편히 이야기해 주세요.

학생 23

예, 감사합니다. 저희 조에서는 우선 우리가 그동안 알고 있었던 서술어가 형식상의 것인지 내용상의 것인지에 대해서부터 따져 보기로 했습니다. 먼저 그 서술어가 형식상의 서술어라면, 뭔가 서술어가 가져야 하는 형식 같은 게 있을 거라고 생각했습니다. 그래서 예문 ⓔ '다행히 비가 내린다.'의 '내린다'를 관찰했습니다. '내린다'는 동사 '내리다'의 활용형으로 '내리+ㄴ+다'로 분석되며, '내리'는 동사의 뜻을 담당하고, 'ㄴ'은 현재시제를 표시하고, '다'는 문장의 끝을 알리는 종결어미입니다. 무엇보다 이러한 종결어미가 서술어의 형식적 표시가 아닌가 하는 생각이 들었습니다. 그렇다면 우리가 알고 있었던 서술어는 형식상의 서술어이고, 문장 '다행히 비가 내린다.'에서 형식상의 서술어는 '내린다'라고 결론지었습니다.

교수

매우 흥미롭습니다. 매우 논리적인 추론이며 타당하게 들립니다. 계속해 주세요. 이젠 내용상의 서술어가 나와야 할 차례 같은데요.

학생 23

예, 내용상의 서술어에 대해서는 좀 더 어려웠습니다. 형식상의 서술어는 종결어미 같은 형식을 가지고 있지만 내용상의 서술어는 의미상의 서술어이기 때문에 뭔가 손에 잡히는 게 없을 수 있겠다는 생각이 들어 좀 막연했었습니다. 근데, 어떤 조원이 의미로만 접근해 보면 되는 거 아니냐고 했습니다. 예문 '다행히 비가 내린다.'의 의미를 형식 신경 쓰지 않고 자유롭게 풀어 보니, 결국은 '비가 내리는 것이 다행이다.'라는 의미라는 걸 알았습니다. 거기까지 얘기하다 시간이 다 됐습니다.

교수

점점 더 재미있어지는데 아쉽네요. 시간 때문에 말이에요. 그럼, 이어서 함께 더 생각해 보기로 하죠. 학생, 정말 그 단계까지 온 것도 대단한 겁니다. 학생 조에서 의미 차원에서 도출한 '비가 내리는 것이 다행이다.'에서 주어에 해당하는 것과 서술어에 해당하는 건 무얼까요?

학생 23

'비가 내리는 것이' 주어이고 '다행이다'가 서술어에 해당하는 것 같습니다.

교수

이제 중요한 건, 그렇게 의미적으로 서술어 노릇을 하고 있는 게 원래 문장인 예문 (e) '다행히 비가 내린다.'에서는 어떤 문장성분의 모습을 하고 있는가를 보는 겁니다. 학생, 이런 의미상의 서술어가 '다행히 비가 내린다.'에서는 어떤 문장성분으로 나타나 있죠?

학생 23

'다행히'라는 부사어로 나타나 있습니다.

교수

그래요. '다행히'는 예문 (e)에서 품사로는 문장부사이고 문장성분으로는 부사어입니다. 자, 이제 정리할 차례입니다. 학생과 함께 도출한 결론을 칠판에 써 보면 다음과 같습니다.

두 가지 서술어
- 형식상의 서술어: 다행히 비가 <u>내린다</u>.
- 내용상의 서술어: <u>다행히</u> 비가 내린다.

교수

우리는 보통 이 문장에서 '내린다'가 서술어라고 알고 있습니다. 학생이 잘 말해 준 것처럼, '내린다'는 문장의 끝에 위치하고 특히 종결어미 '다'를 지니죠.

이러한 위치와 문법 형태가 서술어의 형식이라 할 수 있습니다. 그러한 형식을 갖춘 '내린다'는 그래서 형식상의 서술어라고 부를 수 있고요.

그런데 의미상의 서술어는 학생들이 고민한 대로 그런 형식을 갖추지 않아도 됩니다. 의미적으로만 서술어이면 되니까요. 그렇게 형식에 구애받지 않고 의미상으로 풀어 보면 놀랍게도 문장부사 '다행히'가 서술어가 되어 문장의 나머지를 주어로 삼고 있는 걸 알 수 있어요. 학생이 잘 풀어 준 대로 '비가 내리는 것이 다행이다.'이니까요. 그래서 '다행히'가 비록 문장부사이고 형식상으로 부사어이지만 내용상으로는 문장 전체의 서술어가 되는 것입니다. 부사어 모습을 한 서술어. 이렇게 서술어는 형식의 차원과 내용의 차원에서 다를 수가 있어요. 이걸 언어학에서 '형식과 내용의 불일치, mismatch between form and meaning'이라고 부릅니다.

이런 맥락에서 형식상의 주어와 내용상의 주어, 형식상의 목적어와 내용상의 목적어라는 개념도 가능해집니다. 전에 나왔었죠? '나는 영수가 좋다.'라는 문장에서 '영수가'는 형식상으로는 보어인데 내용상으로는 목적어라고요. 바로 이런 맥락에서 그때의 이야기가 가능했던 거예요.

- memo -

- 형식상의 서술어
- 내용상의 서술어
- 형식과 내용의 불일치: 주어나 목적어, 보어 차원에서도 가능
  - 형식상의 주어, 내용상의 주어
  - 형식상의 목적어, 내용상의 목적어
  - 형식상으로는 보어인데 내용상으로는 목적어: '나는 영수가 좋다.'(전에 나왔던 문장)

20 극과 극: 감탄사와 조사

교수

이제까지 체언과 용언, 수식언에 대해 살펴보았습니다. 남은 건 독립언과 관계언이죠. 독립언에는 감탄사가 있고, 관계언에는 조사가 있습니다. 9품사 중 2가지를 마저 정리하면 단어의 유형, 즉 품사에 대한 이야기는 마무리됩니다. 마지막으로 다루는 두 품사는 흥미롭게도 극과 극의 관계에 있습니다. 감탄사는 홀로 쓰이고 조사는 같이 쓰이니까요. 그럼, 감탄사부터 시작해 봅시다. 이제 2조로 넘어가나요?

학생 2

예, 2조 '에이블 주시죠'입니다. 문제는 '감탄사의 종류와 문장 내 위치는?'입니다. 저희가 찾은 답은 이렇습니다. 감탄사는 감정을 나타내는 것과 의지를 나타내는 것으로 나뉘고, 문장의 처음, 중간, 끝에 모두 올 수 있습니다.

교수

역시 간명하게 잘 답해 주었습니다. 그럼, 구체적인 예를 들어 이해를 도모해 볼까요? 먼저 감탄사의 종류별로 구체적인 예를 들어 주세요.

학생 2

예, 먼저 감정을 나타내는 감탄사로는 '어머, 눈이 오네!'의 '어머'처럼 깜짝 놀랐을 때 쓰는 것이 있고, 의지를 나타내는 감탄사로는 '자, 서두르자.'의 '자'처럼 권하거나 재촉할 경우 쓰는 게 있습니다.

교수

그럼, '예'나 '아니요' 같은 감탄사는 어디에 속하나요?

학생 2

긍정하거나 부정하니까 의지 쪽에 가까운 것 같습니다.

교수

그래요. 이렇게 호응의 감탄사도 의지 감탄사의 일종이라고 할 수 있겠죠. 그럼, '어, 저것 좀 봐!'의 '어'는 어떤 종류의 감탄사인가요?

학생 2

그건 음… 의지는 아니고 그럼 혹시 감정을… 그것도 아닌 것 같은데요… 음…

교수

방금 학생이 낸 '음'이라는 말도 '어, 저것 좀 봐!'의 '어'랑 비슷합니다. 둘 다 특별한 뜻은 없고 주의를 끌거나 할 말이 없어서 내는 감탄사죠. '할 수 없지, 뭐.'의 '뭐' 역시 감정이나 의지는 아니고 일종의 입버릇이라고 할 수 있습니다. 이렇게 감정 감탄사나 의지 감탄사와는 구별되는 것들을 입버릇이나 더듬거림의 감탄사로 따로 분류하기도 해요. 칠판에 간단히 정리하면 이렇습니다.

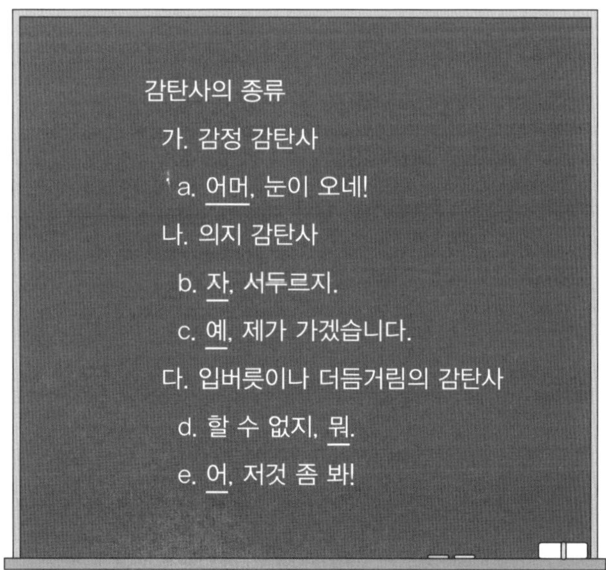

교수

이제 감탄사의 문장 내 위치도 살펴봐야 하겠는데, 구체적인 예를 통해 설명해 줄래요?

학생 2

'에이'라는 감탄사를 가지고 설명하면, '에이, 이게 뭐야.', '이게, 에이, 뭐야.', '이게 뭐야, 에이.'처럼 문장의 앞과 중간, 끝에 다 올 수 있습니다.

교수

그렇습니다. 칠판에 적어 보죠.

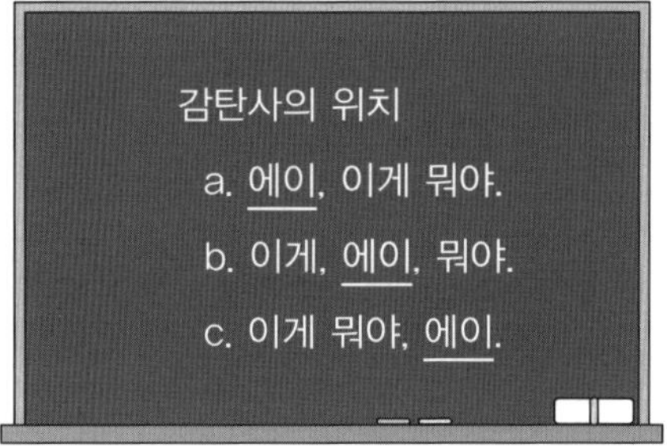

교수

감탄사는 원칙적으로 문장의 앞이나 중간, 끝에 다 올 수가 있습니다. 꽤 위치가 자유롭습니다. 왜 그럴까요? 문장의 다른 성분들과 긴밀한 관계가 없어서겠죠. 전에 성분부사와 문장부사 구별할 때 얘기했던 것 기억나나요? 그때도 문장부사는 특정한 성분과 연관이 없어서 문장 내 위치가 자유로웠죠. 지금 다루는 감탄사도 그 상황과 비슷합니다.

학생 3

선생님, 질문 있는데요. 감탄사는 꼭 한 종류로만 쓰이나요? '음' 같은 경우는 감정을 나타낼 때도 있고, 호응을 나타낼 때도 있고, 아까 나온 것처럼 더듬거림으로 쓰이기도 하는 것 같은데요.

교수

매우 좋은 질문입니다. 나도 같은 생각이에요. 한 단어가 여러 가지 품사로 두루 쓰이는 걸 품사 통용이라고 했었죠? 비슷하게, 어떤 감탄사는 감탄사의 세 가지 종류 모두로 쓰이기도 하는 거 같습니다. 칠판을 보세요. 감탄사 '음'의 세 가지 용법이 모두 가능해 보입니다.

감탄사 '음'의 용법

a. 감정: 음, 큰일 났군. (사전: "무엇이 불만스럽거나 걱정스러울 때 내는 소리.")

b. 의지: 음, 그 말이 맞아. (사전: "무엇을 수긍한다는 뜻으로 내는 소리.")

c. 더듬거림: 음, 어떻게 말해야 하나...

교수

이렇게 해서 감탄사의 종류와 위치에 대해 간단히 살펴보았습니다. 감탄사가 홀로 쓰이는 단어라면, 이제 살펴볼 조사는 항상 다른 말 뒤에 오는 단어죠. 그럼, 조사의 종류와 위치에 대해서도 간단히 살펴볼까요?

학생 4

그럼, 3조 '바로 그거죠' 문제 풀겠습니다. 문제는 '조사의 종류와 문장 내 위치는?'입니다. 답은, 조사의 종류는 격조사, 보조사, 접속조사이고, 조사의 위치는 체언 다음이지만 경우에 따라서는 부사나 용언 뒤에 조사가 오기도 한다는 것입니다.

교수

역시 구체적인 예를 가지고 조사의 종류를 살펴봅시다.

학생 4

예, 격조사는 격을 나타내는 조사이며 문장 '영수가 책을 읽는다.'에서 주격조사 '가'나 목적격조사 '을'을 볼 수 있습니다. 보조사는 일정한 뜻을 더해 주는 조사이고 문장 '영수는 책만 읽는다.'에서 대조의 '는'이나 단독의 '만'이 여기에 해당합니다. 접속조사는 두 단어를 이어 주는 조사이며 '영수와 나는 친구이다.'에서 '영수'와 '나'를 접속조사 '와'가 연결하고 있습니다.

교수

좋습니다. 예를 잘 들어 주었어요. 그런데 학생, 격조사는 '격'을 나타낸다고 했는데 격이 무엇인지 아나요? '격'은 무엇과 무엇의 관계를 나타내는데, 예를 들어, 주격조사 '가'는 무엇과 무엇의 관계를 나타낼까요? 그 명칭이 힌트입니다.

학생 4

어, 저는 주격조사는 주격을 나타내는 조사라고 알고 있고, 그리고 주격은 음... 주어라는 것을 나타내는 격이라고 생각하는데요. 그걸 무엇과 무엇의 관계라고 하니까 좀 어려워서...

교수

잘 접근하고 있어요. 학생이 "주어라는 것을 나타내는 격"이라고 말했는데, 좀 더 정확히 말하면 '주어라는 자격'이라고 할 수 있어요. 그걸 줄이면 '주어 자격', 즉 '주격'이 되는 거죠. 아까 든 '영수가 책을 읽는다.'에서 '가'는 주격을 표시하는 조사이죠? 그렇다면 무엇이 주격을 가진다는 건가요?

학생 4

주격은 주어 자격이라고 하셨으니 그 문장에서 주어 자격을 가진 건 '영수'입니다. 주어니까요.

교수

아주 좋아요. 바로 그겁니다. '영수가 책을 읽는다.'에서 주어 자격을 가진 건 '영수'이고 '영수'가 그런 자격을 가진다는 걸 표시해 주는 게 '가'죠. 그러니까 '가'는 '주어 자격 표지'라고 할 수 있는 거예요. 그렇다면, 이때 주어 자격은 무엇에 대한 주어 자격이라는 걸까요?

학생 4

아, 혹시 서술어에 대한 주어 자격 아닌가요? 주어는 그냥 주어가 아니라 서술어에 대해서 주어니까요.

교수

잘했습니다. 바로 그거예요. 주어는 그 자체로 주어가 아니라 서술어에 대하여 주어인 거죠. 그러니까 '주어 자격'이라고 하는 건 '서술어에 대한 주어 자격'인 겁니다. 격의 중심은 서술어예요. 구체적으로, '영수'가 주격을 가졌다고 하는 건, '영수'가 서술어 '읽는다'에 대해 주어 자격을 가진다는 거고, 그러한 관계를 표시하는 게 '가'라는 거죠. 목적어도 마찬가지입니다. 학생, '영수가 책을 읽는다.'에서 목적격에 대해 마산가지의 실명을 할 수 있을까요?

학생 4

예, 해 보겠습니다. 음... '영수가 책을 읽는다.'에서 서술어 '읽는다'에 대해 목적어 자격을 가지는 건 '책'이고 그런 관계를 표시해 주는 게 목적격조사 '을'입니다.

교수

훌륭합니다. 서술어 '읽는다'는 '타동사, 2자리'로서, 주어로는 '영수'를, 목적어로는 '책'을 취합니다. 이 말은, 주어나 목적어의 운명이 서술어에 달렸다는 거예요. 서술어는 문장의 중심이니까요. 모든 필수성분이 서술어와의 관계 속에서 규정됩니다. 그렇게 서술어에 대한 문장성분의 관계가 그 문장성분의 자격이 되고 그걸 표시하는 게 격조사라는 거죠.

학생 4

선생님, 그러면 부사격도 주격이나 목적격처럼 그렇게 보면 되나요?

교수

그렇습니다. '부사격'도 '서술어에 대한 부사어 자격'이라고 할 수 있죠. '보격'도 '서술어에 대한 보어 자격'이고요. 그런데 예외도 있습니다. 서술어에 대한 관계가 아닌 격이 둘 있죠. 그게 뭔지 아나요?

학생 4

모르겠습니다.

교수

시간 끌지 않고 바로 말할게요. 관형격과 호격입니다. '나는 영수의 책을 보았다.'에서 관형격조사 '의'는 '영수'와 '보았다'의 관계를 표시하는 게 아니라 '영수'와 '책'의 관계를 표시하죠. 그리고 '영수야, 형이 지금 너를 찾아.'에서 호격조사 '야'는 '영수'와 '찾아'의 관계를 표시하는 게 아니라 그냥 '영수'와 결합하여 그것이 독립어임을 나타내죠. 만약 이것이 사실이라면 관형격이나 호격은 성립하기 힘든 격이 돼요. 그래서 그것들을 격에서 제외하자는 주장도 있죠. 아니면, 격의 개념을 다시 정립하든가. 좀 얘기가 복잡해지는군요. 이쯤에서 그치는 게 좋겠습니다.
격조사 이외의 보조사나 접속조사는 학생의 설명만으로 충분한 거 같습니다.

그러면 조사의 위치 문제를 마저 살펴보기로 하죠. 역시 구체적인 예들을 통해서요.

학생 4

예, 아까 말씀드린 것과 같이, 조사의 위치는 체언 다음이지만, 때때로 부사나 용언 뒤에 조사가 오기도 합니다. 체언 다음에 조사가 오는 경우는 이미 예들에 나와 있고, 부사나 용언 뒤에 조사가 오는 경우를 말씀드리면 될 것 같습니다. '영수는 밥을 많이도 먹었다.'의 '도'는 부사 '많이' 다음에 왔고, '꽃이 정말 예쁘게도 피었다.'의 '도'는 형용사 '예쁘게' 다음에 왔습니다.

교수

그렇습니다. 보조사의 예를 들었는데 사실, 격조사도 그런 모습을 보인답니다. '자동차가 움직이지가 않는다.'나 '자동차가 움직이지를 않는다.'처럼 말이죠. '가'나 '를' 모두 동사 '움직이지' 다음에 왔죠. '가'나 '를'은 각각 주격조사와 목적격조사로 알고 있는데 이런 모습을 보니 매우 당황스럽네요. 이런 걸 학교문법에서는 어떻게 처리할까요? 사전을 찾아보세요. 『표준국어대사전』은 학교문법과 궤를 같이하고 있으니까요.

학생 4

어, 지금 찾아보았는데, 둘 다 '보조사'라고 나와 있습니다.

교수

금세 잘 찾았네요. 둘 다 보조사 용법은 뜻풀이 1번이 아니라 2번에 나와 있습니다. 1번은 '격조사'라고 나와 있고, 2번은 "강조하는 뜻을 나타내는 보조사"라고 나와 있죠. 놀랍죠? 이렇게 되면, '가'와 '를'은 어떤 때는 격조사이고 다른 때는 보조사가 되는 셈입니다.

- memo -

- 감탄사: 혼자 쓰이는 단어
- 조사: 다른 말과 함께 쓰이는 단어
- 감탄사의 종류와 위치
  - 종류: 감정, 의지, 입버릇이나 더듬거림
  - 위치: 문장의 처음, 중간, 끝
- 조사의 종류와 위치
  - 종류: 격조사, 보조사, 접속조사
  - 위치: 체언 뒤이지만, 부사나 용언 뒤에도 가능
- 격: 서술어에 대한 문장성분의 자격
  - 격조사: 격을 나타내는 조사
  - 예외: 관형격, 호격
- 격조사 형태를 가진 보조사: 가, 를

21 새 정보와 헌 정보: 격조사와 보조사의 구분

교수

'가'와 '를'을 격조사와 보조사로 나누기만 하면 문제가 다 해결되는 걸까요? 조사 이야기를 마치기 전에 격조사와 보조사의 구분 문제를 마저 이야기해 보겠습니다. 칠판을 보세요.

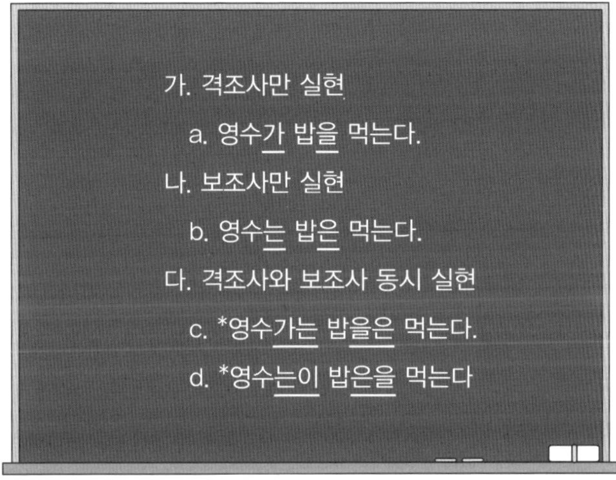

교수

복잡한가요? 하나하나 차례로 살펴보면 크게 어렵지는 않아요. 학생, 예문 (a)와 (b)를 읽어 보세요. 이 예들의 특징이 뭐죠?

학생 4

격조사나 보조사 중 하나만 나타나 있다는 것이 특징인 거 같습니다.

교수

그렇죠. 예문 (a)에서는 주격조사와 목적격조사가, (b)에서는 보조사 '은/는'이 대신하고 있죠. 그럼, (c)와 (d)는 어떤가요?

학생 4

격조사와 보조사가 다 나타나 있고, 모두 비문입니다.

교수

그래요. 주격조사와 보조사가, 또 목적격조사와 보조사가 함께 출현했는데, 두 문장 모두 격조사와 보조사의 순서를 바꾸어도 다 비문이 되고 말았어요. 이게 뜻하는 게 뭘까요? 그 아래 추가로 적어 놓은 (라)와 (마)의 예문들이 힌트입니다. 조별 토의를 통해 탐구해 보세요.

라. 신정보 문맥

e. 옛날에 어떤 사람이 살고 있었다.

f. *옛날에 어떤 사람은 살고 있었다.

마. 구정보 문맥

g. 옛날에 어떤 사람이 살고 있었다. *그 사람이 농부였다.

h. 옛날에 어떤 사람이 살고 있었다. 그 사람은 농부였다.

((학생들은 (라)와 (마)가 힌트가 아니라 오히려 부담인 것 같은 표정을 지었다. 그러나 다시 정신을 집중하여 칠판에 있는 예들이 과연 무엇을 뜻하는지 이해하려고 하였다. 새로운 정보가 있는 상황에서, 그리고 이미 알고 있는 정보가 있는 상황에서, 격조사와 보조사의 쓰임이 어떻게 다른 결과를 초래하는지 알아내려고 애를 쓴다. (라)와 (마)를 통해 (가)~(다)의 문법성이 달라지는 것을 설명하는 것이 관건이다. 어느 새 주어진 시간이 모두 흘렀다.))

교수

결코 쉽지는 않을 거예요. 그렇다고 알아내기 불가능한 건 아닙니다. 학생, 어떻게 실마리를 좀 얻었나요?

학생 4

저희 조에서는 (라)와 (마)를 흥미롭게 읽었습니다. 맨 처음엔 좀 당황스러웠는데, 자꾸 읽어 보니, 격조사와 보조사가 다르게 행동하는 게 보이기 시작했습니다. (라)에서는 '어떤 사람'이 처음 등장하는데, 그 말 뒤에 격조사 '이'가 오면 정문이 되고, 보조사 '은'이 오면 비문이 되었습니다. 그걸 통해, 격조사는 처음 등장하는 정보 즉, 신정보에 어울리고 보조사는 그렇지 않다고 일단 생각했습니다. (마)를 보니, 처음 등장한 사람이 다시 등장하는 상황에서는 거꾸로 보조사가 쓰인 게 정문이 되고, 격조사가 쓰인 게 비문이 되었습니다. 이건 구정보에는 보조사가 어울리고 격조사는 그렇지 않다는 걸 의미한다고 생각했습니다. 그래서 이걸 정리하면, 격조사는 신정보와 어울리고, 보조사는 구정보와 어울리는 게 됩니다.

교수

내가 추가할 말이 없네요. 정말 탁월한 관찰이고 멋진 설명입니다. 격조사와 보조사는 신정보와 구정보에 대해 그러한 관계를 맺습니다. 이제 그걸 바탕으로, (가), (나), (다)를 설명해야 합니다.

학생 4

아, 죄송한데, 아직 거기까지는 논의하지 못했습니다.

교수

안타깝네요. 조금만 더 나아가면 되는데. 지금 생각해 보기에는 늦었나요? 누구 이어서 얘기해 볼 사람 없나요?

학생 5

제가 얘기해 보겠습니다. 저희 조에서도 비슷하게 보았습니다. 그걸 바탕으로

(가)에서 (다)를 설명해 보았는데 잘 설명할 수 있었습니다. 우선 (가)와 (나)는 격조사만 실현되고 보조사만 실현된 거라서 특별할 게 없습니다. 격조사만 실현된 건 신정보와 관련된 문장일 거고, 보조사만 실현된 건 구정보와 관련된 문장일 거니까 뭐 특별한 게 없는 거 같습니다. 비문이 될 이유도 없고요. 그런데 (다)에서는 주어 뒤에 주격조사와 보조사가 같이 나왔고, 목적어 뒤에 목적격조사와 보조사가 같이 나왔습니다. 이렇게 되면 격조사의 신정보와 보조사의 구정보가 충돌하게 됩니다. 그래서 (다)의 두 문장은 비문이 된 거라고 설명할 수 있을 거 같습니다.

교수

박수를 치지 않을 수 없네요. (라)와 (마)에 대한 설명에 이어, (가)~(다)에 대한 설명도 뛰어납니다. 내가 다시 설명할 부분이 없어요. 그리 길지 않은 시간에 학생들이 순발력과 지혜를 발휘해서 대단한 일을 해 냈어요. 놀랍습니다.
다만, 한 가지 꼭 짚어 봐야 할 게 있습니다. 이러한 모든 점들이 말해 주고 있는 것. 우리가 익히 알고 있지만, 사실은 거대한 반전이 숨어 있다는 것. 그게 뭘까요? 부분이 아니라 전체를 봐야 풀 수 있습니다. 격조사와 보조사의 구분과 관계된 거예요.

학생 6

저는 이러한 사실들이 결국은 격조사와 보조사가 기본적으로는 같다는 거, 그니까 모두 보조사라는 걸 의미한다고 생각합니다. 격조사는 신정보를 뜻하고, 보조사는 구정보를 뜻하며, 그래서 신정보의 격조사와 구정보의 보조사가 함께 못 오는 것이라면, 결국에는 격조사도 보조사의 일종이 아닐까, 왜냐면 신정보와 구정보는 정보이고, 그건 격이라기보다는 의미에 해당하는 것이니까, 결국은 격조사도 기본적으로 의미를 나타내는 조사로서 크게는 일단 보조사로 봐야 하는 거 아닌가 하는 생각이 든다는 것입니다.

교수

자, 중요한 순간입니다. 학생의 말이 맞는다면, 격조사와 보조사 모두 일단은 보조사입니다. 그렇다면 기존에 격조사라 불린 조사와 보조사라 불린 조사를 어떻게 구별하면 될까요?

학생 6

기존에 격조사라 불린 조사는 격에 음… 격에 민감한 조사? 그리고 기존에 보조사라 불린 조사는 격에 민감하지 않은 조사? 이 정도로 보면 되지 않을까요?

교수

매우 탁월한 논리 전개예요. 나도 동감입니다. 격에 대한 민감성 여부로 보조사를 두 가지로 구분할 수 있고, 그중 격에 민감한 보조사는 기존의 격조사이고, 격에 민감하지 않은 보조사는 기존의 보조사이고. 그렇죠? 그 말이죠? 좋습니다. 의외로 많은 학자들이 이러한 시각을 가지고 있습니다. 학교문법에서처럼 조사를 우선 격조사와 보조사로 나누어 생각하는 학자들이 더 일반적이라고 할 수 있겠지만, 일단은 모두 보조사이고 그 다음에 격 민감성 여부로 그 안에서 나뉜다는 생각을 하는 학자들도 적지 않습니다. 나 역시 그런 입장에서 있죠. 이러한 새로운 시각을 통해 여러 가지 문제를 조명해 볼 수 있겠지만, 지금은 여기서 그치는 게 좋을 듯합니다. 모두들 수고 많았어요.

- memo -

- 격조사: 신정보와 어울림
- 보조사: 구정보와 어울림
- 정리: 신정보/구정보는 의미의 문제에 해당하므로, 격조사도 일단은 보조사로 볼 수 있음
- 격의 민감성 여부:
  - 모두 보조사이지만
  - 그중 격에 민감한 게 기존의 격조사,
  - 그렇지 않은 게 기존의 보조사라고 할 수 있음

2장 단어의 구성

22 단어의 재료: 형태소와 단어

교수

이제까지 이야기한 것은 단어의 외부입니다. 단어의 외부에서 단어의 종류를 나누어 본 것이죠. 이것을 '품사론'이라고 합니다. 이제 단어의 내부로 들어가 보겠습니다. 단어가 어떻게 구성되어 있는가를 관찰하려는 것이죠. 이것을 '조어론'이라고 합니다. 이렇게 단어의 외부와 내부를 모두 살펴보고 나면, 그러한 단어로 만들어진 문장으로 나아갈 수 있습니다. 문장으로 나아가기 위한 두 번째 관문, 조어론으로 여러분과 탐험을 떠납니다. 4조, 문제 풀어 주세요.

학생 7

예, 4조 '언어는 소중하죠', 문제 풀겠습니다. 문제는 '형태소 여부 및 단어 여부로써 언어단위를 4가지 유형으로 분류하고, 각각의 경우의 구체적인 예를 '시아버지'에서 찾으면?'입니다. 저희가 찾은 답은, 말로만 하는 것보다는 표로 보여드리며 설명하는 게 더 좋을 것 같습니다. 칠판 좀 써도 될까요?

교수

물론이죠. 어서 나오세요.

	1유형	2유형	3유형	4유형
형태소	+	+	−	−
단어	+	−	+	−
예	아버지	시	시아버지	

학생 7

문제의 조건에 따르면, 형태소 여부의 2가지와 단어 여부의 2가지로, 2 곱하기 2니까, 총 4가지 경우가 나옵니다. 이걸 편의상 1유형, 2유형, 3유형, 4유형으로 이름 붙였습니다. 1유형은 형태소이면서 단어인 것인데, '시아버지'에서 찾을 수 있는 말은 '아버지'입니다. 2유형은 형태소이지만 단어는 아닌 것으로 '시아버지'에서 '시'입니다. 3유형은 형태소는 아니지만 단어인 것이며, '시아버지' 자체입니다. 마지막으로 4유형은 형태소도 아니고 단어도 아닌 것인데, 이것은 '시아버지'에서 찾을 수가 없었습니다.

교수

일단 수고했어요. 문제의 조건에 충실하게 4가지 경우를 잘 도출했고, 그에 해당하는 말을 '시아버지'에서 열심히 추출하였습니다. 그런데 4유형이 비어 있네요. 다른 유형들과 함께 4유형도 과연 그런지 점검해 보겠습니다.
이 문제를 풀기 위해서는 먼저 형태소와 단어가 무엇인지부터 이해해야 합니다. 형태소와 단어의 정의가 필요하다는 얘기죠. 학생, 발해 줄 수 있나요?

학생 7

예, 우선 형태소는 의미를 가진 가장 작은 언어단위이며, 그 다음에 단어는 자립할 수 있는 가장 작은 언어단위입니다.

교수

좋습니다. 책에 그렇게 나와 있지요. 잘 찾았습니다. 그렇다면 그러한 정의들을 잘 이해하고 있는지 보겠습니다. 의미를 가진 가장 작은 언어단위가 형태소라는 게 정확히 무슨 뜻일까요? 학생, 혹시 형태소보다 작은 언어단위에 무엇이 있는지 아세요?

학생 7

어... 제가 아는 바로는 음운이 있습니다. 자음과 모음 같은 거요.

교수

그래요. 자음이나 모음, 강세나 성조, 억양 같은 걸 모두 통칭하여 음운이라 하죠. 음운은 형태소보다 작습니다. 사실 가장 작은 언어단위죠. 물론 그것보다 더 작은 걸로 '변별적 자질'을 설정하기도 하는데 지금 이 단계에서는 음운을 가장 작은 언어단위라고 합시다. 그럼, 크기의 순으로 따지면 음운 다음이 형태소겠네요? 맞나요? 그런데 중간에 빠진 게 하나 있습니다. 그게 뭘까요? 음운보다는 크지만 형태소보다는 작은 거.

학생 7

아, 음절인가요?

교수

맞아요. 음절이에요. 그러면 음절의 정의는 뭘까요?

학생 7

예, 그건... 음... 아, 발음할 수 있는 가장 작은 언어단위입니다.

교수

그렇습니다. 이제 음운, 음절, 형태소 순으로 언어단위의 크기를 생각해 볼 수 있겠어요. 학생, 그럼 여기서 음운과 음절은 의미를 지니나요?

학생 7

예?

교수

형태소의 정의가 힌트입니다. 그 정의를 잘 음미해 보세요. 그럼 답이 보일 거예요.

학생 7

음... 의미를 가진 가장 작은 언어단위가 형태소니까... 그러니까, 그 아래 언어단위들은 의미가... 의미가 없겠네요. 예, 음운과 음절은 의미를 지니지 않습니다. 의미를 가진 가장 작은 게 형태소니까요.

교수

그렇죠. 잘했어요. 형태소는 의미를 가진 가장 작은 것이니, 그걸 더 작은 단위로 나누게 되면 의미가 사라지겠죠. 그렇죠? '아버지'라는 말을 더 작게 '아', '버', '지'라는 음절로 쪼개면 의미 없는 음절들이 되어 버리죠. '아', '버', '지'라는 음절이 의미를 지니지 못하니, 이 음절들이 쪼개져 나온 'ㅏ', 'ㅂ', 'ㅓ', 'ㅈ', 'ㅣ' 같은 음운들도 의미가 없긴 마찬가집니다. 이렇게 더 이상 쪼개면 의미가 사라지는 '아버지'와 같은 말, 그래서 의미를 가진 가장 작은 언어단위라고 정의되는 것, 그게 바로 형태소입니다.
이렇게 형태소를 식별할 수 있게 되었으니, 이제 단어로 가 봅시다. 학생, 아까 단어의 정의가 뭐라고 했죠?

학생 7

자립할 수 있는 가장 작은 언어단위입니다.

교수

역시 그게 무슨 말인지 확실하게 알아야 합니다. 이미 1장 품사론에서 조사나 명사를 다루며 자립성을 언급하긴 했습니다. 홀로 쓰일 수 있는 걸 자립성이라고 했죠. 그때는 일단 그런 줄로 알고 넘어갔는데, 이제는 그게 무슨 말인지 제대로 파악할 단계입니다. 학생, 홀로 쓰일 수 있다는 게 무슨 뜻일까요?

학생 7

예?

교수

어디서 어떻게 홀로 쓰인다는 걸까요?

학생 7

아, 음... 사람들이 말을 주고받을 때... 홀로 쓰인다는 게 아닐까요?

교수

좋아요. 사람들이 말을 주고받는 걸 두 글자로 뭐라고 하죠? 지금 나와 학생이 나누고 있는 것.

학생 7

혹시 대화요?

교수

그렇죠. 대화라는 거죠. 그렇다면 대화에서 홀로 쓰인다는 건 또 뭘까요? 예를 들어 볼까요? 학생, 학생이 제일 좋아하는 사람은 누구죠?

학생 7

엄마요.

교수

아, 잠깐만. 학생 친구가 묻는다고 생각하고 대답해 봐요. '너는 누가 제일 좋아?'

학생 7

엄마.

교수

한국어는 높임법이 있어서, 아랫사람이 윗사람에게 말할 때 자꾸 높임의 보조사 '요'를 붙이게 되죠. 그걸 피하기 위해, 같은 또래의 친구가 질문하는 걸로 바꾼 겁니다. 칠판에 써 볼게요.

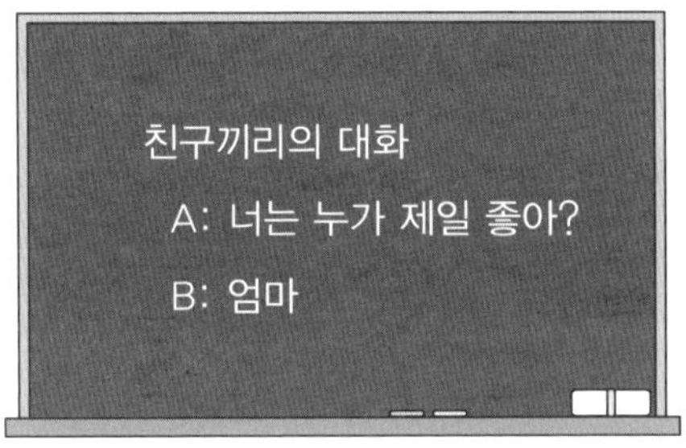

교수

여기서 '엄마'가 등장하죠. A가 묻고 B가 답하는데, 대답으로 달랑 '엄마'만 나오고 있어요. 이렇게 대화에서 홀로 쓰일 수 있는 것, 이걸 '자립성'이라고 합니다. 그럼, 질문하겠습니다. 아까 학생은 내 질문에 '엄마요.'라고 답을 했는데, 그렇다면 '엄마요'도 자립성을 가진 말이라고 할 수 있나요?

학생 7

예? 어, 그거는 음...

교수

어렵게 생각할 필요는 없어요. 여하튼 그것도 대답으로 쓰였으니까, 그렇다면?

학생 7

아, 자립성을 가진 말이라고 할 수 있을 거 같아요.

교수

그래요. '엄마'뿐만 아니라 '엄마요' 또한 자립성을 가집니다. 다른 말의 도움 없이 그것 자체가 대화에서 등장하여 대답으로 잘 쓰였으니까요. 그럼, A가 한 질문 '너는 누가 제일 좋아'는 자립성이 있을까요?

학생 7

어, 그것도 대화에서 질문으로 쓰였으니까, 그것 자체로 다른 것의 도움 없이 쓰였으니까 자립성이 있다고 봐야 하지 않을까요?

교수

그렇습니다. 이제 우리는 잠깐 동안 자립성을 가진 말을 세 가지 얻었습니다. 칠판을 보세요.

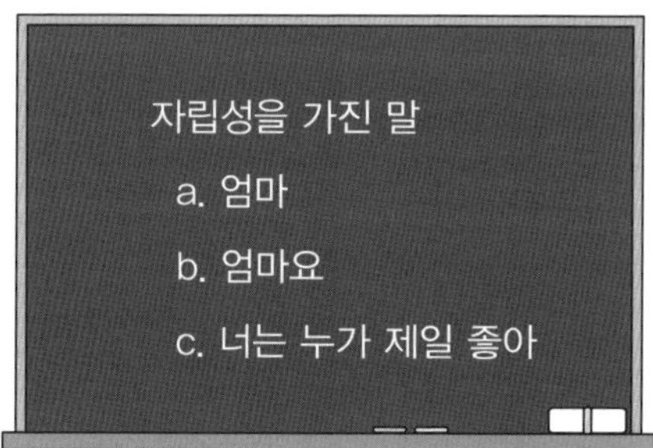

교수

이 세 가지는 크기는 좀 다르지만 모두 자립성을 가진 말들입니다. 그럼, 이 말들 중에서 가장 작은 말은 어떤 거죠?

학생 7

예, (a)의 '엄마'입니다.

교수

바로 그게 단어입니다. 자립성을 가진 가장 작은 언어단위. 칠판에 나와 있는 것처럼, 자립성을 가진 말들은 크기가 다양하고 매우 커질 수도 있어요. 지금 제가 하는 긴 이야기도 모두 자립성을 가진 말이죠. 그러나 자립성을 가진 이런 말들 중 가장 작은 것을 찾으니 '엄마'와 같은 것이 찾아지고, 그래서 그걸 단어라고 부른다는 겁니다. 이제 단어의 정의를 알겠죠?

- memo -

- 형태론 = 품사론 + 조어론
- 언어단위 분류: [±형태소], [±단어]
  → 1~4유형
- 음운: 가장 작은 언어단위 (자음, 모음; 강세, 성조, 억양)
- 음절: 발음할 수 있는 가장 작은 언어단위
- 형태소: 의미를 가진 가장 작은 언어단위
- 단어: 자립성을 가진 가장 작은 언어단위
- 자립성: 대화에서 홀로 쓰일 수 있는 성질

23 배보다 배꼽이 더 큰 경우: 단어 안의 문장

교수

다시 맨 처음 써 놓은 것으로 돌아와 점검해 봅시다.

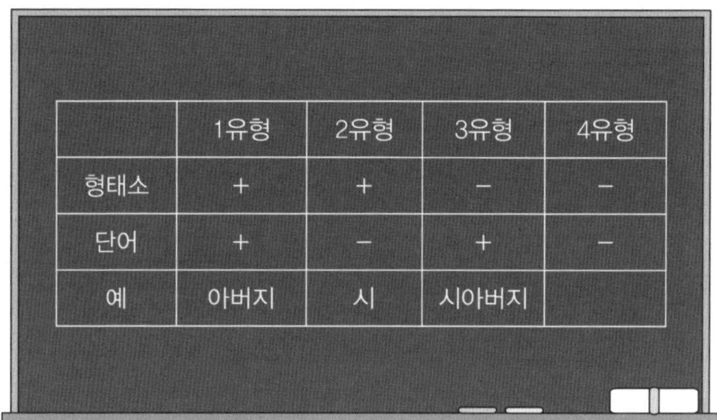

	1유형	2유형	3유형	4유형
형태소	+	+	−	−
단어	+	−	+	−
예	아버지	시	시아버지	

교수

이젠 형태소가 뭐고 단어가 뭔지 아니까, 표를 잘 점검할 수 있을 거예요. 먼저 [+형태소, +단어]로 든 게 '아버지'인데, 어떤가요? 문제없나요?

학생 7

예, '아버지'는 더 아래로 쪼개면 의미가 없어지니 형태소의 정의에 맞고, 홀로 대화에서 대답으로 쓰일 수 있으니 단어의 정의에도 맞습니다. 그래서 이 경우는 문제가 없는 거 같습니다.

교수

아주 잘했어요. '아버지' 자체도 어떤 질문에 대한 대답이 될 수 있죠. 따라서 표의 1유형은 문제가 없습니다. 그러면 2유형은요?

학생 7

'시'는 더 아래로 쪼개면 의미가 없어지니 형태소의 정의에 맞고, 홀로 대화에서 대답으로 쓰일 수는 없으니 단어의 정의에는 맞지 않습니다. 그래서 이 경우도 문제가 없는 거 같습니다.

교수

역시 잘해 주었어요. '시아버지'에서 '시'는 '남편의'라는 뜻을 지닌 '접두사'죠. '시아버지', '시어머니', '시누이', '시동생', '시집'처럼 다른 말의 앞에 붙어서 다양한 단어를 만듭니다. 이런 접두사 '시'는 형태소이긴 하지만 단어는 아니죠. 일상의 대화에서 홀로 질문이나 대답으로 쓰일 수 없으니까요. 이렇게 단어와 구별되는 형태소인 말에는 하이픈을 붙여서 표시를 한답니다. 칠판 보세요.

교수

하이픈을 '시' 다음에 붙인 건 '시' 다음에 말들이 오기 때문이죠. 그래시 '시'를 접두사로 부르는 거고요. 우리는 아까 편의상 하이픈 없이 그냥 '시'만 판서했죠. 맞춤법의 문장 부호 사용법에 따르면 이렇게 '하이픈', 다른 말로는 '붙임표'를 사용해야 합니다. 앞으로도 편의상 하이픈 없이 쓸 때가 있을지도 몰라요. 이야기의 흐름상 필요할 때 말이에요. 이제 3유형 설명 차례죠?

학생 7

예, '시아버지'는 더 아래로 쪼개면 '시'와 '아버지'가 되고 이 둘은 각각 의미를 가지니 형태소의 정의에는 맞지 않고, 홀로 대화에서 대답으로 쓰일 수 있으니 단어의 정의에는 맞습니다. 그래서 이 경우도 문제가 없는 거 같습니다.

교수

좋습니다. 이젠 4유형을 살펴볼 차례입니다. 이곳은 이렇게 해당 사례가 비어 있는데 여전히 그렇게 생각하나요?

학생 7

예, 4유형은 형태소도 아니고 단어도 아닌 것인데, '시아버지'에서 추출할 수 있는 말에는 '시', '아버지', '시아버지'가 전부여서 다른 걸 찾기는 어려울 것 같습니다.

교수

정말 그런가요? '시아버지'에서 찾을 수 있는 말이 정말 '시', '아버지', '시아버지'가 전부인가요? 혹시 다른 의견 가진 학생 있나요?

학생 8

예, 제가 말씀드리겠습니다. 형태소도 아니고 단어도 아니라면 형태소보다 작은 것이거나 단어보다 큰 것일 텐데, 단어보다 큰 건 '시아버지'에서 찾을 수가 없을 거 같습니다. '시아버지'가 단어니까요. 그렇다면 형태소보다 작은 거여야 하는데 그건 찾을 수 있습니다. 아까 형태소의 정의 얘기하면서 형태소보다 작은 걸로 음운과 음절이 등장했는데, 그걸 '시아버지'에서 찾으면, '아', '버', '지'라는 음절과, 'ㅏ', 'ㅂ', 'ㅓ', 'ㅈ', 'ㅣ'라는 음운이 있습니다. 그게 4유형에 해당하는 사례라고 생각합니다.

교수

그렇습니다. 박수! 학생 말대로 '시아버지'에 들어 있는 3개의 음절과 5개의 음운은 벌써 우리가 찾았었죠. 그걸 용케 기억하여 이 대목에서 적절히 말했어요. '시아버지'에서 '시', '아버지', '시아버지' 말고는 도무지 아무것도 찾을 수 없을 것만 같았는데, 사실은 그런 음절과 음운이 숨어 있었던 겁니다. 대단한 발견입니다. 형태소와 단어에만 갇혀 있지 않고 그것들보다 작거나 큰 것으로 눈을 돌린 그 안목에 힘껏 박수를 보냅니다.
그런데 학생, 아까 말하는 중에 '단어보다 큰 것은 단어 안에서 찾을 수 없다'는 취지로 본인이 말한 거 기억하나요?

학생 8

예, 기억합니다. 단어보다 큰 건 '시아버지'에서 찾을 수가 없다. 왜냐하면 '시아버지'가 단어이니까 그렇다. 이런 식으로 말했던 걸로 기억합니다.

교수

그래요. 어떻게 배보다 배꼽이 더 클 수 있냐는 생각이겠죠? 그런데 학생, 정말 그런 게 있다면 어떻겠어요? 언어는 항상 예상을 뛰어넘는 모습을 보여 주곤 합니다. 여기 칠판에 써 놓는 말을 찬찬히 음미해 보면 정말 놀라운 사실을 알 수 있습니다.

교수

조별 토의가 필요한가요? 그럼, 어서 해 보세요. 그리고 학생이 의견 정리해서 말해 주면 되겠습니다.

((학생들은 '먹자골목'을 몇 번 발음해 보고 그 뜻을 음미하다가 이내 사전에서 찾아본다. 그건 "음식점과 술집 따위가 여럿 모여 있는 골목."이라고 분명히 뜻풀이가 되어 있는 명사, 엄연한 단어이다. 이런 단어가 배보다 배꼽이 더 큰 경우라고 하는데 그게 정확히 어떻게 그렇게 되는 것인지 골똘하게 생각하다가 이야기를 나눈다. 이야기 도중 탄성이 흘러나왔다.))

교수

뭔가 발견했나요? 분명, 희열에 찬 소리가 들리던데.

학생 8

저희 조에서 얘기를 하다가 정말 놀라운 사실을 발견했습니다. 그게 뭐냐면, '먹자골목'은 분명히 단어인데, 그게 단순한 단어가 아니라 '먹자'와 '골목'이 만나 이루어진 단어입니다. 복합어라고 부를 수 있는 단어인데, 여기서 '골목'은 우리가 아는 단어이고, 문제는 '먹자'였습니다. 그런데 이게 단어 뜻을 생각해 보니 정말 '밥 먹자!' 할 때의 그 '먹자'였습니다. 그러니까 '먹자'는 청유문인데, 그런 문장이 '먹자골목'이라는 단어 안에 들어가 있는 것입니다. 단어 안에 문장이 들어 있으니 정말 배보다 배꼽이 더 큰 경우라고 할 수 있습니다.

교수

박수가 필요한 순간입니다. 학생들이 드디어 언어의 비밀 한 가지를 스스로 발견해 냈군요. 정말 나도 기쁘네요. 이렇게 '먹자골목'이라는 단어 안에 '먹자'라는 문장이 들어 있는 겁니다. 이렇게 생긴 복합어 하나가 언어학자들을 얼마나 머리 아프게 만드는지 몰라요. 이 단어 하나가 이제까지 언어학자들이 공을 들여 만든 언어 이론의 탑을 단숨에 흔들어 놓습니다. 나도 이 문제를 가지고 20여 년 동안 고민하다가 드디어 풀었답니다. 몇 해 전에 그와 관련된 책도 내고요. 정말 기쁨에 겨운 순간이었죠. 여러분은 또 다른 해법을 찾을 수도 있어요. 여하튼 더 깊이 들어가지는 않겠지만, 이렇게 흥미진진한 사례들을 앞으로도 종종 이야기하겠습니다. 기대해 주세요.

학생 8

선생님, 혹시 그 책 이름 알 수 있나요?

교수

예, 그 책은 『언어단위와 인지체계의 불확정성』이라는 것인데 2021년에 '소통'이라는 출판사에서 간행되었습니다. 그 바탕이 되는 내용은 이미 그 전에 몇 편의 논문으로 학술지에 게재가 되었는데, 그 모든 이야기를 한데 모아 일관성 있게 써 내려간 건 그 책에서입니다. 읽다가 보면, 전문적인 용어들이 나와서 좀 당황스러울 수도 있겠지만, 생생하게 살아 숨 쉬는 언어의 흥미로운 모습들을 언어학적으로 어떻게 포착하여 이론화할 수 있는지 엿볼 수 있을 거라 생각합니다.

- memo -

먹자골목: [문장+단어]로 된 복합어

→ 단어 안에 문장이 들어 있음!

24 언어와 수학과 야구: 형태소와 이형태

교수

이제 형태소에 좀 더 집중해 보기로 하죠. 형태소와 관련된 중요 개념들을 먼저 살펴본 후, 형태소의 종류도 이어서 알아보도록 하겠습니다. 다시 1조로 돌아왔나요?

학생 9

예, 1조 '집에 가고 싶죠'입니다. 문제는 "집합'과 '원소', '원소들의 관계' 차원에서, '형태소'와 '형태' 및 '이형태', '기본형', '상보적 분포'의 상관성을 설명하고, 그것을 '영수가 밥을 먹었다'에서의 '었'에 적용하면?'입니다. 이에 대한 답은 다음과 같습니다. '형태소'는 '집합'에 해당하고, 그 집합을 구성하는 원소를 '형태'나 '이형태'라고 부르는데, '형태'는 원소를 개별적으로 가리키고 '이형태'는 집합 안의 원소임을 뜻합니다. 기본형은 이형태 중 대표이고, 이형태들이 겹쳐 나타나지 않는 것을 '상보적 분포'라고 말합니다. '었'과 관련한 형태소는 '과거시제 선어말어미'이며, 그 집합을 구성하는 원소는 '었', '았, '였'이라는 세 가지 이형태이고, 이들 중 대표는 기본형 '었'이며, 세 개의 이형태들은 겹쳐 나타나지 않으므로 '상포적 분포'를 보입니다. '었' 자체를 개별적으로 가리키려면 이형태 대신 형태라는 용어를 쓰면 됩니다.

교수

꽤 긴 문제와 답을 아주 일목요연하게 잘 말해 주었습니다. 수고했어요. 그럼, 하나하나 따져 가며 함께 살펴보죠. 형태소의 중요 개념을 이해하는 데 수학의 집합 개념이 동원되고 있어요. 다행히 집합은 수학에서도 비교적 이해하기 쉬워 보입니다. 초등학교 때부터 배우는 것이라 부담이 좀 덜할 것 같습니다. 더 나은 이해를 위해 당장 구체적인 예를 가지고 살펴보는 게 도움이 될 거 같아요. 일단 칠판을 보아 주세요.

교수

학생, 여기서 '었'을 가리킬 때, '형태'라는 말을 쓰나요, 아니면 '이형태'라는 말을 쓰나요?

학생 9

일단 '었'만 보이니 '형태'라는 말을 쓰는 게 좋을 것 같습니다.

교수

그래요. 그럼, 이렇게 예들을 추가하면요?

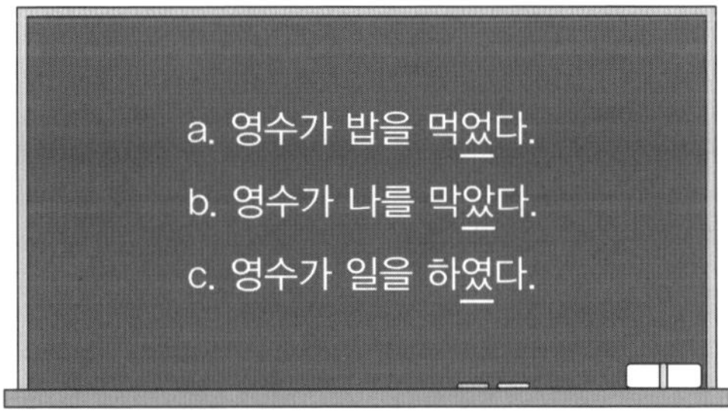

학생 9

이때에도 '었'만 가리키고 싶으면 여전히 '형태'라는 말을 쓰면 됩니다.

교수

그러나 '았'이나 '였'과의 상관성을 생각하면서 말하고 싶으면?

학생 9

그때는 '이형태'라는 말을 쓰면 됩니다.

교수

그래요. 그렇게 의도나 목적에 따라 용어를 달리 쓰면 됩니다. 그러면 학생, '었', '았', '였'은 어떠한 상관성을 띠죠? 서로 무슨 관련이 있는 거죠?

학생 9

셋 다 과거시제를 나타낸다는 공통점이 있습니다.

교수

그렇군요. 그렇다면 이 셋을 묶어 줄 필요가 있을 텐데 이때 등장해야 하는 게 뭐죠?

학생 9

'과거시제 선어말어미'라는 '집합'입니다.

교수

아주 좋아요. '집합'이라면 원소를 가지고 있겠죠? '과거시제 선어말어미'라는 '집합'의 원소는 뭐예요?

학생 9

'었', '았', '였'입니다.

교수

그걸 표시하면 다음과 같죠.

a. 영수가 밥을 먹었다.

b. 영수가 나를 막았다.

c. 영수가 일을 하였다.

d. 과거시제 선어말어미 = {었, 았, 였}

교수

여기서 (d)는 집합의 모습을 하고 있어요. '과거시제 선어말어미'라는 '집합'은 '었', '았', '였'을 원소로 가진다. 이렇게 읽으면 되겠죠. 이때 집합을 구성하는 '었', '았', '였'은 '과거시제 선어말어미'의 이형태들입니다. '었'이라는 '이형태'라고 말하는 순간, '었'과 비슷한 기능을 하는 다른 말이 또 있구나 하는 생각을 하게 됩니다. 그러나 '었'이라는 '형태'라고 말하면, 그냥 '었'만 생각하는 거예요. 굳이 '았'이나 '였'을 떠올리지 않습니다. 그게 '형태'와 '이형태'의 차이에요. 그런데 학생, 이 셋은 왜 이형태로 묶여 있을까요?

학생 9

과거시제를 나타내니까 그렇습니다.

교수

그것도 맞는 말인데, 더 나아갈 필요가 있어요. 둘이 비슷한 기능을 하여도 다른 형태소일 수도 있거든요. 그런데 이 셋은 어떤 중요한 특징을 보입니다. 아까 학생이 언급한 중요 개념이 이 순간 등장해야 하는데요.

학생 9

아, '상보적 분포' 말씀인가요?

교수

그렇죠. 그걸 한 번 입증해 볼 수 있을까요?

학생 9

상보적 분포란, 이형태들끼리 겹쳐 나타나지 않는다는 것인데, 이 경우에는 '었', '았', '였'이 겹쳐 나타나지 않는 것입니다.

교수

좋아요. 칠판에 나와 있는 세 개의 예문을 가지고 구체적으로 설명해 줄 수 있을까요?

학생 9

아, 예. 그럼, 우선 (a)에 대해서부터 설명하면, 음... '먹었다'는 되지만, '었' 대신에 '았'이 들어간 '먹았다'나 '였'이 들어간 '먹였다'는 안 된다는 것입니다.

교수

동사 어간 '먹' 다음에는 '었'만 가능하지 '았'과 '였'은 불가능하다는 얘기네요. 한국어를 관찰하면 그렇다는 거지요. 설명 계속해 주세요.

학생 9

(b)에서도 '막' 다음에는 '았'만 가능하지 '었'과 '였'은 불가능하고, 또 (c)에서도 '하' 다음에는 '였'만 가능할 뿐 '었'과 '았'은 불가능합니다.

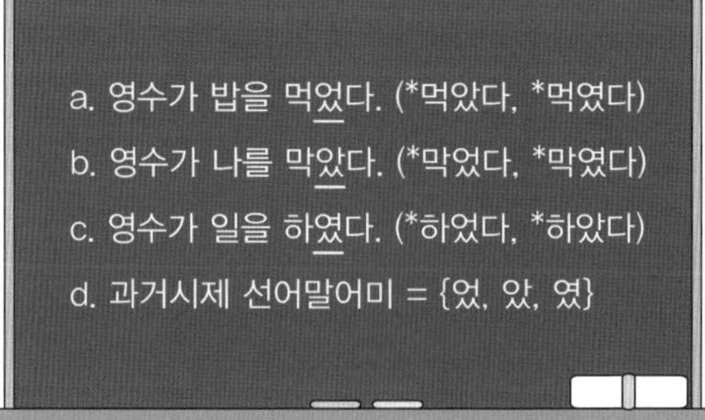

교수

학생이 말한 걸 추가로 적어 보았어요. 그렇게 각각의 자리에 하나씩만 가능한 이유는 뭘까요? 어떤 구체적인 이유가 있나요?

학생 9

예들을 관찰해 보면, '었'은 앞 말이 음성모음일 경우에 쓰이고 '았'은 양성모음일 때 쓰이며, '였'은 '하' 뒤에서 쓰이는 걸 볼 수 있습니다.

교수

그 셋은 그렇게 영역을 나누어 제 영역에서만 나타나고 다른 것의 영역은 침범하지 않는다는 것이군요. 이러한 현상을 뭐라고 부른다고요?

학생 9

'상보적 분포'입니다.

교수

그렇습니다. 동일한 기능을 수행하되 결코 같은 자리를 놓고 싸우지 않는 관계, 그게 바로 상보적 분포가 말하고자 하는 개념입니다. 이러한 관계에 놓여 있는 말들은 사실은 하나의 형태소에 속한 이형태들이라고 보는 겁니다. 왜 그럴까요? 한 개의 형태소에 속한 세 개의 이형태로 보지 말고, 그냥 세 개의 독립된 형태소들이라고 보지 못하는 이유가 뭘까요?

학생 9

일단 이형태의 지위보다 형대소의 지위가 높다고 할 수 있습니나. 형태소는 집합이고 이형태는 원소니까요. 이렇다고 할 때, 기능은 같은데 형태만 다른 세 개의 말을 각각 형태소라고 부르는 것보다는, 기능을 중심으로 그 셋을 하나의 형태소로 묶고 그 안에서 형태만 다른 것, 즉 이형태로 보는 게 이론적으로 덜 부담스럽기 때문이 아닐까 생각합니다.

교수

탁월한 설명입니다. 정말 미묘한 상황에서 매우 설명을 잘해 주었어요. 박수를 보내지 않을 수가 없네요. 그렇습니다. 기능이 같고 형태만 다른 세 개의 말을, 각각 형태소로 보는 것보다, 하나의 형태소에 딸린 세 개의 이형태로 보는 게 이론적으로 덜 부담이 가는 설정이라 그렇다는 것이죠. 그런 방식으로 언어학자들은 새로 만난 언어의 형태소들을 세워 나갑니다. 형태가 다르면 일단 별개의 형태소인가 의심하게 되지만, 형태가 다름에도 불구하고 기능이 같다면 그건 같은 형태소의 이형태로 보는 거죠.

비유하자면, 야구 시합을 벌이는 두 팀은 각각 형태소라고 할 수 있고, 각 팀의 구성원들은 이형태라고 할 수 있어요. 한 팀이 수비를 하고, 다른 팀이 공격을 할 때, 수비를 하는 팀에서 1루가 중요하다고 해서 그 자리를 두 명, 세 명의 선수들이 동시에 지키고 있을 수는 없습니다. 1루수는 한 명이고, 2루수도 한 명이고, 3루수도 한 명이죠. 이렇게 1루, 2루, 3루에 각각 한 명씩 서 있는 것처럼, 음성모음 다음에는 '었', 양성모음 다음에는 '았', '하' 다음에는 '였'이 하나씩 위치한다는 것입니다. 1루수, 2루수, 3루수가 모두 한 팀인 것처럼, '었', '았', '였'은 모두 '과거시제 선어말어미'라는 한 팀인 거죠.

아, 참, 그리고 여기서도 이형태들에 하이픈을 붙이는 게 언어학적인 관례입니다. '었', '았', '였'은 결코 대화에서 홀로 질문이나 대답으로 쓰일 수가 없죠. 그래서 이런 이형태들에 하이픈을 붙여 주어야 합니다. 왼쪽에는 어간, 오른쪽에는 또 다른 어미가 오니까 양쪽에 하이픈을 붙여 주어야죠. 이렇게요.

a. 영수가 밥을 먹었다. (*먹았다, *먹였다)
b. 영수가 나를 막았다. (*막었다, *막였다)
c. 영수가 일을 하였다. (*하었다, *하았다)
d. 과거시제 선어말어미 = {-었-, -았-, -였-}

교수

기본형에 대한 이야기를 마저 하면, 기본형은 대표적인 이형태이고 그런 이형태는 대개 빈도가 높은 것인데, 여기서는 그런 측면에서 가장 두드러진 걸 고르기가 힘들어 임의로 어느 하나를 선택하거나 하는데, 사람들은 음성모음으로 된 '-었-'을 선호하는 것 같습니다. 보조사 '은'과 '는' 중에서, 주격조사 '이'와 '가' 중에서 기본형을 선택해야 할 때도 비슷한 고민을 하게 되죠.

- memo -

- 형태소: 집합
- 이형태, 형태 : 원소
- 상보적 분포: 야구의 1루수, 2루수, 3루수 비유
- 과거시제 선어말어미 = { -었-, -았-, -였- }

25 대화와 백과사전: 형태소 분류의 두 기준

교수

형태소와 관련된 중요 개념들을 살펴보았으니, 이제 형태소의 종류도 알아보도록 하죠. 2조 차례죠?

학생 10

예, 2조 '에이블 주시죠', 문제 풀겠습니다. 문제는 '형태소를 분류하는 두 가지 기준은 무엇이며, '나는 밥을 막 먹었다'에서 발견되는 모든 형태소를 이 두 가지 기준에 따라 규정하면?'입니다. 이 문제는 작은 문제 두 개로 되어 있는데, 그중 첫 번째 문제의 답은 '자립성'과 '실질성'입니다. 자립성은 대화에서 홀로 쓰일 수 있다는 것을, 실질성은 백과사전적 의미를 가진다는 것을 뜻하며, 이들 두 가지 기준을 가지고 형태소를 분류합니다. 자립성을 가지면 자립형태소, 안 가지면 의존형태소이고, 실질성을 가지면 실질형태소, 안 가지면 형식형태소입니다. 두 번째 질문은 칠판에 표를 그리고 설명해야 할 것 같습니다.

교수

그래요. 어서 그려 보세요.

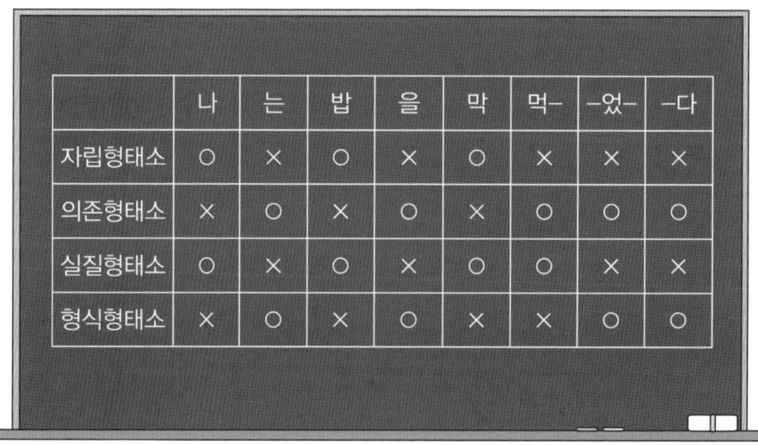

	나	는	밥	을	막	먹-	-었-	-다
자립형태소	○	×	○	×	○	×	×	×
의존형태소	×	○	×	○	×	○	○	○
실질형태소	○	×	○	×	○	○	×	×
형식형태소	×	○	×	○	×	×	○	○

학생 10

'나는 밥을 막 먹었다'에 들어 있는 형태소는 모두 8개인데, 우선 '나'는 자립성을 가지고 실질성도 가집니다. 그래서 자립형태소이자 실질형태소입니다. 이와 같은 성격을 가진 것은 '밥'과 '막'입니다. '는'은 자립성이 없고 실질성도 없어서 의존형태소이자 형식형태소입니다. 이런 것에는 '을', '-었-', '-다'가 더 있습니다. '먹-'은 자립성은 없지만 실질성은 있어서 의존형태소이자 실질형태소입니다.

교수

형태소를 가르는 기준과 그 기준에 입각한 실제 형태소 분류를 간명하게 잘 설명해 주었습니다. 이제 이러한 내용을 잘 소화해 보도록 하죠. 먼저 형태소 분류 기준입니다. 두 가지가 등장했는데, 하나는 자립성이고 다른 하나는 실질성입니다. 자립성은 형식적 차원의 특징이며 대화에서 홀로 쓰일 수 있다는 것이죠. 그런데 학생, 이 자립성은 전에 단어의 정의에서 등장했던 자립성과 같은 것인가요, 다른 것인가요?

학생 10

같은 것으로 알고 있습니다.

교수

그렇다면, 어떤 형태소는 곧장 단어일 수 있다는 얘기가 되는데 맞습니까?

학생 10

예, 그런 것으로 이해하고 있습니다.

교수

그래요. 자립성을 가진 형태소를 '자립형태소'라고 하는데, 이건 그 자체가 '형태소'이면서 자립성을 가지니 '단어'이기도 합니다. 형태소의 정의와 단어의 정의를 둘 다 만족시키는 언어단위죠. 그러나 의존형태소는 자립성이 없는 것이니 이것은 형태소이기만 하고 단어는 아니죠. 여기서 형태소와 단어가 갈립니다. 그래서 나는 의존형태소가 형태소의 진면목이라고 생각합니다. 의존형태소는 형태소 설정의 이유이자 바탕입니다.
형태소 분류의 두 번째 기준은 '실질성'이죠. 실질성은 내용적 차원의 특징이며 백과사전적 의미를 가졌다는 것입니다. 학생, 그런데 이게 무슨 뜻인가요, 백과사전적인 의미를 가졌다는 게?

학생 10

음... 백과사전에서 찾을 수 있는 의미라는 건, 백과사전은 일반인들이 일상에서 찾는 사전이니까 일상생활에서 쉽게 접할 수 있는 의미라는 게 아닐까요?

교수

그렇습니다. '백과사전적 의미'와 대립되는 건 '문법적 의미'입니다. 문법 사전이나 문법책에서 찾을 수 있는 의미라면 일반인들이 아니라 언어학자들이 다루는 매우 전문적인 의미겠죠. 그렇다면 학생, '백과사전적 의미'와 '문법적 의미'에 해당하는 예를 들어 볼 수 있을까요?

학생 10

예, 음... '산'이나 '들', '사람'이 가진 의미가 '백과사전적 의미'이고, '문법적 의미'는 '가'라는 조사나 '-다'라는 어미가 가진 의미가 아닐까 생각합니다.

교수

좋습니다. 멀리 갈 것 없이, 칠판의 표에 나와 있는 형태소들을 보죠. '나'는 사람을 가리키는 말, 그중에서도 자기 자신을 가리키는 말이니 일상에서도 충분히 만나는 의미니까 백과사전적 의미라고 할 수 있겠죠. '밥'은 물론이고, "바로 지금"이라는 뜻을 가진 '막'도 그렇습니다. '먹-'은 "음식 따위를 입을 통하여 뱃속에 들여보내다."라는 뜻이니 그것도 백과사전적 의미에 해당해요. 그래서 '나'와 '밥', '막', '먹-'은 실질형태소입니다.
그러나 조사 '을'이나 '는', 어미 '-었-'이나 '-다'는 일반인들이 백과사전에서 찾는 뜻이 아니라 언어학자들이 문법책에서 다루는 의미들이죠. 서술어에 대한 목적어의 자격, 언어 정보 구조에서의 화제나 대조, 발화시보다 사건시가 앞선다는 것, 화자의 청자에 대한 태도가 바로 그것들이 전하는 의미니까요. 그래서 '을', '는', '-었-', '-다'는 형식형태소입니다.
실질성에 따라 표의 형태소들을 실질형태소와 형식형태소로 나누었듯이, 자립성에 따라 자립형태소와 의존형태소로 나누면 어떻게 될까요?

학생 10

8개 형태소 중 '나', '밥', '막'의 3개는 자립형태소이고, 나머지 '는', '을', '먹-', '-었-', '-다'는 모두 의존형태소입니다.

교수

잘했어요. 그런데 이렇게 하나의 형태소를 자립성과 실질성의 두 가지 기준으로 분석하고 분류해 보니 뭔가 일정한 패턴이 잡히는 것 같은데 학생도 느껴지나요? 내가 하나하나 물어볼게요. 학생, 어떤 형태소가 자립형태소이면 그것은 곧 실질형태소이기도 하다고 말할 수 있을까요?

학생 10

음...

교수

어렵게 생각하지 말고, 표를 보면서 따져 보세요. 일단 어떻게 하면 되겠어요? 먼저 자립형태소인 걸 모두 찾고 그것들이 모두 실질형태소인가를 보면 되겠죠? 어때요?

학생 10

아, 예, 자립형태소에 해당하는 '나', '밥', '막'을 보니까 모두 실질형태소인 걸로 나와 있습니다.

교수

그러니까?

학생 10

그래서 어떤 형태소가 자립형태소면 그것은 곧 실질형태소이기도 하다고 말할 수 있습니다.

교수

좋아요. 이번에는 그 반대로, 어떤 형태소가 실질형태소면 그것은 곧 자립형태소라고 말할 수 있을까요? 그것도 표를 보면 되는데 이번에는 반대 순서로 따져 봐야겠죠?

학생 10

음... 실질형태소인 것에는 '나', '밥', '막', '먹-'이 있는데 이것들은 모두 다 자립형태소인... 게 아니라 그중 '나', '밥', '막'은 자립형태소이고 '먹-'은 의존형태소이니... 결국은 어떤 형태소가 실질형태소라고 해서 곧 자립형태소인 건 아니라고 할 수 있습니다.

교수

잘했어요. 그렇게 자료를 보면서 어떤 한 개라도 거스르는 게 있으면 그 주장이나 이론은 성립할 수 없죠. 그렇게 반대되는 증거를 '반례, counterexample'이라고 합니다. 반례는, 언어학을 비롯한 모든 학문에서 이론을 세우거나 검증할 때 매우 중요하게 작용하죠. '먹-'은 실질형태소이자 의존형태소이니, 이러한 예는 '어떤 형태소가 실질형태소이면 그것은 곧 자립형태소이다.'라는 주장의 반례입니다. 그 주장은 그 예 하나 때문에 성립할 수 없는 이론입니다.

칼 포퍼(Karl Raimund Popper, 1902~1994)라는 철학자는, 이론은 반례가 나오기 전까지만 유효하다고 말했습니다. 그는, 반례로 무너뜨릴 수 있는 성질을 반증 가능성(falsifiability)이라고 불렀고, 반증 가능성을 가진 이론이라야 과학적인 이론이라고 보았습니다. 언어학이 과학적인 학문이 되려면 반증 가능성을 가져야겠지요. 방금 본 사례에서처럼 말이죠.
이제 그 다음으로, 어떤 형태소가 의존형태소이면 그것은 곧 형식형태소라고 말할 수 있을까요?

학생 10

표에서 의존형태소에는 '는', '을', '먹-', '-었-', '-다'가 있는데 그중 '먹-'은 형식형태소가 아니어서 반례가 됩니다. 그러니 어떤 형태소가 의존형태소이면 곧 형식형태소라고 말할 수는 없습니다.

교수

그렇습니다. 마지막으로, 방금과 반대로, 어떤 형태소가 형식형태소면 그것은 곧 의존형태소라고 말할 수 있을까요?

학생 10

표에서 형식형태소는 '는', '을', '-었-', '-다'인데, 이것들을 모두 의존형태소입니다. 따라서 어떤 형태소가 형식형태소면 그것은 곧 의존형태소라고 말할 수 있습니다.

교수

그래요. 비록 표에 나온 예는 매우 소규모이지만 이걸 가지고 형태소의 자립성과 실질성의 상관성을 점검해 볼 수 있습니다. 이제까지 따져 본 네 가지 논리적 상관성의 성립 여부를 판서하면 이렇습니다.

형태소의 자립성과 실질성의 상관성

a. 어떤 형태소가 자립형태소이면 그것은 곧 실질형태소이기도 하다. (O)

b. 어떤 형태소가 실질형태소이면 그것은 곧 자립형태소이기도 하다. (X)

c. 어떤 형태소가 의존형태소이면 그것은 곧 형식형태소이기도 하다. (X)

d. 어떤 형태소가 형식형태소이면 그것은 곧 의존형태소이기도 하다. (O)

- memo -

- 자립성 기준: 자립형태소, 의존형태소
- 실질성 기준: 실질형태소, 형식형태소
- 반증 가능성: 칼 포퍼

26 제한적인 관계: 어근과 접사, 어간과 어미

교수

형태소와 관련된 중요 개념들에 이어 형태소 분류의 기준과 실제를 간단히 살펴보았습니다. 이제 단어 형성에 대한 본격적인 이야기를 펼칠 차례입니다. 다음 조 진행해 주세요.

학생 11

4조 '언어는 소중하죠'입니다. 문제는 '조어법에서 어근과 접사, 어간과 어미가 가지는 상관성은?'입니다. 이에 대한 답은, 어근과 접사가 어간을 구성하며 어미는 어간 밖에 있다는 것입니다.

교수

문제도 그렇고 답도 그렇고 쉬워 보이지는 않네요. 역시 이해의 과정이 필요합니다. 먼저 문제를 살펴보죠. 어근과 접사, 어간과 어미는 둘씩 짝지어 다닙니다. 그런데 꽤 비슷하게 보여 헷갈리기 쉽습니다. 이 둘이 어떠한 상관성을 가지느냐를 묻는데 '조어법에서'라는 단서를 달아 놓고 있네요. 왜 이런 단서가 필요한 걸까요, 학생?

학생 11

저희 조에서도 맨 처음에는 문제를 보고 당황했었는데, 오히려 '조어법에서'라는 단서가 도움이 되었습니다.

교수

그래요? 어떻게요?

학생 11

보통 어근과 접사, 어간과 어미는 헷갈리지 말라며 떼어 놓고 생각을 합니다. 어근과 접사는 단어 만들 때, 어간과 어미는 용언의 활용에서 필요한 개념들이라서, 같은 곳에서 만날 일은 없을 거라고 생각했습니다. 그런데 문제에서는 그 두 쌍의 상관성을 따져 보라고 해서 매우 당황스러웠습니다. 가만히 보니, 맨 앞에 단서가 있더라고요. 조어법의 측면에서 생각해 보라는 것이었습니다. 그래서 어근과 접사가 어간과 어미 형성에 어떻게 관여할까 토의하게 되었습니다. 그랬더니 놀랍게도 어근과 접사는 어간을 만드는 재료라는 걸 깨닫게 되었습니다. 어미는 어간 밖에 있는 것이니까 어근, 접사와는 상관이 없고요. 그래서 어근과 접사가 어간을 구성하며 어미는 어간 밖에 있다고 답한 것입니다.

교수

매우 훌륭합니다. 먼저 문제를 차분히 파악했고, 그래서 의미 있는 단서를 찾아 활용했으며, 그런 전제 하에 문제를 합리적으로 풀어 나갔습니다. 논의 결과 또한 타당하고요. 학생의 이런 설명들을 잘 이해하기 위해서는 먼저 어근과 접사의 개념부터 알아야 합니다. 학생, 어근과 접사의 개념을 알려 줄 수 있나요?

학생 11

어근은 단어의 핵심이 되는 형태소이고 접사는 어근에 결합하여 의미나 기능을 더해 주는 형태소입니다.

교수

역시 정확히 알고 있네요. 그럼, 전에 다루었던 단어 '시아버지'에서 무엇이 어근이고 무엇이 접사인지 말해 줄 수 있나요?

학생 11

'시아버지'는 어근 '아버지' 앞에 접사 '시-'가 와서 만들어진 '복합어'입니다. 이렇게 어근에 접사가 결합한 단어를 '파생어'라고 합니다. '시아버지'처럼 어근 앞에 오는 접사를 '접두사'라고 하고, '나무꾼'의 '-꾼'처럼 어근 뒤에 오는 접사는 '접미사'라고 합니다. 접두사 '시-'나 접미사 '-꾼'이 어떤 의미를 더하는 접사라면, '밟히다'의 '-히-'는 피동의 기능을 더하는 접미사입니다. 타동사 '밟-'이 능동사라면 '밟히-'는 피동사이니, '-히-'가 피동사가 되게 만든 것입니다.

교수

하나를 물었는데 더 많은 것을 대답해 주었네요. 고맙습니다. 학생 덕분에 내 짐이 많이 가벼워졌어요. 접사는 이렇듯 어근의 앞이나 뒤에 붙어서 의미나 기능을 더해 주죠. 그렇게 해서 만들어진 단어를 파생어라고 하고요. 학생, 내친 김에 '합성어'의 예까지 들어 줄 수 있나요?

학생 11

예를 들어, '밤낮'이라는 합성어는 '밤'과 '낮'이라는 두 개의 어근으로 구성되어 있습니다. 접사를 찾을 수 없으니 파생어가 아니라 합성어인 것입니다. 이런 합성어와 파생어를 합쳐 '복합어'라고 부릅니다. '밤낮'이 복합 명사의 예라면, '높푸르다'는 복합 형용사의 예입니다. 두 개의 어근 '높-'과 '푸르-'가 만나서 만들어진 것이니까요.

교수

좋습니다. 이렇게 파생어와 합성어를 이야기하는 동안 어근과 접사가 무엇인지 알게 되었습니다. 이제 어근과 접사, 어간과 어미가 가지는 상관성을 말할 수 있는 단계에 와 있습니다. 학생이 든 용언의 예들이 직접적인 도움이 되어 줄 수 있어요. 파생어의 예로 '밟히다'가 나왔고 합성어의 예로 '높푸르다'가 나왔는데 학생, 이 두 단어에서 어간과 어미는 각각 무엇인가요?

학생 11

파생어 '밟히다'에서는 '밟히-'가 어간이고 '-다'가 어미이며, 합성어 '높푸르다'에서 '높푸르-'가 어간이고 역시 '-다'가 어미입니다.

교수

이들 예에서 어근과 접사는 어디에서 발견되나요?

학생 11

우선 파생어 '밝히다'에서는 어간 '밝히-' 안에서 어근 '밝-'과 접사 '-히-'가 발견됩니다. 합성어 '높푸르다'에서는 어간 '높푸르-' 안에서 어근 '높-'과 '푸르-'가 발견됩니다. 따라서 복합 용언에서 어근과 접사는 모두 어간 안에서 발견됩니다.

교수

그렇다면, 어근과 접사는 어간과 어미에 대해 어떠한 관계를 가진다고 말할 수 있나요?

학생 11

어근과 접사는 어간을 구성하며, 그렇게 만들어진 어간에 어미가 결합하는 것이니까 어미는 어근, 접사와는 직접적인 관계가 없다고 할 수 있습니다.

교수

매우 좋습니다. 이렇게 어근과 접사, 어간과 어미의 상관성이 밝혀졌고, 활용과 조어법의 관계도 정리되었습니다.

- memo -

- 어근, 접사: 조어법
- 어간, 어미: 용언의 활용
- 어간 형성: 어근과 접사
- 조어법: 어간을 구성하는 규칙
- 복합어 = 파생어+합성어

27 경계 허물기: 접사와 어미

교수

방금까지 어근과 접사, 어간과 어미의 관계를 살펴보았습니다. 어근과 접사는 조어법에서, 어간과 어미는 활용에서 각각 필요한 개념들이지만, 어간을 구성하는 것이 어근과 접사니까 조어법은 활용과 그 부분에서 연관이 있습니다. 어미는 어간 밖에 놓이니 어근이나 접사, 조어법과는 상관이 없고요. 그런데 여기서 흥미로운 문제가 제기됩니다. 다음 조 문제 풀어 주세요.

학생 12

1조 '집에 가고 싶죠', 문제 풀겠습니다. 문제는 '접사와 어미를 같은 층위에서 파악할 때, 어근과 어간의 위상은 어떻게 되는가?'입니다. 저희가 준비한 답은, 어미를 접사의 일종으로 보면 접사와 어미를 같은 층위에서 파악할 수 있고, 그래서 어미가 없어지면 어미와 짝이 되는 어간이라는 개념도 불필요해지며, 결국은 어근과 접사 개념만 남게 된다는 것입니다.

교수

매우 중요한 문제인데 요점을 잘 짚어서 답변했습니다. 이 문제는, 지금까지의 이야기 흐름과는 방향이 다르고, 학문의 성격이 어떠한지를 알려 주기 때문에 중요합니다. 이러한 관점에서 함께 이야기 나누어 봅시다. 학생, 이 문제가 지금까지 이야기해 온 것과 왜 방향이 다르다고 볼 수 있나요?

학생 12

저희 조에서도 이 문제가 바로 앞의 문제와는 대조되는 관점을 취하고 있다고 여겨져서 논의가 좀 필요했습니다. 좀 전에 푼 문제에서는 접사와 어미는 직접적인 관련성이 없다고 했습니다. 어근과 접사가 어간을 구성하고 어미가 어간 밖에 있으니 접사와 어미는 직접적인 관련성이 없다는 것입니다. 그렇게 이해하고 있었는데, 이번 문제는 '접사와 어미를 같은 층위에서 파악할 때'라고 시작합니다. 접사와 어미는 다른 층위에 있다고 본 게 바로 전 문제인데, 이 문제에서는 접사와 어미를 같은 층위에 있다고 보라는 것이죠. 정반대의 입장입니다.

교수

앞의 문제와 지금의 문제가 상반된 입장이라는 걸 잘 설명해 주었습니다. 그렇다면 학생, 왜 이렇게 입장의 변화가 이루어졌을까요?

학생 12

문제를 풀고 나서 얻은 결과를 보면 그 이유를 짐작할 수 있습니다. 문제를 풀기 전에는 어근과 접사, 어간과 어미, 이렇게 4개의 개념이 필요했는데, 문제를 풀고 나서는 어근과 접사라는 2개의 개념만 남았습니다. 새로운 문제 제기로 인해서 필요한 개념을 4개에서 2개로 줄일 수 있었던 것이죠. 결국, 같은 현상을 설명하는 데 필요한 개념의 수를 줄이려는 목적이나 이유가 있지 않았을까 생각합니다.

교수

매우 훌륭한 추론입니다. 결과를 보고 원인을 파악했는데 매우 타당한 접근 방식입니다. 전에는 접사와 어미를 다른 층위의 개념들로 취급했지만, 갑자기 그 둘을 같은 성격의 것들로 보라는 주문에 따라 착실히 연구해 보니, 그렇게 하면 개념을 4개에서 2개로 줄일 수 있더라. 여기서 바로 학문의 성격을 엿볼 수 있습니다. 그게 뭘까요?

학생 12

이론의 몸집을 줄이려는 것 아닌가요?

교수

그렇죠. 전에도 나온 적 있는데 바로 '오컴의 면도날'이라는 걸 여기서 다시 마주하게 됩니다. 어떤 현상에 대해 설명할 수 있는 이론들 중 몸집이 더 작은 게 더 좋은 이론이라는 것. 문제를 해결하는 데 비용이 적게 드는 방식이 더 선호된다는 겁니다. 그걸 '경제성'이라고 부른다면, 학문은 철저히 경제성을 추구한다고 할 수 있습니다. 언어학도 학문이니 가능한 한 더 적은 개념을 가진 이론으로 나아가려는 거죠. 이렇게 해서, 이 문제가 중요한 이유 두 가지를 파악할 수 있게 되었습니다. 이제 할 것은, 구체적으로 접사와 어미를 어떻게 같은 층위에서 파악할 수 있느냐는 것입니다. 학생, 그 해법이 뭐라고 했죠?

학생 12

어미를 접사의 일종으로 보는 것입니다. 더 구체적으로 말하면, 어미를 '굴절접사'로 보고 종전의 접사를 '파생접사'로 보아, 결국 어미와 접사를 모두 접사 아래 두는 것입니다.

교수

맞습니다. 접사는 어근을 도와 어간을 형성하는 것이라는 생각에서 벗어나, 어간 밖의 어미와 어간 안의 접사를, 접사라는 하나의 범주로 묶어 버리는 것입니다. 이것도 하나의 가정이자 상상일 수 있습니다. 가능성을 타진한다고 모두 성공하는 건 아니지만 그러한 시도 끝에 놀라운 결과를 얻게 될 수도 있지요. 큰 기대 안 하고 해 보았던 시도가 예상외의 효과를 거두는 건 학문의 세계에서도 비일비재합니다. 여하튼, 접사라는 영역 안에서 기존의 접사를 파생접사로, 기존의 어미를 굴절접사로 구분하게 되니, 그 여파로 무슨 일이 벌어지죠?

학생 12

어미가 사라지니까 그와 짝을 이루는 어간도 설 자리가 없어집니다.

교수

그렇죠. 어미가 접사로 흡수되니, 어미가 있어야 성립하는 어간이라는 개념도 흔들리게 됩니다. 그렇다고 어간이 굴접접사와 짝을 이룬다고 할 수도 없는 노릇이죠. 접사와 짝을 이루는 건 어근이니까요. 설 자리를 잃어버린 어간이 사라지면 결국 남는 건 뭐죠?

학생 12

결국 남는 건 어근과 접사입니다.

교수

어미는 접사로 흡수되었고, 그러는 바람에 어간마저 사라졌으니, 남는 건 어근과 접사, 이 둘뿐이라는 거죠. 다들 이해하겠어요? 이상의 이야기를 정리해서 판서하면 다음과 같습니다.

이론 축소 과정

1단계: 4개의 개념 (어근과 접사, 어간과 어미)

2단계: 3개의 개념 (어근과 접사, 어간)

※접사 = 파생접사+굴절접사

3단계: 2개의 개념 (어근과 접사)

※어미가 없어지니 어간도 사라짐

교수

처음에는 4개의 개념으로 출발했는데, 어미를 접사의 일종으로 보니 3개의 개념으로 줄어들었고, 어미가 없어지니 어간도 유지될 수 없어 결국 2개의 개념만 남게 됩니다. 어미를 접사의 일종으로 보자는 발상의 전환으로 인해 개념의 개수를 2분의 1로 줄이는 효과를 얻었어요.

- memo -

<이론 축소 과정>

- 1단계: 4개의 개념 (어근과 접사, 어간과 어미)
- 2단계: 3개의 개념 (어근과 접사, 어간)
  ※ 접사 = 파생접사+굴절접사
- 3단계: 2개의 개념 (어근과 접사)
  ※어미가 없어지니 어간도 사라짐!

28 또 하나의 반전: 어근과 어기

교수

그런데 여기서 이야기가 끝나는 게 아닙니다. 한 번의 반전이 더 남아 있어요. 그건 구체적인 언어 자료 분석 과정을 통해서 드러날 것입니다. 다음 조, 문제 풀어 주세요.

학생 13

2조 '에이뿔 주시죠'입니다. 저희가 풀 문제는 "'짓밟히었다'의 형성 과정을 단계적으로 설명하면?'입니다. 답은, 우선 '밟-'이라는 어근을 바탕으로 하여, 거기에 파생접사 '짓-'이 결합하여 '짓밟-'이 만들어지고, 거기에 다시 파생접사 '-히-'가 결합하여 '짓밟히-'가 이루어지며, 거기에 다시 굴절접사 '-었-'이 결합하여 '짓밟히었-'이 만들어지고, 거기에 다시 굴절접사 '-다'가 결합하여 '짓밟히었다'가 완성됩니다.

교수

이 문제는 학생이 잘 답해 준 것처럼, 바로 앞의 문제에 바탕을 두고 풀어야 합니다. 어미 대신 굴절접사가 등장하고 어간이 나오지 않으니까요. 어근과 접사만 가지고 '짓밟히었다'의 형성 과정을 단계적으로 설명하는 것입니다. 물론 잘 설명해 주었고요. 이제 그 형성 과정에서 눈여겨보아야 하는 점을 집중적으로 살펴봅시다. 학생, 단어 형성은 맨 처음 무엇에서 시작했죠?

학생 13

어근 '밟-'에서 시작했습니다.

교수

어근은 말의 뿌리, 단어의 근원입니다. 그래서 영어로도 'root'이죠. 거기에 접사가 결합했는데 그 순서가 어떻게 되었나요? 굴접접사와 파생접사 중 어떤 게 먼저였죠?

학생 13

우선 두 개의 파생접사가 먼저 결합하고 나서 다시 두 개의 굴절접사가 결합했습니다.

교수

파생접사가 결합하는 걸 '파생'으로, 굴절접사가 결합하는 걸 '굴절'로 부르면, 1차 파생과 2차 파생이 이루어지고 난 뒤, 1차 굴절과 2차 굴절이 발생했습니다. 여기서 중요한 건, 파생과 굴절이 기반하고 있는 언어단위가 무엇인가입니다. 1차 파생부터 그 기반을 따져 보죠. 학생? 1차 파생의 기반은 무엇인가요?

학생 13

1차 파생의 기반은 맨 처음부터 있었던 '밟-'이라는 어근입니다.

교수

그렇죠. 1차 파생은 파생접사 '짓-'의 결합이니까, '짓-'이 결합한 것은 '밟-'이라고 답하면 되죠. 그럼, 2차 파생의 기반은?

학생 13

2차 파생은 파생접사 '-히-'의 결합이니까, '-히-'가 결합한 것은 '짓밟-'이라고 보입니다.

교수

그래요. 그럼, 2차 파생 이후의 1차 굴절의 기반은 무엇이죠?

학생 13

1차 굴절은 굴절접사 '-었-'의 결합이니까, '-었-'이 결합한 것은 '짓밟히-'입니다.

교수

그리고 마지막으로 2차 굴절의 기반은?

학생 13

2차 굴절은 굴절접사 '-다'의 결합이니까, '-다'가 결합한 것은 '짓밟히었-'입니다.

교수

수고했어요. 그럼, 또 묻겠습니다. 2차 파생의 기반인 '짓밟-', 1차 굴절의 기반인 '짓밝히-', 2차 굴절의 기반인 '짓밝히었-'의 정체는 무엇인가요?

학생 13

예?

교수

답이 될 만한 후보는 이미 다 정해져 있는 거 아닌가요? 우리가 가지고 있는 개념이 뭔가요?

학생 13

어근과 접사 말씀이신가요?

교수

그렇죠. 그 둘 중에 답은 뭘까요?

학생 13

접사는 아니니까 그럼 어근인가요?

교수

아까 어근은 '밟-'이라면서요. 그건 1차 파생에서 벌써 등장한 거 아닌가요? 2차 파생, 1차 굴절, 2차 굴절에 등장한 '짓밟-', '짓밟히-', '짓밟히었-'을 모두 다 어근이라고 불러도 되나요?

학생 13

어근은 단어의 뿌리라고 하였으니 한 번만 사용할 수 있는 거 같습니다.

교수

그럼, 2차 파생, 1차 굴절, 2차 굴절에 등장한 '짓밟-', '짓밟히-', '짓밟히었-'은 뭐라고 불러야죠?

학생 13

우리가 가지고 있는 어근, 접사를 가지고서는 해결이 안 될 거 같습니다.

교수

정확한 판단입니다. 그렇다면 대안은 뭘까요? 학자들은 이 대목에서 '어기, base'라는 언어단위를 새롭게 제안합니다. '짓밟-'은 2차 파생의 어기이고, '짓밟히-'는 1차 굴절의 어기이며, '짓밟히었-'은 2차 굴절의 어기라는 거죠.

학생 13

그럼, 맨 처음 이루어진 1차 파생의 기반은 뭐라고 해야 하나요?

교수

아까 학생이 어근이라고 했잖아요. '밟-'이라는 어근 말이에요.

학생 13

아...

교수

그런데 이렇게 되면 문제가 발생합니다. 그게 뭘까요?

학생 13

어, 이렇게 되면 어근, 접사, 어기로 3개의 개념이 됩니다. 아까의 논의를 통해 4개의 개념을 2개로 줄였는데, 실제 언어 분석에서 하나가 추가되어 개념이 3개로 늘어났습니다. 그래서 이론적으로 좀 후퇴한 거 같습니다.

교수

잘 지적했어요. 개념을 줄이는 방향으로 논의를 진행해야 하는데 다시 개념이 늘어나 버리고 말았으니 진전이 아니라 후퇴인 거죠. 그럼, 여기서 어떤 방안이 있을까요?

학생 13

늘어난 개념들 중에서 꼭 필요한 것들을 중심으로 다시 2개로 줄이는 거 아닐까요?

교수

그렇죠. 그게 지극히 상식적인 방향이죠. 그러면 어떤 걸 없애면 될까요? 접사?

학생 13

접사는 없애기 어려울 것 같습니다. 차라리 어근과 어기가 좀 겹치는 느낌이 드니 이 중에서 하나를 없애는 게 맞을 것 같습니다.

교수

좋습니다. 그럼, 어떤 게 남고 어떤 게 없어져야 할까요? 남는 게 없어지는 것을 대체할 수 있어야겠죠? 어근이 어기를? 아니면, 어기가 어근을?

학생 13

어근은 어기를 대체하지 못할 것 같습니다. 그래서 어기가 등장했으니까요.

교수

그럼, 어기는 어근을 어떻게 대체할 수 있나요?

학생 13

음... 어근은 첫 번째 어기인 걸로, 그니까 최초의 어기인 걸로 볼 수 있지 않나요?

교수

동의합니다. 어근은 최초의 어기인 거죠. 이제 개념이 2개로 다시 줄었네요. 어기와 접사, 이렇게 말이에요.

- memo -

<이론 축소 과정>

- 1단계: 4개의 개념 (어근과 접사, 어간과 어미)
- 2단계: 3개의 개념 (어근과 접사, 어간)
  ※ 접사 = 파생접사+굴절접사
- 3단계: 2개의 개념 (어근과 접사)
  ※ 어미가 없어지니 어간도 사라짐
- 4단계: 3개의 개념 (어근과 접사, 어기)
  ※ 파생과 굴절의 기반이 더 필요함
- 5단계: 2개의 개념 (어기와 접사)
  ※ 어근은 최초의 어기임

29 두 세계: 단어와 문장

이론 축소 과정

1단계: 4개의 개념 (어근과 접사, 어간과 어미)

2단계: 3개의 개념 (어근과 접사, 어간) ※접사 = 파생접사+굴절접사

3단계: 2개의 개념 (어근과 접사) ※어미가 없어지니 어간도 사라짐

4단계: 3개의 개념 (어근과 접사, 어기) ※파생과 굴절의 기반이 더 필요함

5단계: 2개의 개념 (어기와 접사) ※어근은 최초의 어기임

교수

여기에 이르기까지 정말 반전의 반전이었습니다. 칠판에 있는 것처럼 어근과 접사, 어간과 어미의 팽팽한 대립 구도에서 어미를 접사로 보자는 발상의 전환으로 어근과 접사만 남게 되었죠. 그러나 실제 언어 분석 과정에서 어근의 한계가 드러나 어기가 추가되었고, 급기야 어기가 어근을 대체하기에 이릅니다. 그래서 결국 어기와 접사만 남았죠.

이런 게 이론의 변모 과정이라고 할 수 있지요. 하나의 긴 논문에서, 아니면 여러 사람의 논문들에서 이런 논리 전개가 이루어질 수 있습니다. 엎치락뒤치락하는 과정을 통해 이론은 더 구체화되고 다듬어지죠. 이론적으로도 더 깔끔해지고 자료 분석에 더 충실해지는 것입니다. 결과를 외우는 것보다 이러한 과정을 배우는 게 정말 중요하다는 걸 학생들이 숙지하면 좋겠어요.

학생 14

선생님, 한 가지 궁금한 게 있는데요, 문제에서 '짓밟히었다'의 형성 과정을 설명하라고 하였는데 무엇의 형성 과정을 말하는 것인가요?

교수

학생은 뭐라고 생각하나요?

학생 14

음... 저는 단어의 형성 과정이라고 생각하는데, 그런데 그렇게 보기가 좀 이상해서요.

교수

어떤 게 이상하다는 거죠? 좀 구체적으로 말해 주면 좋겠는데요.

학생 14

예, 제가 알기로는 '밟다', '짓밟다', '짓밟히다'는 사전에 올라 있는데, '짓밟히었다'는 올라 있지 않습니다. 그건 '밟다'에 대해 '짓밟다'나 '짓밟히다'가 새로운 단어로 인정이 되지만, '짓밟히었다'는 새로운 단어로 인정이 되지 않아서인 것으로 알고 있습니다. 만약 그렇다면, 새로운 단어도 아닌데 '짓밟히었다'가 만들어지는 과정을 단어 형성 과정이라고 말할 수가 있을지 궁금합니다. 단어 형성 과정은 조어법에서 다루는 것으로 알고 있는데, 그러면 '짓밟히었다'가 만들어지는 것도 조어법에서 다루어야 하는지 의문이 들어서요.

교수

이 분야에 대해 꽤 공부를 많이 하거나 깊이 있게 고민한 흔적이 엿보이는 질문입니다. 매우 좋습니다. 단어 형성에 대해 어근과 접사, 어간과 어미라는 틀로 접근하는 것과, 어기와 접사라는 틀로 접근하는 것에는 분명히 차이가 있습니다. '짓밟히었다'를 조어, 즉 단어 형성의 과정으로 보려는 것은 다분히 어기와 접사라는 틀로 접근하는 것이죠. 만약 어근과 접사, 어간과 어미라는 틀로 본다면, '짓밟히었다'가 만들어지는 과정은 조어 과정과 활용 과정의 두 가지로 구분해야 합니다. 학생, 어디까지가 조어 과정이고, 어디서부터가 활용 과정일까요?

학생 14

음… '짓밟히-'까지 만들어지는 과정은 조어 과정이고, 그 다음에 '-었-'과 '-다'가 결합하는 과정부터는 활용 과정이라고 보아야 할 것 같습니다.

교수

그렇죠. 그렇습니다. '짓-'과 '-히-'는 접사이고 '-었-'과 '-다'는 어미니까요. 접사가 개입하는 과정은 단어 형성이고, 어미가 개입하는 과정은 활용입니다. '짓밟히었다'라는 모습은 단어 형성 및 활용이라는 두 가지 과정의 결과라고 보는 게 어근과 접사, 어간과 어미라는 틀의 입장이죠. 그러나 어기와 접사의 틀에서는 '짓밟히었다'가 어떻게 보이겠어요?

학생 14

어기에 접사가 계속 결합하여 만들어지는 거니까 단어 형성의 결과라고 볼 것 같습니다.

교수

그렇습니다. 어기와 접사의 틀에서는 기존의 활용마저도 단어 형성에 포함되겠죠. 어미가 접사에 포함되어 버렸으니까요. 단어를 정리하고 문장으로 나아가고자 하는 이 시점에서 이러한 문제는 단어의 세계와 문장의 세계에 대한 매우 깊은 물음을 제기합니다. 활용은 단어의 세계에 속하는가, 아니면 문장의 세계에 속하는가 하고 말이죠. 학생, 어근과 접사, 어간과 어미라는 틀에서는 활용을 어느 세계의 문제라고 볼까요?

학생 14

아직 단어의 세계와 문장의 세계가 어떤 것인지 잘 몰라서 답하기가 어렵습니다.

교수

알겠습니다. 단어의 세계란, 단어가 만들어지는 곳이라고 생각하면 됩니다. 그럼, 문장의 세계란 뭐겠어요? 문장이 만들어지는 곳이겠죠. 활용이라고 하는 것이 과연 단어가 만들어지는 곳에서 벌어지는 일인지, 문장이 만들어지는 곳에서 벌어지는 일인지에 대해 답하면 되겠습니다.

학생 14

어간과 어미가 함께 하나의 용언을 이루는 것이고, 어미가 변하는 활용이라는 것도 용언 내부에서 벌어지는 일이니까, 결국 활용도 단어의 세계, 즉 단어가 만들어지는 곳에서 벌어지는 일이 아닐까요?

교수

학생, 그게 어떤 입장에 가까운 얘기인 줄 알겠어요? 어기와 접사라는 틀이 취하는 입장과 가깝습니다. 활용마저 단어 형성의 과정으로 보고 있으니까요. 학생은 어간과 어미를 언급하고 있으면서도 사실은 어기와 접사의 틀에서 설명하고 있는 셈이에요.

학생 14

아, 그런가요?

교수

왜 그렇게 되었을까요?

학생 15

혹시 어근과 접사, 어간과 어미라는 틀이 가지고 있는 모호한 태도 때문이 아닐까요?

교수

예? 설명이 더 필요한 거 같은데요.

학생 15

아, 예, 알겠습니다. 예를 들어, 어근과 접사, 어간과 어미라는 틀에서는, 아, 말이 좀 기니까 학교문법의 입장이라고 간단히 줄여 말하겠습니다. 학교문법의 입장에서는 '먹었다'를 단일어라고 합니다. 분명히 '먹-', '-었-', '-다'라는 3개의 형태소로 되어 있는데도 단일어라고 보는 것입니다. 단일어란, 1개의 형태소로 이루어진 단어를 말합니다. 단일어인지 복합어인지의 여부를 따질 때, 학교문법은 오로지 어근과 접사의 수만 세는 것입니다. 그래서 '먹었다'는 비록 3개의 형태소로 이루어져 있지만, 조어법으로는 어근만 1개 있으니까 단일어라고 하는 것입니다. '먹었다'를 어떤 때는 3개의 형태소로 된 것으로 보다가 또 어떤 때는 1개의 형태소로 이루어진 것으로 봅니다. 이건 정말 모호한 태도라고 생각합니다.

교수

그럼, 학생은 어떻게 보는 게 모호하지 않은 태도라고 생각하나요?

학생 15

저는 '먹었다' 전체가 동사라면 이 동사는 당연히 형태소 3개로 이루어진 복합어라고 봐야 한다고 생각합니다. 그렇게 되면 동사나 형용사는 모두 복합어가 되겠죠. 최소한 어미 '-다'는 다 가지고 있을 테니까요. 만약 그런 주장이 이상하게 들린다면, 이제는 '먹었다'가 동사가 아니라 '먹-'만 동사라고 봐야 한다고 생각합니다. 그렇게 보면 '먹-'은 형태소 1개뿐이니까 단일어라고 떳떳하게 말할 수 있습니다. 어근이나 접사의 개수를 세는 게 아니라 그냥 보이는 대로 형태소의 개수를 세는 것입니다.

교수

학생은 어떤 입장에 서 있는 건가요?

학생 15

'먹-'만 동사라고 보는 입장입니다. 그게 더 타당하다고 생각합니다.

교수

그럼, 그런 입장에서는 '먹었다'를 어떻게 설명하나요?

학생 15

일단 동사는 '먹-'뿐이고, 그 다음에 결합한 말들은 동사 '먹-'의 일부가 아니라 아예 다른 말들인 거로 봐야겠죠.

교수

두 가지가 궁금해집니다. 첫째, '먹었다'에서 '먹-' 다음의 '-었-'과 '-다'의 정체는 무엇인가? 그리고 둘째, 동사 '먹-'에 '-었-'과 '-다'는 어디서 결합하는가? 단어의 세계에서인가, 문장의 세계에서인가?

학생 15

우선 첫 번째 물음에 대해서는 논리적으로 '먹-'이 동사니까 그 다음에 오는 '-었-'과 '-다'도 또 다른 단어로 보는 게 맞을 거 같습니다. 두 번째 물음에 대해서는 동사와 다른 단어와의 결합은 새로운 단어를 만드는 게 아니니까 문장의 세계에서 결합이 이루어진다고 보는 게 좋을 것 같습니다.

교수

매우 흥미롭고 타당한 논리 전개라고 생각합니다. 나 역시 학생의 생각에 깊이 동의합니다. 바로 이러한 시각이 다음에 이어질 내용, 즉 문장이 만들어지는 곳, 문장의 세계에서 다룰 내용이에요. 학생이 미리 문을 열어서 다음에 나올 내용을 엿보게 해 준 셈이 되었어요. 고맙게도.
한 가지 덧붙일 것은, 학교문법에서는 어근과 접사, 어간과 어미라는 틀을 인정하는 동시에 어기와 접사라는 틀도 인정한다는 점입니다. 비록 학교문법에서는 어근과 접사라는 용어를 사용하지만 '짓밟히었다'와 같은 실제 예를 설명하려면 어기 개념을 도입할 수밖에 없을 거예요.
또 하나 덧붙일 것은, 학생과 내가 공감하고 있는 부분, 즉 어간 자체가 동사나 형용사이고 어미는 별도의 단어라는 입장은, 어근과 접사, 어간과 어미라는 틀이나 어기와 접사라는 틀과도 구별된다는 것입니다. 제3의 입장이라고 할 수 있죠. 이러한 입장에서는 어근과 접사는 단어의 세계에서, 어간과 어미는 각각 독자적인 단어로서 문장의 세계에서 작동한다고 봅니다. 기존의 두 입장에서는 어간과 어미를 인정하든, 어기와 접사만 인정하든 모두 단어의 세계에서 벌어지는 일이라고 생각합니다. 자세한 것은 곧이어 나올 문장에 관한 이야기에서 다루게 될 것입니다.

- memo -

- '이론 축소 과정'에서의 반전의 반전:
  4개 → 3개 → 2개 → 3개 → 2개
- '짓밟히었다'의 형성 과정
  - 어근과 접사, 어간과 어미라는 틀: 조어 + 활용
  - 어기와 접사라는 틀: 조어
- 제3의 입장 (≠학교문법(위의 2가지 입장)): 어간이 용언이고 어미는 별도의 단어임

30 단어에서 문장으로

교수

이상으로 단어의 종류와 구조를 살펴보았습니다. 단어 밖에서 시작하여 단어 안으로 들어간 셈이죠. 단어의 종류에서 우리는 단어가 어떻게 분류될 수 있는지, 그렇게 분류된 단어의 종류, 즉 품사마다 어떤 점에 주목해야 하는지 묻고 답했습니다.

품사 분류의 3가지 기준과 위계, 기억나세요? 형태적 기준과 통사적 기준, 의미적 기준이 있는데, 앞의 두 개가 중요하고 마지막 것은 참고용이라는 거 잊지 마세요. 체언의 2가지 특징은 뭐죠? 앞에 관형어, 뒤에 조사. 중요합니다. 용언에서 동사와 형용사를 나누었던 다섯 가지 기준인 명령형, 청유형, 목적어, 현재형, 진행형은 설득력이 부족해요. 오히려 형태적 기준과 통사적 기준에서 일치하니까 둘은 하나의 품사로 보는 게 더 바람직해 보이죠. 수식언에서는 성분부사와 문장부사를 이동 가능성이라는 형식적 근거로 구분한 게 중요해요. 홀로 쓰이는 독립언 중 입버릇이나 더듬거림의 감탄사, 꼭 함께 쓰이는 관계언 중 보조사처럼 행동하는 격조사도 살펴보았죠. 이러한 얘기를 하는 과정에서 조사와 어미의 비교, 대명사와 수사의 한계, 품사 통용과 경제성, 명사 분류에서의 잉여와 모순, 필수적 부사어의 문제, 보어의 범위와 필수성분의 유형, 형식과 내용의 불일치를 보이는 문장부사에 관한 내용도 무척 흥미로웠습니다. 간단히 정리하면 다음과 같습니다.

'단어의 종류'에서 나눈 이야기

a. 품사: 분류의 기준, 조사와 어미의 비교

b. 체언: 2가지 특성, 대명사와 수사의 한계, 품사 통용과 경제성, 명사 분류에서의 잉여와 모순

c. 용언: 동사와 형용사의 구분, 필수적 부사어의 문제, 보어의 범위와 필수성분의 유형

d. 수식언: 부사의 형식적 구분, 형식과 내용의 불일치

e. 독립언: 입버릇이나 더듬거림의 감탄사

f. 관계언: 보조사처럼 행동하는 격조사

교수

그렇다면 단어의 구조에 대해서는 무슨 이야기를 나누었을까요? 단어를 구성하는 형태소에는 어떠한 것이 있는지, 단어 형성은 어떻게 이루어지는지에 대해 묻고 답했습니다.

형태소와 단어의 정의, 기억하나요? 의미와 자립성이 핵심입니다. 단어가 모여 문장을 이루지만, 거꾸로 문장이 단어의 재료가 될 수도 있다는 것도 보았죠? 기상천외한 일입니다. 형태소는 집합, 이형태는 원소, 원소들 간의 관계는 상보적 분포, 수학과 야구로 설명했죠. 형태소는 자립성과 실질성의 두 축으로 정의합니다. 자립형태소이면 실질형태소이고 형식형태소이면 의존형태소이지만, 실질형태소가 곧 자립형태소는 아니며 의존형태소가 곧 형식형태소는 아닙니다. 어근과 접사, 어간과 어미가 펼치는 대서사시를 기억할 겁니다. 처음에는 어근과 접사가 어간을 이루며 어미는 어간 밖에 있다고 시작하죠. 이렇게 4가지 개념에서 출발하여 우여곡절 끝에 나중에는 2가지 개념으로 끝납니다. 그 2가지 기억하나요? 어기와 접사입니다. 어미가 접사로 편입되어 어간마저 사라지고, 어근을 대신하여 어기가 등장하고 접사와 함께 단어 형성을 책임집니다. 그런 과정에서 조어와 활용의 구분이 사라지며, 활용이 단어의 세계와 문장의 세계 중 어디에 속하는지 궁금해집니다. 정리하면 다음과 같습니다.

'단어의 구조'에서 나눈 이야기

a. 단어의 재료: 형태소와 단어의 정의, 단어 안의 문장
b. 형태소의 주요 개념: 집합과 원소, 형태소와 이형태, 야구와 상보적 분포
c. 형태소의 구분: 자립성과 실질성, 자립형태소/의존형태소, 실질형태소/형식형태소
d. 조어와 활용의 상관성: {어근과 접사, 어간과 어미} → {어기, 접사}
e. 활용: 단어의 세계 또는 문장의 세계

교수

이렇게 해서 '단어의 세계'가 끝나고, 앞으로는 '문장의 세계'가 펼쳐집니다. 단어를 살펴본 건, 그것이 문장의 재료이기 때문이죠. 문장에 관한 본격적인 이야기는 문장의 짜임과 양상으로 나뉩니다. 칠판을 보세요.

가. 문장의 짜임
  a. 문장의 구성
  b. 문장의 확대
나. 문장의 양상
  a. 문장의 변경
  b. 문장의 한정
  c. 문장의 부정
  d. 문장의 너머

교수

여러분, 문장도 사람처럼 몸이 있고 옷을 입는답니다. 신기하죠? 일종의 비유예요. 그렇게 이해하면 쉽습니다. 문장의 몸을 어려운 말로 '명제'라고 합니다. 문장의 옷은 '양상'이라고 하죠. 그래서 문장은 명제와 양상의 결합입니다. 문장을 주어와 서술어의 결합이라고들 알고 있을 텐데, 그것도 완전히 틀린 건 아니지만, 정확한 건 아니죠. 문장의 몸만 말하고 옷은 빼 놓았으니까요. 문장의 몸에 대해서는 우선 그렇게 '문장의 구성'에 대해 알아봅니다. 이제까지 여러분이 알고 있었던 것과 너무나도 달라서 놀랄 거예요. 그런데 이런 얘기는 사실 언어학에서 거의 상식에 해당하죠. '문장의 구성'에 뒤따르는 것은 '문장의 확대'입니다. 이때 접속과 내포가 등장하죠. 접속이라는 기제를 통해 문장과 문장이 이어지고, 내포라는 기제를 통해 문장 안에 문장이 들어갑니다. '문장의 구성'에서 단문의 기본 구조를 살펴본다면, '문장의 확대'에서 복문의 확대 구조를 들여다봅니다.

'문장의 짜임'에 대해서 나눌 이야기

a. 문장의 구성: 문장 = 명제+양상

b. 문장의 확대: 단문과 복문(기제: 접속, 내포)

교수

옷이 사람의 몸을 감싸듯, 양상도 명제를 감쌉니다. 양상은 문장의 옷이죠. 몸은 명제이고요. 명제가 주어와 서술어를 중심으로 서술 내용을 이룬다면, 양상은 그러한 서술 내용을 전달하는 서술 태도입니다. 선물은 그냥 주지 않죠. 반드시 포장지로 포장을 해서 주는데, 이때 선물은 서술 내용이고 포장지는 서술 태도입니다. 아무리 선물이 좋아도 포장지가 별로면 낭패죠. 같은 선물이라도 포장지가 어떠냐에 따라 느낌이 다릅니다. 문장은 그래서 서술 내용인 명제, 즉 몸도 중요하지만 서술 태도인 양상, 즉 옷도 중요합니다. 이러한 문장의 옷에는 피동과 사동, 시제와 상, 부정, 높임과 종결이 있습니다. 서술어의 자릿수를 바꿈으로써 문장의 성격까지 바꾸는 게 피동과 사동입니다. 피동은 자릿수 하나를 줄이고 사동은 자릿수 하나를 늘리죠. 시제와 상은 문장의 몸에 시간을 입힙니다. 기준시에 대한 사건시의 선후관계가 시제이고, 동작이나 그 결과의 지속이 상입니다. 서술 내용을 정반대로 뒤집는 부정도 있죠. 부정소가 부정문을 만들고 부정극어가 부정소를 보증합니다. 화자와 청자를 고려하는 높임과 종결도 문장의 옷이에요. 높임에는 높이는 것도 있지만 낮추는 것도 있답니다. 청자에 대한 요구, 말을 넘어선 행동이 문장 종결의 유형을 가릅니다. 간단히 정리하면 다음과 같아요.

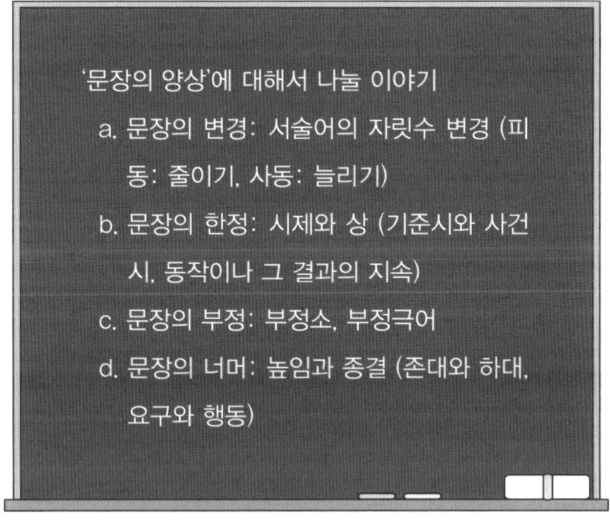

교수

앞으로 이야기할 내용을 잠깐 둘러보았습니다. 다들 문장의 세계로 나아갈 준비가 되었나요? 자, 그럼 힘차게 출발합시다!

- memo -

- 이제까지의 이야기: 단어의 종류와 구조

  → 문장의 재료
- 다음 이야기: 문장의 짜임과 양상
- 문장의 짜임

  - 문장의 구성: '문장 = 명제+양상'
  - 문장의 확대: 내포와 접속
- 문장의 양상

  - 문장의 변경: 피동과 사동
  - 문장의 한정: 시제와 상
  - 문장의 부정: 부정
  - 문장의 너머: 높임과 종결

2부

문장의 짜임

3장 문장의 구성

31 문장의 몸과 옷: 문장은 주어와 서술어의 결합이다?

교수

이제 문장에 대해 본격적으로 알아봅시다. 3조 차례인가요?

학생 16

예, 3조 '바로 그거죠' 문제 풀겠습니다. 문제는 '문장의 기능은 무엇이며, 그것을 구성하는 두 가지 국면은 무엇이고, '문장은 주어와 서술어의 결합이다.'라는 정의가 가진 문제점은 무엇인가?'입니다. 저희가 준비한 답은, 문장의 기능은 사건의 서술이고, 사건의 서술은 서술 내용과 서술 태도로 구성되며, '문장은 주어와 서술어의 결합이다.'라는 정의는 문장의 서술 내용에 국한되어 문제가 있다는 것입니다.

교수

간명하게 잘 답해 주었습니다. 세 가지 작은 문제들을 따라가며 음미해 보겠습니다. 먼저 문장의 기능이 사건의 서술이라고 했는데, 이때 '사건'이란 무엇인가요?

학생 16

평소에 뉴스에서 사건이라는 걸 많이 듣는데, 그렇게 거창한 것 말고 일상에서 겪을 수 있는 크고 작은 일이 모두 여기 언어학에서 말하는 사건이라고 알고 있습니다.

교수

정확하게 알고 있네요. 그럼, 이러한 사건을 고유어로 바꾸면 뭘까요?

학생 16

음…

교수

방금 학생의 대답 속에 들어 있는데요.

학생 16

예? 그럼… 혹시 '일'인가요?

교수

맞아요. 일상에서 겪는 크고 작은 일이 바로 언어학에서의 사건인 거죠. 영어로는 'event'입니다. 그런 일을 담아내는 언어단위가 '문장'이고요. 문장이 일을 담아내는 것을, 문장이 사건을 서술한다고 합니다. 그래서 문장의 기능은 '사건의 서술'이죠. '서술'이란 말하거나 적는다는 것이에요. 일에 대해 말하거나 적는 것, 그게 문장의 역할입니다. 그렇다면, 이러한 사건의 서술을 구성하는 게 궁금해집니다. 두 가지라고 했죠?

학생 16

예, '서술 내용'과 '서술 태도'입니다.

교수

그렇습니다. 일을 서술하려면 서술하는 내용이 있어야겠고, 서술하는 태도가 동반되어야겠죠. 서술하는 내용, 줄여서 '서술 내용'이 '몸'이라면, 서술하는 태도, 줄여서 '서술 태도'는 몸을 감싸는 '옷'이라고 할 수 있습니다. 학생, 이러한 문장의 몸과 옷을 전문적으로 뭐라고 하나요?

학생 16

'명제'와 '양상'이라고 합니다.

교수

그렇죠. 문장의 몸을 '명제'라고 하는데 영어로는 'proposition'입니다. 문장의 옷은 '양상'이라고 하고 영어로는 'modality'입니다. 그래서 문장은 명제와 양상의 결합이죠. 이상의 내용을 정리하면 다음과 같습니다.

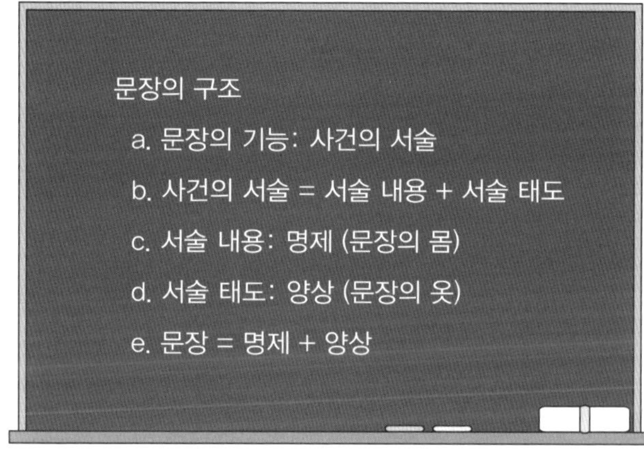

교수

이제 세 번째 작은 문제가 등장할 차례네요. 학생, '문장은 주어와 서술어의 결합이다.'라는 정의가 가진 문제점이 뭐라고 했죠?

학생 16

'문장은 주어와 서술어의 결합이다.'라는 정의는 문장의 서술 내용에 국한된 것이라는 문제가 있다고 말씀드렸습니다.

교수

주어와 서술어는 서술 내용, 즉 '명제'의 핵심이 되지만, 문장을 이루고 있는 것에는 명제 말고도 서술 태도, 즉 '양상'이 더 있어요. '문장은 주어와 서술어의 결합이다.'라는 정의는 명제만 포착할 뿐 양상은 놓칩니다. 그래서 문장에 대한 불완전한 정의죠. 이렇게 부족한 정의가 널리 받아들여지고 있습니다. 물론, 문장에서 명제는 알맹이에 해당해요. 그래서 정말 중요하죠. 그러나 사람이 옷을 입지 않고 거리를 활보할 수 없듯이, 문장도 몸만 있다고 해서 발화될 수 있는 게 아닙니다. 이제 이렇게 문장이 가진 몸과 옷이 구체적으로 어떤 것인지 살펴보도록 하겠습니다. 구체적인 예를 통해서 말이죠. 그럼, 4조 다음 문제 풀어 주세요.

- memo -

- 문장의 정의: 문장 = 명제+양상
- 문장의 기능: 사건(=일)의 서술
- 사건의 서술: 서술 내용 + 서술 태도
- 서술 내용: 명제 (문장의 몸)
- 서술 태도: 양상 (문장의 옷)

32 지구와 달: 핵과 비핵

학생 17

4조 '언어는 소중하죠', 문제 풀겠습니다. 먼저 문제는 "'그 아이가 빵을 먹었다'에서 '아이'와 '그 아이'가 가지는 차이점은 무엇이며, '그 아이'의 통사 구조를 '핵'과 '비핵', '단어'와 '구'의 개념으로 기술하면?"입니다. 답변하면, '아이'는 매우 막연하지만 '그 아이'는 좀 더 구체적이라는 차이가 있습니다. 그리고 '그 아이'에서 '핵'은 '아이'이고 '비핵'은 '그'이며, 단어 '그'와 '아이'가 모여 구 '그 아이'가 만들어집니다. 정리하면, '그 아이'는 명사구이고 그 핵은 명사 '아이'입니다.

교수

뭔가 좀 복잡해 보이니 정신을 잘 차려야 할 것 같습니다. 문장 '그 아이가 빵을 먹었다'는 앞으로 계속 나올 테니 지금부터 잘 봐 두는 게 좋을 거예요. 우선 '아이'와 '그 아이'가 가지는 차이점을 말하라고 했습니다. 학생은 '아이'가 막연하지만 '그 아이'는 구체적이라고 했어요. 왜 그런 차이가 발생할까요?

학생 17

수식어 '그'가 있고 없고 때문인 것 같습니다. 사전에서 '아이'는 "나이가 어린 사람"을 뜻하는데, 그냥 '아이'라고만 써 놓으면 막연히 '나이가 어린 사람'이 되지만, 앞에 '그'라는 관형사를 놓으면 '나이가 어린 사람' 중 구체적인 어느 한 명을 가리키기 때문입니다.

교수

관형사 '그'의 수식 여부가 일반적인 '아이'인지, 그중 특정한 '아이'인지를 가르게 된다는 거군요. 그냥 '아이가 빵을 먹었다'고 할 때는, 누구인지 모르지만 막연하게 나이 어린 어떤 사람이 빵을 먹었다는 것이고, '그 아이가 빵을 먹었다'고 할 때는, 나이 어린 사람 중 특정한 어느 누군가가 그렇게 했다는 것이죠.

그렇게 막연한 해석과 구체적인 해석의 차이를 불러일으키는 것이 관형사 '그'라는 수식어임을 알 수 있습니다. 그렇다면 '그 아이'에서 무엇이 중심이고 무엇이 주변일까요?

학생 17

'그 아이'에서 중심은 '아이'이고 주변은 '그'입니다. '그'가 '아이'를 꾸며 주고 있으니까요.

교수

그걸 '핵'과 '비핵'으로 표현하면 어떻게 되는 거죠?

학생 17

중심인 '아이'가 핵이고, 주변인 '그'가 비핵입니다.

교수

그렇습니다. '핵'은 영어로는 'head'이며 중심이 되는 말을 가리킵니다. '비핵'은 'non-head'이고 주변이 되는 말이죠. '그'가 '아이'를 꾸며 주고 있으니, 수식을 받는 '아이'가 핵이고, 그 앞의 수식어 '그'가 비핵입니다. 달이 지구를 중심으로 회전하고 있는 것처럼, '그'도 '아이'를 중심으로 그 주변에서 수식한다고 할 수 있겠어요. 달에 해당하는 '그'가 비핵이고, 지구에 해당하는 '아이'가 핵입니다. 그렇다면 이렇게 핵과 비핵으로 구성된 '그 아이'를 뭐라고 부르나요?

학생 17

'구'라고 부릅니다.

교수

그렇죠. '그'나 '아이'는 '단어'지만 그 둘이 모인 '그 아이'는 '구'라고 하여 구별합니다. 구에도 이름이 있는데 '그 아이'는 어떤 구죠?

학생 17

'명사구'입니다.

교수

왜 그렇게 이름을 붙인 건가요?

학생 17

'핵'이 '명사'이기 때문입니다.

교수

그래요. '그 아이'라는 '구'에서 '핵'인 '아이'가 '명사'라는 품사를 가지기 때문이죠. 그래서 '아이'를 핵으로 가지는 구 전체의 이름을 '명사구'라고 하는 겁니다. 구는 핵의 속성을 계승하죠. 실제로 명사구는 명사의 모습을 띠어요. 문장 안에서 명사처럼 분포하고 기능합니다. '아이'는 '단어'이고 '그 아이'는 '구'입니다. '아이'는 '명사'이고 '그 아이'는 '명사구'입니다. 여러분은 방금 '단어'보다 큰 '구'라는 새로운 언어단위를 접했습니다. 이러한 구가 점점 더 확장되어 가는 걸 볼 거예요. 다음 문제 풀어 주세요.

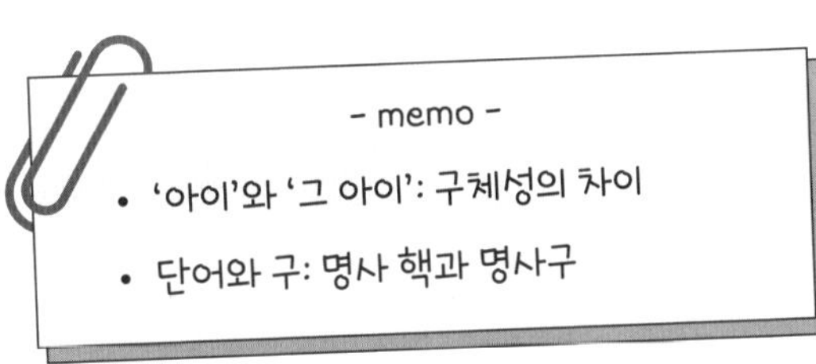

33 문장의 건축: 조사가 핵이다

학생 18

1조 '집에 가고 싶죠' 문제 풀겠습니다. 문제는 "'그 아이가' 전체에서 핵과 비핵은 무엇이며, '그 아이가'와 '그 어른이'에서 보이는 조사 교체 현상이 주격조사의 통사적 결합 단위 결정에서 증거로 못 쓰이는 이유는 무엇인가?'입니다. 이에 대한 답은, '핵'은 조사 '가'이고 '비핵'은 명사구 '그 아이'이며, '이/가' 교체는 앞말이 '자음이냐 모음이냐'와 같은 음운론적 조건에 의한 것이기 때문에, 주격조사의 통사적 결합 단위 결정이라는 통사론 차원에서 적절한 근거가 되지 못한다는 것입니다.

교수

문제가 두 부분으로 되어 있습니다. 첫 번째는 '그 아이가' 전체에서 핵과 비핵을 가려내라는 질문입니다. 이 문제를 풀려면 우선 조사 '가'가 무엇과 결합하는지부터 따져야 합니다. 여기서 두 가지 가능성을 만납니다. 칠판을 보세요.

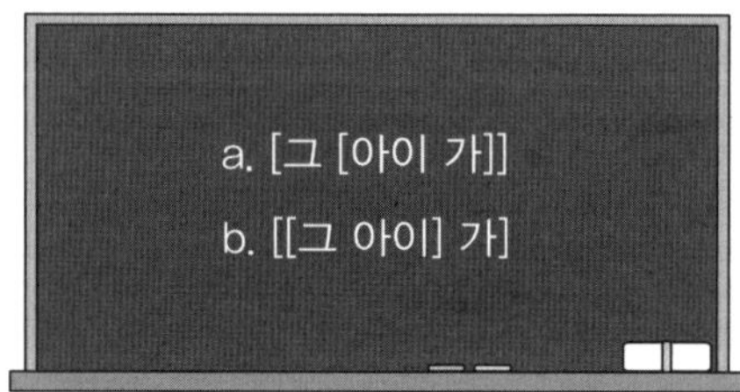

교수

학생, 여기 써 놓은 두 가지 분석 가능성을 설명해 줄 수 있나요?

학생 18

예, (a)는 '아이'와 '가'가 먼저 결합하고 그 앞에 '그'가 최종적으로 온다는 것입니다. 그리고 (b)는 '그'와 '아이'가 먼저 결합하고 나서 그 뒤에 '가'가 온다는 것입니다.

교수

여기서 어떤 분석이 옳다는 거죠?

학생 18

두 번째 분석인 (b)입니다. 조금 전에 풀었던 문제에서 이미 '그'와 '아이'가 결합하여 '그 아이'가 된다고 했으니까 거기에 '가'가 추가된다고 할 수 있습니다.

교수

맞는 말이긴 한데, 지금은 앞의 문제 풀이에 기대지 말고, 현재의 상황에서 독자적으로 옳은 길을 찾을 수 있어야 합니다. 어떻게 문제 풀이를 시작하면 될까요? 힌트입니다. 조사 '가'가 무엇인지 생각해 보세요. 학생, 조사 '가'에 대해 설명해 줄 수 있나요?

학생 18

예, 조사 '가'는 주격조사이고, 주격조사는 앞 말이 주어임을 나타냅니다.

교수

좋습니다. 그럼, 주어는 무엇일까요? 주어를 '행위의 주체'라고 간략히 정의할 수 있다면, 문장 '그 아이가 빵을 먹었다'에서 주어는 무엇일까요?

학생 18

'아이' 아닌가요?

교수

'아이'인가요, 아니면 '그 아이'인가요?

학생 18

아, '그 아이'인 것 같습니다.

교수

왜 그렇죠?

학생 18

'아이'는 막연히 '나이가 어린 사람'이지만 '그 아이'는 그중 특정한 누군가를 가리킵니다. 이 문장에서 '빵을 먹는' 사람은 막연한 사람이 아니라 구체적인 사람이니까 '아이'가 아니라 '그 아이'가 주어라고 해야 할 것 같습니다.

교수

잘 판단했습니다. 이 문장에서 빵을 먹는 사람은 '아이'가 아니라 '그 아이'입니다. 행위의 주체가 '그 아이'이니, 주어는 '그 아이'가 되겠죠. 그렇다면 이제 '가'는 무엇과 결합합니까?

학생 18

조사 '가'는 주어인 '그 아이'와 결합합니다.

교수

그래서 분석 (b)가 옳다는 거죠. 그렇다면 결합하는 두 대상 중 무엇이 핵이고 무엇이 비핵일까요?

학생 18

'그 아이'가 비핵이고 '가'가 핵입니다.

교수

'그 아이'는 명사구이고 '가'는 주격조사인데, 왜 명사구가 아니라 주격조사가 핵이 되는 것인가요?

학생 18

명사구 '그 아이' 다음에 어떤 격조사가 오느냐에 따라 그것의 쓰임이 달라지기 때문입니다. 예를 들어, 명사구 다음에 '가'가 오면 그 명사구는 주어로 쓰이고, '를'이 오면 그것은 목적어로 쓰입니다. '에게'가 오면 그 명사구는 '부사어'나 '보어'입니다. 그래서 명사구보다 격조사의 권한이 더 커서 격조사가 핵이 되고 그 앞의 명사구가 비핵이 되는 것입니다.

교수

매우 침착하고 논리적인 답변입니다. 명사구는 명사를 품은 구이지만, 그러한 구의 문장 내 기능을 결정하는 것은 격조사니까 격조사가 핵이고 명사구가 비핵이라는 논리죠. 그렇습니다. 영어에서도 '전치사'와 명사구가 결합한 것을 '전치사구'라고 부르는데 같은 이유에서입니다.

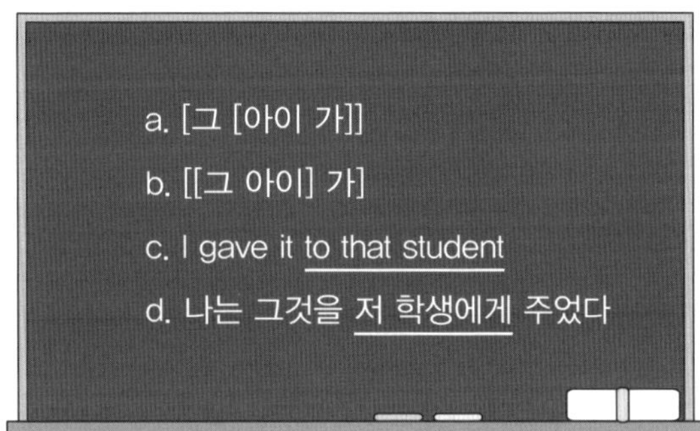

교수

영어의 예 (c)에서 'to that student'는 전치사 'to'와 명사구 'that student'로 이루어져 있는데 전치사를 핵으로 보아 전치사구라고 하죠. 명사구가 실질적인 내용을 가지고 있더라도 구의 구성이라는 형식적인 측면에서는 기능적인 전치사가 더 중요하다는 판단입니다. 마찬가지 논리로 한국어의 예 '저 학생에게'에서도 '저 학생'은 명사구지만 비핵으로, '에게'는 조사지만 '핵'으로 볼 수 있습니다.

조사를 영어의 전치사에 대응하여 '후치사'라고 부릅니다. 전치사가 영어로 뭐죠? 'preposition'이죠? 여기서 'pre-'는 '앞'을 뜻하는 접두사입니다. 명사구 앞에 온다는 거죠. 그러면 명사구 뒤에 오는 조사는 영어로 어떻게 부르면 되겠어요? '뒤'를 뜻하는 'post-'를 사용하여 'postposition'이라고 하면 됩니다. 전치사와 후치사를 아우르는 이름은 또 뭘까요? 앞이건 뒤이건 둘 다 명사구에 덧붙으니, 우리말의 '덧-'과 흡사한 영어의 접두사 'ad-'를 사용해서 'adposition'이라 하면 됩니다. 우리말로는 '부치사'라고 하죠.

문장을 건물에 비유한다면, 조사는 철근이나 콘크리트에 해당하고, 명사구는 가구나 실내 장식에 해당합니다. 철근과 콘크리트로 건물의 뼈대를 세우고, 그렇게 만들어진 공간에 실내 장식을 하거나 가구를 놓습니다. 조사는 문장의 뼈대에 속하고 명사구는 실내 장식에 해당하죠.

- memo -

- 2가지 가능성: [그 [아이 가]] / [[그 아이] 가]
- 주어: 행위의 주체
- 주격조사: 앞 말이 주어임을 나타내는 조사
- 건물: 뼈대와 실내 장식
  - 뼈대 : 실내 장식 = 조사 : 명사구

34 근거의 적절성: 음운론적 증거와 통사론적 주장

교수

이제 남은 두 번째 문제를 생각해 볼 차례입니다. 방금 첫 번째 문제를 풀면서 우리는 '그'와 '아이'가 먼저 결합하고 그 다음에 조사 '가'가 오는 것이라고 보았습니다. 그런데 이런 입장에 반대가 되는 것처럼 보이는 경우가 있습니다. 써 볼까요?

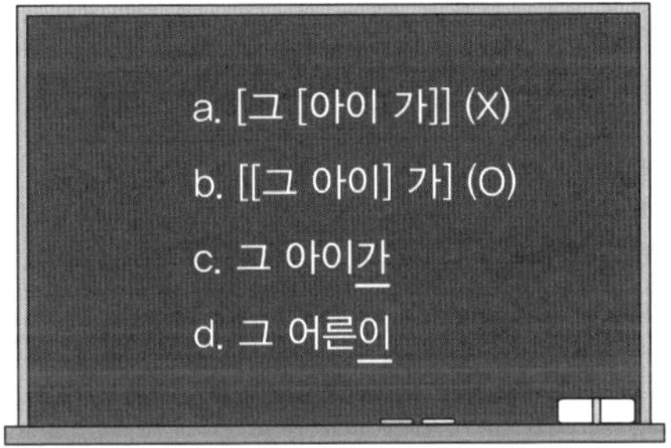

교수

'그 아이가'에서 '아이'를 '어른'으로 바꾸면 (d)에서처럼 조사 '가'가 '이'로 바뀝니다. 이걸 '조사 교체'라고 하는데 왜 이런 현상이 발생하는지 이유를 따져 봐야 합니다. 학생, 설명해 줄 수 있을까요?

학생 18

주격조사 '가'는 앞 말이 모음으로 끝날 때 오고, 앞 말이 자음으로 끝나면 그 대신 '이'가 쓰이기 때문입니다.

교수

앞 말이 자음으로 끝나느냐 모음으로 끝나느냐에 따라 두 가지 주격조사 중 무엇이 쓰일지 결정된다는 거군요. 그렇죠? 그렇다면 이와 같은 주격조사 교체 현상이 조사 결합에 대해 가지는 의미는 무엇일까요?

학생 18

주격조사 교체는 앞 말의 끝이 자음이냐 모음이냐에 따라 결정되는 것이고, 그것은 주격조사가 앞 말, 그러니까 앞의 단어를 직접 본다는 것입니다. 이렇게 되면 '그 아이가'에서 '가'는 '아이'와 먼저 결합하고, 그러고 나서 '아이가' 앞에 '그'가 와야 합니다. 그게 (a)입니다. 주격조사가 명사와 먼저 결합하는 것입니다. 그러나 조사 결합에 대해 그 전에 내린 결론은 (a)가 아니라 (b)가 옳다는 것입니다. 즉 '그 아이가'에서 '아이'는 먼저 '그'와 결합하여 '그 아이'가 되고, 거기에 '가'가 결합해야 하는 것입니다. 주격조사가 명사구와 결합하는 것입니다.

교수

학생이 잘 정리해 준 바와 같이, '이/가' 주격조사 교체 현상은, 주격조사가 명사구 '그 아이'가 아니라 명사 '아이'와 먼저 결합해야 한다는 것을 뒷받침하는 증거로 보입니다. 그러나 이러한 입장은, 주격조사가 앞 말이 주어임을 나타내는 조사이고 그래서 주격조사는 주어 명사구 '그 아이'와 결합한다는 앞서의 논의와 충돌합니다.
이러한 모순된 상황에서 해법은 무엇일까요? 둘 다 참일 수는 없죠. 문제의 해결을 위해서는 지금 우리가 하고 있는 논의의 성격을 따져 볼 필요가 있습니다. 지금 우리는 단어가 모여 문장이 만들어지는 과정에 대해 살펴보고 있습니다. 학생, 이러한 과정을 연구하는 언어학의 하위 분야를 뭐라고 하죠?

학생 18

'통사론'이라고 합니다.

교수

통사론을 정의해 줄 수 있나요?

학생 18

예, 통사론이란 단어에서 문장까지를 다루는 언어학의 하위 분야입니다.

교수

잘 기억하고 있네요. 단어가 모여 문장을 이루는 것을 연구하는 분야가 통사론입니다. 바로 이런 관점에서 우리는 주격조사가 무엇과 결합하고 있는지를 살펴보고 있었던 거예요. 그리고 그러는 가운데 내린 결론은, 칠판의 (b)처럼 주격조사 '가'는 주어 명사구 '그 아이'와 결합한다는 거죠. 그런데 여기서 방해꾼이 등장합니다. 바로 주격조사 교체 현상이죠. 학생, 이걸 다시 간단히 정리해 줄 수 있나요?

학생 18

예, 주격조사 '이'와 '가'는 앞 말이 자음으로 끝나느냐 모음으로 끝나느냐에 따라 결정된다는 것입니다.

교수

그렇다면 이러한 주격조사 교체 현상은 통사론적 현상으로 볼 수 있나요?

학생 18

아닌 거 같습니다.

교수

왜 아닌 거 같죠?

학생 18

주격조사 교체 현상은 앞 말이 자음이냐 모음이냐를 따지는 것이기 때문입니다.

교수

그럼, 자음이냐 모음이냐의 조건을 따지는 것은 어느 분야에 해당할까요?

학생 18

음운론에 해당합니다.

교수

음운론의 정의는 뭐죠?

학생 18

음운론이란 음운에서 음절까지를 연구하는 언어학의 하위 분야입니다.

교수

그렇죠. 음운이 모여 음절을 이루는 것을 연구하는 분야가 음운론이죠. 그렇다면 주격조사 교체 현상은 음운론적 현상이라고 말할 수 있겠네요?

학생 18

그렇습니다.

교수

그렇다면, 주격조사 교체 현상은 문장 형성 과정에서 나오는 조사 결합에서 증거로 쓸 수 있나요?

학생 18

쓸 수 없습니다.

교수

왜죠?

학생 18

주격조사 교체는 음운론적 현상이고, 문장 형성 과정에서 나오는 조사 결합은 통사론적인 일이기 때문에, 통사론적인 일을 논의하는 과정에서 음운론적 현상을 증거로 드는 것은 부적절하기 때문입니다.

교수

바로 그겁니다. 비록 주격조사 교체가 실제로 한국어에 존재하는 현상이기는 하지만, 그것은 어디까지나 음운론적 현상이기 때문에, 문장 형성에서 이루어지는 조사 결합에 대한 논의에서는 증거가 되지 못합니다. 따라서 주격조사 교체는 칠판의 (a)를 지지하는 증거로도, (b)를 반대하는 증거로도 사용할 수 없습니다. 여기서 다루는 조사 결합은 통사론적 과정이고 주격조사 교체는 음운론적 현상이기 때문이죠. 비록 현상이 존재하더라고 그것이 어떤 이론적 주장의 근거가 되기 위해서는 같은 차원에 있어야 합니다. 통사론적 이론의 수립에서는 통사론적 현상이 근거가 되어야 하죠. 음운론적 현상은 음운론적 이론의 수립에서만 유효합니다.
예전에는 통사론적 논의에서 음운론적 현상을 가지고 이야기하는 게 이상하게 여겨지지 않았습니다. 층위가 다른 현상을 증거로 사용하는 게 괜찮다고 봤죠. 그러나 언어학이 발전하면서 층위를 혼동하지 말아야 한다고 생각하게 되었습니다. 비유해서 말하면, 회사의 임원 회의에서 사장이 공적인 발언 대신 가정 이야기와 같은 사적인 발언을 하는 게 예전에는 그럴 수 있는 일로 여겨졌다면, 지금은 해서는 안 되는 일로, 격에 맞지 않는 발언으로 여겨지게 되었다는 것입니다. 통사론의 논의에서 음운론의 현상을 가져 오는 것은 명백한 층위 혼동의 오류로 여겨지는 거죠. 그 덕분에 좀 더 엄밀한 언어 연구가 가능해졌다고 할 수 있습니다. 전에는 혼란스럽게 보였던 문제가 이제 층위 혼동의 안개가 걷히고 그 성격이 분명해졌으며 그래서 그 해법도 명확하게 드러나게 되는 거죠.

- memo -

- 주격조사 교체: 이제까지의 주장에 반대되는 근거로 보임
- 그러나 주격조사 교체는 음운론적 현상임
  - 통사론: 단어에서 문장까지
  - 음운론: 음운에서 음절까지
- 통사론적 주장에는 통사론적 현상이 근거가 되어야 함
  - 음운론적 현상이 통사론적 주장의 근거가 될 수는 없음

35 복잡한 게 기본이다: 잠재성과 비핵의 설정

교수

문장 '그 아이가 빵을 먹었다'에서 '그 아이가'까지 살펴보았습니다. 주어의 통사적 구성을 알게 되었는데요, 이제 그 옆에 있는 목적어에 대해 공부해 봅시다. 2조 순서인가요?

학생 19

예, 2조 '에이불 주시죠'입니다. 문제는 "그 아이가 빵을 먹었다'에서 '그 아이'뿐만 아니라 '빵'도 명사구로 보아야 하는 이유는 무엇이며, '복잡한 구'와 '단순한 구'의 공통점과 차이점은 무엇인가?'입니다. 답은 다음과 같습니다. '빵'도 명사구인 이유는, 그것이 목적어라는 문장성분이고 관형어를 취할 수 있기 때문입니다. '복잡한 구'와 '단순한 구'는 둘 다 핵을 가지지만 비핵의 실현 유무에서 다릅니다.

교수

잘 들었습니다. 겉보기에는 '그 아이'와 '빵'의 통사적 지위가 다를 것 같은데 실제로는 같다는 게 핵심입니다. 이것을 단순한 구와 복잡한 구로 이론화하는 게 또 중요하고요. 차례로 같이 음미해 봅시다. 먼저 '그 아이'와 '빵'의 공통점과 차이점에 주목해 보죠. 학생, 이 둘의 공통점과 차이점은 뭔가요?

학생 19

우선 공통점은 둘 다 어떤 문장성분이라는 점입니다. '그 아이가 빵을 먹었다'에서 '그 아이'는 주어이고 '빵'은 목적어입니다. 차이점은 '그 아이'는 두 개의 단어로 되어 있고, '빵'은 한 개의 단어로 되어 있다는 점입니다.

교수

매우 기초적인 내용을 잘 말해 주었습니다. 문장 안에서 문장성분으로 쓰이면 일단 '구'라고 생각하면 됩니다. 구는 문장성분의 형식이죠. 비록 한 개의 단어가 문장성분으로 등장하더라도 그것의 지위는 '구'입니다. 그래서 '그 아이'와 '빵' 모두 구입니다. 각각 주어와 목적어로 쓰이고 있기 때문이죠. 그런데 둘의 차이점도 있어요. 학생이 말한 대로 '그 아이'는 단어 두 개이고 '빵'은 단어 한 개입니다. 따라서 비록 둘 다 구라고 해도 둘의 차이는 분명히 존재하며 이를 구별해 줄 수 있어야 합니다. 그럼, 묻겠습니다. 구의 구조는 어떻게 되어 있죠? 구를 이루는 것은 무엇과 무엇이에요?

학생 19

음… 아, '핵'과 '비핵'입니다.

교수

좋아요. 그럼, '그 아이'에서 핵과 비핵은 무엇인가요?

학생 19

핵은 '아이'이고 비핵은 '그'입니다.

교수

그럼, '빵'에서는요?

학생 19

핵은 '빵'이고 그리고 비핵은… 없습니다.

교수

그런데 목적어 '빵'에서도 비핵 자리는 있다고 보아야 하나요? 아무것도 안 나와 있는데?

학생 19

비록 '빵' 앞에 아무것도 안 나타나 있어도 비핵 자리는 있다고 보아야 합니다.

교수

왜 그렇죠?

학생 19

'그 아이가 빵을 먹었다'에서 '빵'은 그렇게 그냥 '빵'으로만 나올 수도 있지만, '이 빵'이나 '내가 만든 빵', 아니면 '내가 만들었다가 망쳐서 버리려던 빵'처럼 '빵' 앞에 관형어가 나타날 수 있기 때문입니다.

교수

아주 좋아요. 그렇게 목적어 '빵'은 단순하게 '빵'으로만 나타날 수도 있고 긴 관형어를 가진 채 복잡하게 나타날 수도 있습니다. 그러니 단순하든 복잡하든 핵 말고 반드시 무엇의 자리가 있다고 보아야 하는 거예요?

학생 19

'비핵'의 자리, 즉 관형어가 올 수 있는 자리가 '빵' 앞에 있다고 보아야 합니다.

교수

그게 정말 중요합니다. 비록 '빵'이라는 핵만 나타나 있더라도 핵 앞의 비핵 자리, 즉 관형어 자리가 보장되어야 하죠. 언제든 관형어가 올 수 있으니까요. 잠재성에 주목하는 이런 논리에 대해 다소 의아하거나 어렵다고 생각하는 학생 있나요? 그럼, 예를 들어 보죠. 학생, 지금 우리가 이렇게 강의실에 함께 있는데, 내가 강의실 오기 전에 앉아 있었던 내 연구실은 지금 어떻게 되어 있을까요? 내가 없어도 연구실은 그대로 있을까요, 아니면 내가 나온 이후 사라지고 없을까요?

학생 19

선생님이 연구실에 안 계셔도 그 연구실은 그대로 존재할 것입니다.

교수

그렇죠? 그렇게 생각하는 게 일반적이에요. 그래서 비록 명사 홀로 목적어로 쓰이고 있어도 명사 앞의 관형어 자리는 그대로 있다고 보는 거예요. 비록 그 자리에 관형어가 실현되어 있지 않아도 명사 앞의 관형어 자리는 보장해 주는 거죠. 언제든 관형어가 올 수 있는 잠재성이 있으니까. 명사의 특성이 뭐였어요? 앞에 관형어, 뒤에 조사. 기억하죠? 그러니 목적어 '빵' 앞에 관형어 자리는 보장되어야 합니다. 여기서 이론의 특징을 엿볼 수 있어요. 이론 만들 때, 연구 대상이 보이는 단순한 모습과 복잡한 모습 중 어느 것을 기본 바탕으로 삼아야겠어요?

학생 19

예?

교수

그니까, 관형어 없는 목적어인 '빵'과 관형어 있는 목적어인 '내가 만든 빵'에서 어떤 것을 기본으로 삼아 목적어의 구조를 생각해야 하느냐는 겁니다.

학생 19

아, 관형어 없는 목적어인 '빵'이 아니라 관형어 있는 목적어인 '내가 만든 빵'을 기본 바탕으로 생각해야 합니다.

교수

그렇습니다. 최대한으로 실현된 모습을 바탕으로 목적어의 구조를 설계해야 하는 거죠. 복잡한 모습을 바탕으로 이론을 만들어야 단순한 모습을 가진 목적어도 설명할 수 있을 테니까요. 그러나 그 반대라면 어떻겠어요? 단순한 모습을 바탕으로 목적어 구조를 설계하면 그러한 설계는 그보다 더 복잡한 모습을 가진 목적어를 만나는 순간 설명력을 잃게 됩니다. 이론을 수정하거나 모델을 추가해야 하죠. 그래서 이론은 연구 대상의 가장 복잡한 모습을 바탕으로 하여 모델을 구성합니다. 우리가 이론을 접할 때 뭔가 복잡하다고 느끼는 게 이런 이유 때문일 거예요. 이론은 가장 복잡한 상황을 전제로 하니까요. 그래야 모든 경우를 다 설명해 낼 수 있습니다.

- memo -

- 문장성분은 구의 형식을 지님
- 구는 핵과 비핵으로 구성됨
  - 비핵은 실현되지 않을 수 있음
  - 구의 구조는 복잡한 것을 바탕으로 삼음

36 대기업과 1인 기업: 복잡한 구와 단순한 구

교수

그럼 또 질문입니다. 이렇게 생각하면 '그 아이'와 '빵'의 통사적 구조는 모두 어떻게 이루어져 있는 거예요?

학생 19

핵과 비핵으로 이루어져 있는 것입니다.

교수

순서까지 고려하면?

학생 19

예?

교수

핵과 비핵의 순서 말이에요.

학생 19

아, 그러면 '비핵'과 '핵'의 순서로 이루어져 있는 것입니다.

교수

관형어와 명사, 그러니까 비핵과 핵의 순서로 구가 구성되어 있는 거죠. 거기서 '핵'은 뭐다?

학생 19

'핵'은 '명사'입니다.

교수

그래서 구의 이름은?

학생 19

'명사구'입니다.

교수

그렇습니다. '그 아이'와 '빵'은 모두 명사를 핵으로 하는 명사구입니다. 그런데 비록 이렇게 동일한 명사구의 구성을 가지고 있다고 해도 둘은 어떤 점에서 다르다?

학생 19

'그 아이'는 비핵이 실현되어 있고 '빵'은 비핵이 실현되어 있지 않아서 다릅니다.

교수

그래서 이 두 가지 구를 구별하여 어떻게 부르나요?

학생 19

비핵이 실현된 '그 아이'는 '복잡한 구', 비핵이 실현되어 있지 않은 '빵'은 '단순한 구'라고 구별하여 부릅니다.

교수

좋습니다. 여기서 혹시 어떻게 핵만 홀로 실현된 구도 구로 볼 수 있나 하는 학생 있나요? 아마 있을 거예요. 그런데 일상에서도 이런 일은 어렵지 않게 볼 수 있습니다. 학생, 혹시 사장님이 말단 직원까지 겸하는, 그래서 구성원이 한 명 있는 회사를 뭐라고 부르는지 아세요?

학생 19

혹시 '1인 기업' 말씀하시는 건가요?

교수

그래요. 우리가 잘 아는 대기업 같은 곳은 회사 대표 말고도 직원이 정말 많죠? 그러나 골목에 있는 작은 상점이나 구멍가게라고 불리는 곳은 사장님 한 분밖에 안 계시죠. 그런 곳도 1인 기업이라고 부른답니다. 구성원이 한 사람이든 여러 사람이든 어쨌든 기업은 기업인 거죠. 이렇게 구에서도 핵만 실현되어 있는 구도 있고, 비핵까지 실현되어 있는 구도 있어요. 비핵의 실현 유무와 상관없이 핵이 있으면 구가 성립됩니다. 이게 단순한 구와 복잡한 구의 핵심입니다. '그 아이'는 복잡한 명사구, '빵'은 단순한 명사구죠.

학생 20

선생님, 질문이 있는데요. '그 아이가 빵을 먹었다'라는 문장에서 그럼 '빵'은 '단어'라고 해야 하나요, 아니면 '구'라고 해야 하나요?

교수

학생은 어떻게 생각하죠?

학생 20

처음에는 '빵'이 단어라고 시작했는데, 나중에는 구라고 끝이 나서 좀 헷갈려서요.

교수

아마 다른 학생들도 가려워할 부분을 학생이 잘 질문한 것 같습니다. 학생의 말이 맞아요. 처음에 '빵'은 명사의 자격을 갖습니다. 그렇게 시작하는 거죠. 그러나 그것이 핵이 되고 눈에 보이지 않는 관형어, 즉 비핵의 자리와 결합하여 구를 이룸으로써 최종적으로는 명사구의 자격을 갖습니다. '빵'을 단어라고 할 때는 핵으로서의 '빵'을 가리키는 것이고, '빵'을 구라고 할 때는 핵인 자신과 그 앞의 비핵 자리까지를 포함하는 문장성분으로서의 '빵'을 가리키는 것입니다. 이제 구별이 됩니까? 이 문장에서 '빵'은 이중적인 지위를 가지는 거예요. 통사론은 이 점을 잘 포착하여 분명히 드러내 줄 수 있어야 합니다. 실제로 그러고 있고요.

학생 20

그걸 어떻게 분명히 드러내 주고 있는지 궁금합니다.

교수

알겠습니다. 칠판을 보세요.

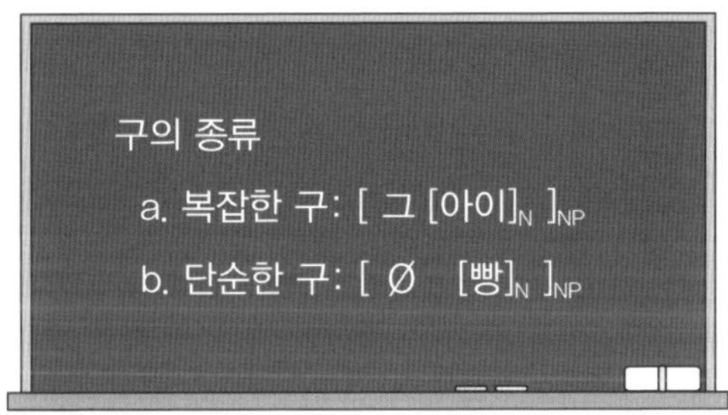

교수

여기서 복잡한 구인 '그 아이'는, '아이'가 명사로서 핵이고 관형어 '그'를 비핵으로 취하여 명사구를 이루고 있죠. '아이'가 명사 핵이라는 걸 '[아이]$_N$'으로 표시합니다. 실제의 단어 '아이'의 양쪽에 괄호를 씌우고 그 뒤에 품사 표지 'N'을 이렇게 작게 아래 첨자로 쓰면 보기에 좋습니다. 이런 명사 핵과 그 앞의 비핵을 합쳐 만든 '그 [아이]$_N$'는 명사구이니 마찬가지의 방식에 따라 양 옆에 괄호를 씌우고 또 맨 뒤에 명사구 표지 'NP'를 아래 첨자로 적어 주면 (a)와 같이 되는 겁니다. 여기서 'N'이나 'NP'를 '문법 표지, grammatical label'이라고 부르죠. 통사 범주를 표시합니다. 이상의 분석 방법을 '빵'이라는 단순한 구에 그대로 적용한 게 (b)입니다. 이걸 학생이 읽어 줄 수 있을까요?

학생 20

예? 아... 읽어 보겠습니다. 우선 '빵'이 명사 핵이니까 '[빵]$_N$'으로 표시합니다. 그런데 앞에... 아, 관형어 비핵이 없으니 'Ø'를 써 주고 그 둘을 합쳐 명사구로 표시해야 하니 그 둘을 괄호로 싸서 맨 뒤에 'NP'를 붙여 주는 것입니다.

교수

고생했고, 잘했습니다. 비핵 자리에 있는 제로 표시는 비워 놓아도 됩니다. 자리는 있으나 실제로 실현되지는 않았음을 의미하죠. (b)에서 명사인 '빵'과 명사구인 '빵'이 어떻게 다르게 표시되는지 알 수 있습니다. 둘은 발음하면 그냥 '빵'으로 동일하지만, 문장 안에서의 구성, 즉 통사 구조는 다릅니다. 명사로서는 그 자체를, 명사구로서는 비핵 자리까지를 포함하는 구성이죠.

학생 20

선생님, 그런데 (a)에서 '그'에는 아무 표시가 없는데 그건 어떻게 읽어야 하나요?

교수

좋은 질문입니다. 그게 다음 문제이죠. 3조 문제 풀어 주세요.

- memo -

- 단순한 구: 핵만 실현되어 있는 구
- 복잡한 구: 핵과 비핵이 모두 실현되어 있는 구
- [비유] 복잡한 구 : 단순한 구 = 대기업 : 1인 기업

37 집단과 개인: 구를 지배하는 단어

학생 21

3조 '바로 그거죠'입니다. 주어진 문제는 "그 아이가'에서 '그'의 통사 범주는 단어인지 구인지 밝히고, 그 근거를 들면?'입니다. 답은, '그' 또한 문장성분으로 쓰이고 비핵을 취할 수 있다는 점에서 구로 보아야 한다는 것입니다.

교수

역시 간명한 답변 잘 들었습니다. 그럼 구체적으로 살펴볼까요? 먼저 '그 아이가'의 '그'가 문장성분으로 쓰인다고 하였는데 구체적으로 그게 어떤 품사이고 어떤 문장성분으로 쓰인다는 거죠?

학생 21

'그'는 품사로는 '관형사'이고 문장성분으로는 '관형어'입니다.

교수

좀 더 구체적으로 말하면 관형사 중에서도 '지시관형사'인데, 그럼 관형어는 어떤 문장성분인가요?

학생 21

체언 앞에서 체언을 꾸며 주는 문장성분입니다.

교수

그래요. 그래서 관형어 '그'는 바로 뒤의 '아이'를 꾸며 주죠. 그런데 이러한 관형어 '그'가 '단어'라는 건가요, '구'라는 건가요?

학생 21

'구'라는 것입니다.

교수

그 구체적인 이름은?

학생 21

'관형사구'입니다.

교수

달랑 지시관형사 '그' 하나만으로 이루어져 있는데 그게 '관형사구'라고 하니 그 근거가 궁금한데요?

학생 21

목적어 '빵'과 비슷한 경우인데요, '구'가 되려면 문장성분이어야 하고 비핵을 취할 수 있어야 하는데, 실제로 '그'는 이러한 요건들을 충족합니다. '그'는 관형어라는 문장성분이고, '바로'와 같은 부사의 수식을 받을 수 있기 때문입니다.

교수

좋습니다. 관형어 '그'의 문제를 목적어 '빵'과 연관 지어 설명한 점을 높이 평가하고 싶네요. 목적어 '빵'이 달랑 명사 하나만 보이지만, 목적어라는 문장성분이고 '빵' 앞에 수식어가 올 수 있으니까 비핵 자리가 필요한 단순한 구성의 명사구라고 했죠. 마찬가지로, 관형어 '그' 역시 관형어라는 문장성분이고 '바로 그 아이가'에서처럼 '바로'라는 수식어가 지시관형사 '그'를 수식할 수 있어서 비핵의 자리를 보장해 주어야 하니 단순한 구성의 관형사구라고 할 수 있죠. 이렇게 해서 우리는 '그 아이가 빵을 먹었다'에서 주어 '그 아이', 목적어 '빵', 관형어 '그'의 통사적 지위를 말할 수 있게 되었습니다. 그걸 아까의 괄호 표시로 나타내 볼까요?

예문의 주어, 목적어, 관형어 분석

a. 목적어: [Ø [빵]$_{N}$]$_{NP}$

b. 관형어: [Ø [그]$_{D}$]$_{DP}$

c. 주어: [[Ø [그]$_{D}$]$_{DP}$ [아이]$_{N}$]$_{NP}$

d. 간략히: [[그]$_{DP}$ [아이]$_{N}$]$_{NP}$

교수

간단한 것부터 나열해 보았습니다. (a)는 아까 분석한 목적어 '빵'의 분석입니다. (b)는 방금 분석한 관형어 '그'의 표시죠. '빵'과 같은 단순한 구입니다. 물론 '문법 표지'는 다르죠. 여기서 'D'는 'Determiner'의 약자입니다. 한정사라고 번역하기도 하는데 관형사의 영어 명칭이라고 생각하면 되겠어요. '핵'이 'D'니까 그것으로 만든 '구'는 'DP'가 되겠죠. 구 'DP'는 핵 'D'의 '투사'입니다. 이때 '투사'는 영어로 'projection'이에요. 핵의 특성을 구로 쏘아 올리는 거죠. 구는 핵의 속성을 계승합니다. 모두 '생성문법', 영어로는 'Generative Grammar'의 용어들입니다. (c)는 이러한 관형어를 품고 있는 주어 '그 아이'의 구조를 보여줍니다. 목적어나 관형어보다 복잡하죠? 목적어와 관형어는 핵만 실현된 단순한 구인데, 주어는 비핵까지 실현된 복잡한 구라서 그래요. (c)를 (d)처럼 간단히 표시해 볼 수 있죠. 관형어를 간단히 줄여서 나타내는 겁니다.

학생 22

선생님, 질문이 있는데요, 어떨 땐 단어이고 어떨 땐 구인지 좀 헷갈립니다.

교수

충분히 공감이 가는 질문입니다. 그러나 그리 어려울 건 없어요. 학생, 핵과 비핵의 개념은 알겠어요?

학생 22

예, 수식어는 비핵이고 피수식어는 핵인 걸로 이해하고 있습니다.

교수

그래요. 그렇게 생각하면 적어도 이 문장에서 주어, 목적어, 관형어를 이해하는 데는 큰 무리는 없을 거예요. 그렇게 피수식어인 핵이 단어이고, 그러한 단어가 비핵을 취해서 구를 투사하는 겁니다.

학생 22

제가 궁금한 것은 (d)에서 'NP' 안에 'DP'가 있다는 것입니다. 구 안에 다시 구가 나오는데 이걸 어떻게 이해해야 하나 좀 헤매고 있습니다.

교수

아, 그게 궁금한 거군요. 알겠습니다. 학생의 질문 덕분에 중요한 사항을 말할 수 있게 되어 기쁩니다. 학생이 방금 언급한 (d)에서 '그 아이'라는 'NP' 안에 '그'라는 'DP'가 들어 있죠? 여기서 'DP'의 지위는 뭐예요?

학생 22

예?

교수

아, 'NP'라는 '구' 안에서 'DP'가 맡고 있는 게 뭐냐는 것입니다.

학생 22

예, 음... 비핵 말씀하시는 건가요?

교수

그렇죠. 'NP'라는 '구' 안에서 'DP'는 비핵입니다. 수식어죠. 그럼, 'NP'라는 '구' 안에서 핵은 뭐죠?

학생 22

'아이'라는 'N'입니다.

교수

맞아요. 정리하면 'NP'라는 '구'는 'DP'라는 비핵과 'N'이라는 핵으로 이루어져 있죠. 이때 비핵과 핵의 지위를 비교해 보세요. 비핵은 '구'이고 핵은 '단어'예요. 누가 중심이고 누가 주변인가요?

학생 22

핵이 중심이고 비핵이 주변입니다.

교수

그런데 그 통사적 지위는 어떻게 되어 있어요?

학생 22

핵은 단어이고 비핵은 구입니다.

교수

'중심'인 '핵'이, '주변'인 '비핵'을 지배한다고 할 때, 뭐가 뭐를 지배하는 거예요?

학생 22

단어가 구를 지배하는 것입니다.

교수

그렇습니다. '아이'라는 '명사'가 '핵'이 되어 그것을 수식하는 '관형사구'인 '비핵'을 지배하며 자신의 구인 '명사구'를 투사하는 겁니다. 그래서 '명사구' 안에는 '명사'라는 핵과 '관형사구'라는 비핵이 있는 거예요. 순서대로 말하면, '관형사구'라는 비핵이 있고 그 뒤에 '명사' 핵이 있으며 그 둘로 만들어진 '명사구'

가 전체를 이룹니다. 군대나 국가라는 집단에서 지휘관이나 대통령은 개인입니다. 개인이 집단을 지휘하는 거죠. 문장의 통사 구조에서도 마찬가지입니다. 단어가 핵이 되어 구라는 비핵을 지휘하는 것입니다. 이걸 언어학에서는 '지배'라고 하죠.

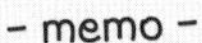

- memo -

- 관형사와 '관형어(관형사구)'
- Determiner: 관형사 또는 한정사
- projection: 투사. 핵이 구로 투사함
- 생성문법: Generative Grammar
- 관형어, 주어, 목적어의 통사 구조

38 어순을 결정하는 것: 핵과 비핵의 순서

교수

여기서 세 가지를 꼭 기억해야 합니다. 첫째는, 구 안에 그것의 핵이 있다는 것이고, 둘째는, 비핵이 핵을 선행하고 있다는 것이며, 셋째는. 비핵은 구, 핵은 단어라는 것입니다. 이걸 일목요연하게 나타내면 다음과 같습니다.

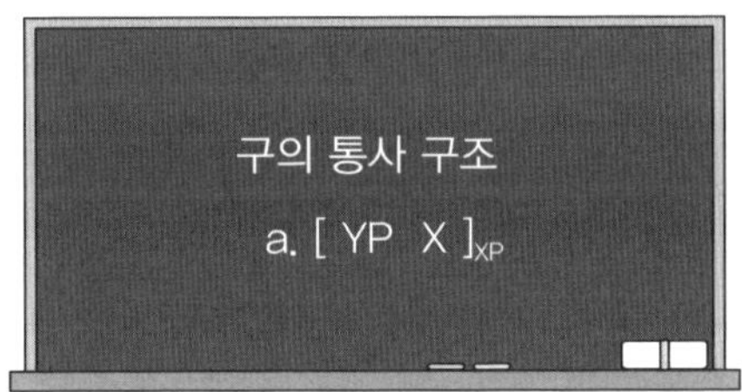

교수

학생, 이것을 어떻게 읽으면 좋을까요? 내 설명을 떠올리면서 큰 것에서 작은 것으로 들어가며 말해 볼래요?

학생 22

예, 음... 우선 'XP'라는 구가 있는데, 그 안에는 그것의 핵 'X'가 있습니다. 그리고 그 앞에는 핵 'X'가 지배하는 비핵 'YP'가 있습니다.

교수

매우 훌륭합니다. 정말 잘 읽었어요. 그렇게 읽으면 됩니다. 그런데 이걸 이렇게 써 놓을 수도 있어요.

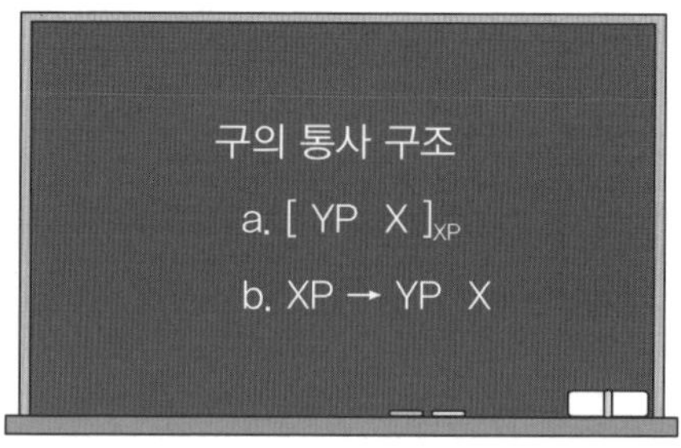

교수

문장의 통사 구조를 표시하는 (a)와 같은 방식을 '표지 붙은 괄호, labelled bracket'이라고 부릅니다. 좀 복잡해 보이지만 매우 간명하죠. (b)와 같은 방식을 '다시 쓰기 규칙, rewrite rule'이라고 부릅니다. 'XP'는 'YP'와 'X'로 다시 쓰기 할 수 있다. 이렇게 읽으면 되고, 그 뜻은, 'XP'는 'YP'와 'X'로 구성되어 있다는 것입니다. 또 다른 방식이 있는데요, 공간은 많이 차지하지만 이해하기에는 매우 쉽죠.

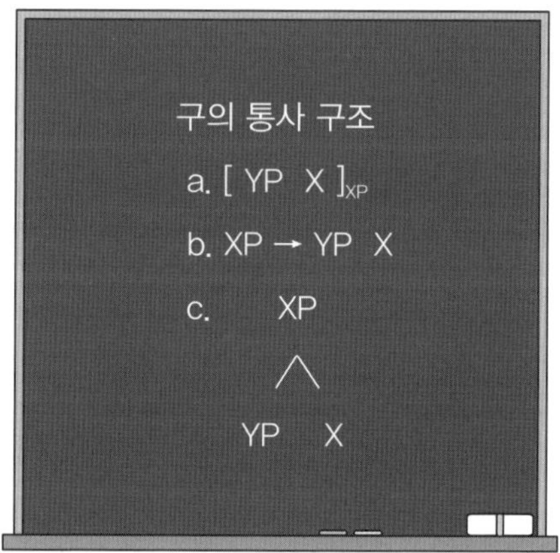

교수

마지막에 판서한 (c)와 같은 방식을 '수형도, tree diagram' 혹은 '나무 그림'이라고 부릅니다. 정말 직관적이죠. 'XP'라는 구가 비핵 'YP'와 핵 'X'로 구성되어 있다는 걸 계층적으로 바로 보여 주죠. 초보자들이 가장 좋아하는 게 (c)이고 전문가들이 가장 좋아하는 게 (a)입니다. (c)로는 한 페이지 가득인 게 (a)로는 단 한 줄로 끝나죠. 하나의 통사 구조를 이렇게 세 가지로 표시할 수 있습니다. 모두 생성문법이라는 이론의 표시 방식입니다.

학생 23

선생님, 질문이 있는데요, 이게 한국어에만 해당하는 건가요, 아니면 모든 언어가 그렇다는 건가요?

교수

역시 좋은 질문입니다. 한국어에만 해당하는 게 있고, 모든 언어에 다 해당하는 게 있어요. 일단 이러한 표시 방식으로 모든 언어의 문장 구조를 통사적으로 다 표시할 수 있습니다. 그럼, 어떤 게 한국어에만 해당하는 것일까요? 학생 생각은 어때요?

학생 23

어, 잘 모르겠습니다.

교수

칠판의 왼쪽에 써 놓은 '예문의 주어, 목적어, 관형어 분석'과 오른쪽에 써 놓은 '구의 통사 구조'는 모두 어떤 언어에 대한 것이죠?

학생 23

한국어에 대한 것입니다.

교수

그래요. 한국어 문장에 대한 것입니다. 한국어는 한국어의 어순을 지니죠? 한국어 어순이란 무엇인가요?

학생 23

주어, 목적어, 서술어 순서라고 알고 있습니다.

교수

그럼, 영어의 어순은 어떻게 되죠?

학생 23

주어, 서술어, 목적어 순서입니다.

교수

그래요. 그럼, 두 언어는 어디서 차이가 나죠?

학생 23

목적어와 서술어의 순서에서 차이가 납니다.

교수

어떻게요?

학생 23

한국어는 목적어가 서술어보다 먼저 오고, 영어는 서술어가 목적어보다 먼저 옵니다.

교수

그래요. '목적어 - 서술어' 순이냐, '서술어 - 목적어' 순이냐의 차입니다. 그럼, 비교 대상인 목적어와 서술어 중 어떤 게 중심이고 어떤 게 주변일까요? 무엇이 무엇을 지배하는 걸까요?

학생 23

음... 타동사가 목적어를 선택하는 것이니까 서술어가 중심이고 목적어가 주변인가요?

교수

그렇습니다. 바로 그거예요. 서술어가 타동사이면 목적어가 필요한 거니까, 서술어가 목적어를 지배한다고 볼 수 있죠. 그래서 서술어가 중심이고 목적어가 주변인 거죠. 달리 말하면, 서술어가 핵이고 목적어가 비핵인 겁니다. 그럼, 이러한 관점에서 칠판의 '구의 통사 구조'는 한국어를 반영하나요, 영어를 반영하나요?

학생 23

아, 핵이 뒤에 오니까 한국어를 반영하는 것 같습니다.

교수

정확히 보았습니다. 그렇습니다. 한국어는 '목적어 - 서술어' 어순이니까 비핵이 먼저이고 핵이 나중에 오죠. 이걸 '우핵 언어' 혹은 '후핵 언어'라고 부릅니다. 칠판의 '구의 통사 구조'에서 핵 'X'가 세 가지 표시 방식에서 모두 오른쪽 혹은 맨 뒤에 오는 걸 알 수 있죠. 그럼, 영어는 어떻게 되겠어요? 학생이 칠판의 '구의 통사 구조'를 응용하여 그대로 영어 버전을 써 볼래요?

학생 23

예, 해 보겠습니다.

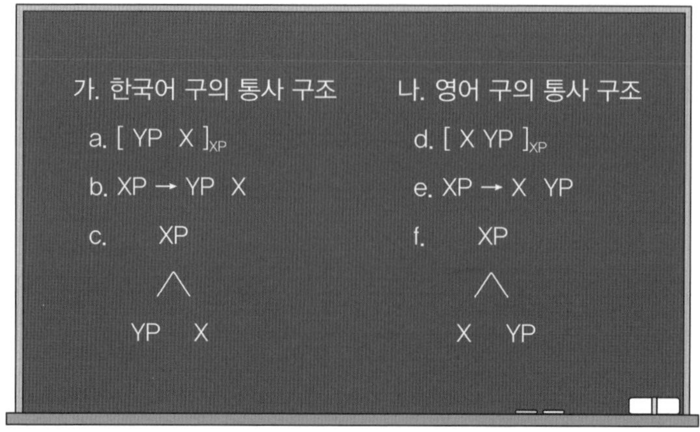

교수

매우 잘 그렸습니다. '표지 붙은 괄호', '다시 쓰기 규칙', '수형도' 모두 체계적으로 잘 바꾸었어요. 이렇게 한국어는 비핵이 먼저, 핵이 나중에 오는데, 영어는 정반대로 핵이 먼저, 비핵이 나중에 옵니다. 그래서 한국어는 '목적어 - 서술어' 순이고, 영어는 '서술어 - 목적어' 순이며, 한국어는 '명사구 - 조사' 순인데, 영어는 '전치사 - 명사구' 순인 것입니다. 한국어는 '우핵 언어' 혹은 '후핵 언어'이고, 영어는 '좌핵 언어' 혹은 '선핵 언어'이죠. 여기 '구의 통사 구조'에서 'X'와 'Y'에 'N'이나 'P', 'D'를 써 넣으면 해당 통사 구조가 만들어지는 겁니다. '그 아이가'와 '빵을'의 통사 구조를 수형도로 학생들 모두 자신의 노트에 적어 보기 바랍니다. 내가 몇 분 후에 칠판에 판서할 테니 비교해 보세요. 자, 시작하세요.

((학생들은 이제까지 배운 내용을 바탕으로 주어 '그 아이가'와 목적어 '빵을'의 통사 구조를 그려 본다. 특히 주어에는 관형어까지 포함되어 있어 매우 어려워하는 모습이다. 일정한 시간이 지나고 이제 칠판을 다 같이 볼 차례가 되었다.))

교수

다들 열심히 그리던데, 수형도로 어떻게 주어와 관형어, 목적어가 표시되는지 확인하기 바랍니다.

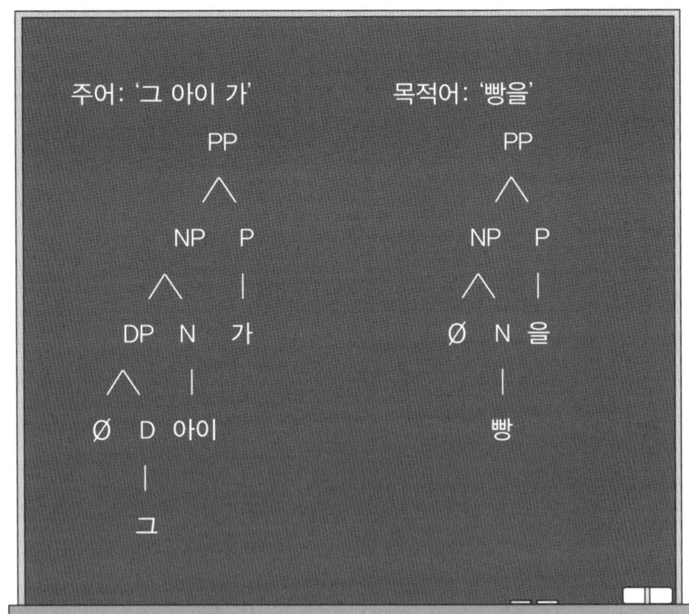

교수

본인이 그린 것과 비슷한가요? 자꾸 연습하다 보면 잘할 수 있게 됩니다. 이걸 시작으로 '그 아이가 빵을 먹었다'라는 문장 전체의 수형도를 완성하게 될 것입니다.

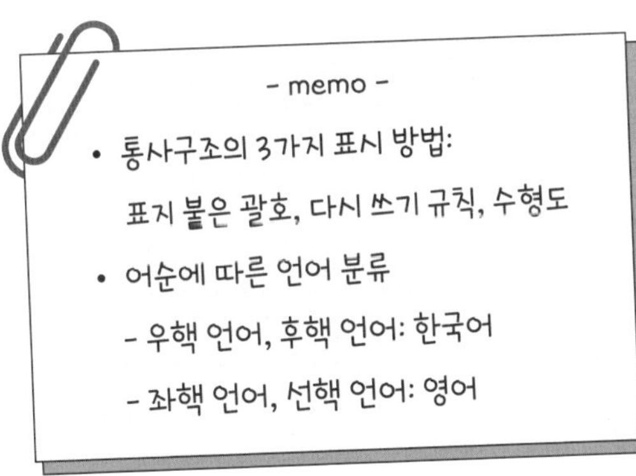

39 로마에 가면 로마법을: 통사론적 자립성

교수

관형어와 주어, 목적어까지 살펴보았습니다. 이제 드디어 서술어를 만날 차례인데, 다시 1조로 돌아가나요?

학생 1

예, 1조 '집에 가고 싶죠'입니다. 저희가 맡은 문제는 "그 아이가 빵을 먹었다'에서 서술어는 무엇이며, 통사 구조에서 서술어의 통사적 지위는 주어나 목적어와는 어떻게 구별되며, 그렇게 될 수밖에 없는 이유는 무엇인가?'입니다. 저희가 준비한 답은, 서술어는 '먹-'이며, 주어나 목적어는 구인데 서술어는 단어의 지위를 가지고, 서술어가 주어와 목적어를 지배하므로 핵과 비핵의 지위로 차이가 나서 비록 서술어가 문장성분이지만 구가 아닌 단어가 된다는 것입니다.

교수

답변 잘 들었는데요, 작은 문제 3개로 이루어진 이 문제는 이제까지의 논의와는 또 다른 국면으로 우리를 이끕니다. 역시 차근차근 풀어 가야겠습니다. 첫 번째 작은 문제부터 같이 확인해 볼까요? 문제는 간단한 편입니다. '그 아이가 빵을 먹었다'에서 서술어가 무엇이냐는 건데 학생, 일반적으로 여기에 대해 뭐라고 답할까요?

학생 1

일반적으로는 '먹었다'라고 답할 것 같습니다.

교수

그래요. 학교문법에서는 그렇게 알려 주죠. 그런데 학생은 뭐라고 답했어요?

학생 1

‘먹-’이라고 답했습니다.

교수

그건 서술어가 아니라 동사 어간 아닌가요? 왜 그렇게 보는 거죠? 근거가 필요합니다. 학생, 칠판에 써 놓는 두 개의 문장을 비교하면서 답변해 보기 바랍니다. 어렵나요? 그럼, 조별 토의를 해 보기 바랍니다.

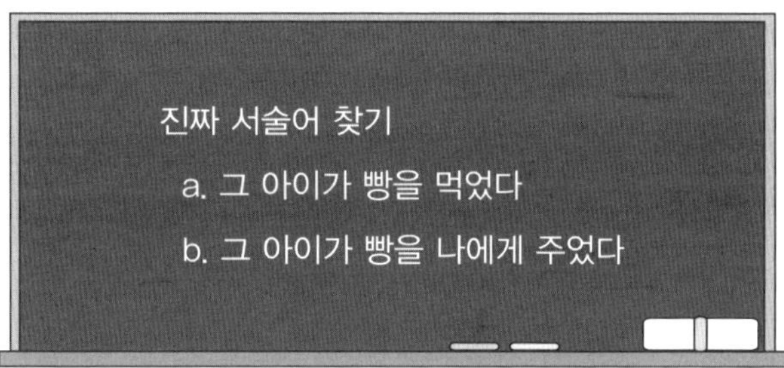

((학생들은 두 문장을 비교해 보면서 실마리를 찾으려고 애썼다. 두 문장은 완전히 겹치는 부분과 그렇지 않은 부분으로 명확히 나뉜다. ‘그 아이가 빵을’까지는 동일하고, 그 다음부터는 달랐으며, 마지막 부분인 ‘었다’는 다시 동일하다. 동일하지 않은 부분인 ‘먹’과 ‘나에게 주’가 아마도 중요한 단서일 거라며 그 부분에 대해 집중적으로 논의가 이어졌다.))

교수

아쉽지만 이제 멈추고 모두 같이 이야기 나누어 보도록 하겠습니다. 학생, 조별 토의에서 어떤 의견이 나왔나요?

학생 1

칠판에 쓰여 있는 두 문장에서 동일한 부분과 상이한 부분이 무언지에 대해 주목하게 되었습니다. 문제는 첫 번째 문장에서 진정한 서술어를 찾는 것인데, 저희는 왜 서술어가 ‘먹었다’가 아니고 ‘먹-’인지 어느 정도 알 수 있었던 것 같습니다.

교수

그래요? 궁금하네요. 차근차근 설명해 주세요.

학생 1

두 문장에서 겹치는 부분은 '그 아이가'라는 주어와 '빵을'이라는 목적어입니다. 목적어가 있으니 서술어는 타동사일 거라고 추측했습니다. 문장 (a)에서는 목적어 다음에 바로 서술어가 나왔습니다. 학교문법에서라면 '먹었다'가 서술어라고 할 것인데, 문장 (b)와 대조해 보니 다른 가능성이 제기될 만했습니다. (b)에서는 목적어 '빵을' 다음에 '나에게'라는 보어가 나옵니다. 그리고 '주었다'가 이어서 나옵니다. 주어와 목적어, 보어가 있으니 (b)의 서술어는 '타동사, 3자리'입니다. 이것은 문장 (a)의 서술어가 '타동사, 2자리'인 것과 차이를 보입니다. 이제 저희가 주목한 것은 그러한 차이가 어디에서 나오는가 하는 것이었습니다. '먹었다'와 '주었다'가 대조되었지만, 그 둘은 겹치는 부분이 있었습니다. '었다'인데요, 이것은 '과거시제'를 의미하는 '-었-'과 평서형을 나타내는 '-다'로 이루어진 것입니다. 두 문장 모두 같습니다. 차이를 보이는 것은 (a)의 '먹-'과 (b)의 '주-'였습니다. 서술어가 문장에서 필수성분의 개수와 종류를 결정하는 것이라면, (a)에서 서술어는 '먹었다'가 아니라 '먹-'이라고 결론지었습니다. 물론 (b)에서도 서술어는 '주-'이고요.

교수

박수가 필요한 순간입니다. 매우 정밀한 관찰을 통해, 있는 그대로를 잘 설명할 수 있는 길을 지혜롭게 찾았습니다. 정말 눈에 보이는 그대로 차근차근 접근한 결과, 학교문법과는 다른 길에 도달하게 된 거죠.
지금 이 단계에서 꼭 짚고 넘어가고 싶은 것은 바로 '자립성'이라고 하는 것입니다. 그동안 '단어'의 정의에서, 그리고 '자립형태소'의 정의에서 '자립성'은 '대화에서 홀로 쓰일 수 있는 성질'이라고 했습니다. 그러나 통사론에서 자립성은 그래서는 안 됩니다. 왜일까요?

학생 1

'대화에서 홀로 쓰일 수 있는 성질'은 '대화'를 품고 있고 '대화'는 화용론적 성격을 가지고 있어서 아닌가요?

교수

좋습니다. 그래서요?

학생 1

문장의 구조를 분석하는 통사론은 단어에서 문장까지를 다룹니다. 통사론에서 자립성을 따진다면, 그것은 단어와 문장 사이에서 이루어져야 하는데, 대화는 이러한 통사론의 범위를 넘어서니까 그래서 통사론에는 안 맞는 자립성이 아닌가 생각합니다.

교수

역시 탁월한 추론입니다. 정말 그렇습니다. 대화는 문장을 뛰어넘는 언어단위입니다. 정확히 말해서 그것은 담화의 일종이죠. 담화는 화용론이 다룹니다. 화용론은 발화에서 담화까지를 다루죠. 따라서 '대화에서 홀로 쓰일 수 있는 성질'이라는 자립성의 정의는 화용론적인 정의라고 할 수 있습니다. 그런데 우리는 지금 통사론을 하고 있어요. 그런데 여기서 화용론적 자립성을 가지고 단어를 판단한다면 그건, 앞서 음운론적 현상을 통사론 논의에서 증거로 사용하려는 것만큼이나 층위 혼동의 오류에 빠지는 것입니다. 따라서 기존의 화용론적 자립성에서 벗어나 통사론적 자립성을 생각해야 하죠. 그러면 통사론적인 자립성은 무엇일까요? 화용론적 자립성을 잘 벤치마킹해 보면 얻을 수 있습니다.

학생 1

'대화에서 홀로 쓰일 수 있는 성질'이 아니라 '문장에서 홀로 쓰일 수 있는 성질'이라고 바꾸면 되지 않을까요?

교수

좋은 접근입니다. 그럼, '문장에서 홀로 쓰일 수 있는 성질'이란 정확히 어떤 걸 말하는 걸까요? 화용론적 자립성에서 '대화에서 홀로 쓰일 수 있는' 것이란 게 정확히 무엇이었죠?

학생 1

대화에서 어떤 질문에 대한 대답으로 쓰일 수 있다는 것을 뜻했던 것으로 기억합니다.

교수

그래요. 질문과 대답으로 이루어진 대화에서 어떤 말이 질문이나 대답으로 쓰인다는 것은 그 말이 대화에서 독자적으로 질문이나 대답으로 기능한다는 거겠죠. 그건 뭐예요? 그 말이 대화에서 독자적인 기능을 맡고 있다면 그 말은 화용론적 자립성을 가지고 있다고 말할 수 있다는 거죠? 이런 상황을 문장으로 고스란히 바꾸어 놓고 생각하면 됩니다.

학생 1

그럼, 문장에서 독자적인 기능을 하고 있다면 그건 통사론적 자립성을 가진 것이라고 할 수 있는 것인가요?

교수

드디어 원하는 답이 나왔습니다. 바로 그겁니다. '문장 안에서 독자적인 기능을 수행할 수 있는 것'을 바로 통사론적 자립성이라고 할 수 있습니다. 이러한 관점에서 문장 (a)에서 왜 '먹-'이 서술어 자격을 가지는지 이해할 수 있습니다. 학생, '먹-'이 (a)라는 문장에서 독자적으로 수행하고 있는 기능이 뭔가요?

학생 1

그것은 주어와 목적어를 필수성분으로 선택하고 있습니다.

교수

그렇죠. '먹-'은 '타동사, 2자리' 서술어로서 주어와 목적어를 요구합니다. '먹-'이 문장의 필수성분의 종류와 개수를 결정하는 거죠. 따라서 '먹-'은 그 자체로 단어입니다. 기존에 학교문법에서 동사 어간이라고 했던 것이 실은 동사 자체입니다. 형용사 어간도 형용사 자체이고요. '먹-' 다음에 오는 '었다'는 어떤가요?

학생 1

아까 말씀드린 것처럼 '-었-'은 과거시제를 나타내고 '-다'는 평서문을 표시하는 것이니 둘 다 각각 단어라고 할 수 있을 거 같습니다.

교수

그렇죠. 둘 다 통사론적 자립성을 가진 말, '통사적 단어, syntactic word'라고 할 수 있습니다. 통사적 단어를 '통사 원자, syntactic atom'이라고도 합니다. 우리는 이제까지 형태론과 통사론에서 화용론적 자립성을 가지고 단어를 따져 왔습니다. 그러나 우리에게 필요한 것은 통사론적 자립성입니다. 품사론의 단어 정의에서도, 조어론의 자립형태소 정의에서도 필요한 것은 통사론적 자립성이지 화용론적 자립성이 아니에요. 이게 바로 첫 번째 작은 문제가 우리에게 일깨워 주는 새로운 국면입니다. 문장 (a)에서 '먹-'이 서술어라면 (b)에서도 '주-'가 서술어죠.

- memo -

- 화용론적 자립성: 대화에서 홀로 쓰일 수 있는 성질
- 통사론적 자립성: 문장에서 홀로 쓰일 수 있는 성질
  (문장에서 독자적인 기능을 수행하는 것)
  - 통사적 단어, 통사 원자

40 오컴의 면도날: 동사구의 구조

교수

이제 두 번째 작은 문제를 음미해 볼 차례입니다. 문장에서 서술어의 통사적 지위는 주어나 목적어와는 어떻게 구별될까요? 이것도 차근차근 풀어 가야 합니다. 학생, 앞에서 문장성분의 통사 범주는 뭐라고 배웠죠?

학생 1

'구'라고 배웠습니다.

교수

'구'라는 형식을 취하는 문장성분으로는 뭐가 있었죠? '그 아이가 빵을 먹었다'라는 문장에서요.

학생 1

주어와 목적어, 그리고 주어 속에 들어 있는 관형어가 구였습니다.

교수

그럼, 서술어도 문장성분이니 구의 형식을 취할 걸로 기대할 수 있겠네요?

학생 1

예, 그렇습니다.

교수

그런데 학생이 답한 건 좀 달랐죠?

학생 1

아… 예, 주어나 목적어는 구인데 서술어는 단어의 지위를 가진다고 답했습니다.

교수

왜 그렇게 되었을까요? 문장성분이면 다 구라고 하면 깔끔하고 좋을 텐데 서술어만 예외적으로 단어라고 해야 하니 부담이 되죠. 왜 이렇게 서술어는 문장성분으로서 예외적인 지위를 가지게 된 걸까요?

학생 1

서술어가 주어, 목적어를 선택한다는 것에서 원인을 찾아야 할 것 같습니다.

교수

서술어가 주어, 목적어를 선택한다는 걸 돌려 말하면, 주어와 목적어는 서술어에 의해 선택이 되는 거라고 할 수 있죠. '그 아이가 빵을 먹었다'에서 주어와 목적어가 등장할 수 있는 건 순전히 '먹-'이 '타동사, 2자리'이기 때문이니까요. 이 대목에서 언어학자들은 서술어가 주어와 목적어를 지배한다고 말합니다. 지배하는 것과 지배받는 것, 이것은 통사 구조의 관점에서는 자연스럽게 무엇과 무엇으로 이어지게 될까요?

학생 1

핵과 비핵으로 이어지는 거 같습니다.

교수

그렇다면 무엇이 핵이고 무엇이 비핵이죠?

학생 1

지배하는 서술어가 핵이고, 지배받는 주어와 목적어가 비핵입니다.

교수

그러면 핵의 지위와 비핵의 지위는 통사적으로 어떻게 구별되죠?

학생 1

핵은 단어의 지위를 가지고 비핵은 구의 지위를 가집니다.

교수

그러면 이것을 서술어와 주어, 목적어랑 연결 지으면?

학생 1

서술어는 핵이니까 단어의 지위를 가지고 주어와 목적어는 비핵이니까 구의 지위를 가진다고 할 수 있습니다.

교수

이렇게 우리는 서술어가 문장성분임에도 불구하고 왜 구가 아니라 단어의 지위를 가지는지 알 수 있게 되었습니다. 문장성분은 기본적으로 구이지만, 그러한 문장성분을 지배하는 또 다른 문장성분이 있을 경우, 지배하는 문장성분은 구가 아니라 단어일 수밖에 없습니다. 그게 핵이 되니까요. 핵은 단어이고 그것의 지배를 받는 비핵은 구입니다. 그러면 학생, '먹-'은 주어와 목적어를 지배하여 무슨 구를 이룰까요?

학생 1

'동사구'를 이룹니다.

교수

맞아요. '먹-'이 '동사'니까 그게 핵이 되어 만들어지는 구는 당연히 '동사구'가 되겠죠. 그럼, '먹-'이 만드는 동사구를 수형도로 그리면 어떻게 될까요? 칠판을 보세요.

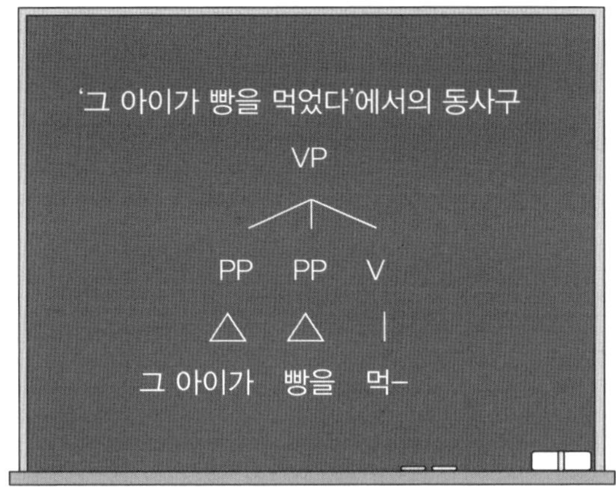

교수

여기 '주어 PP'와 '목적어 PP' 아래 그린 삼각형 모양의 이것은 '더미 심볼, dummy symbol'이라고 부릅니다. 그 안에 들어 있는 걸 자세히 풀지 않고 뭉뚱그려 간단히 표시하는 기호죠. '그 아이가'라는 '주어 PP'와 '빵을'이라는 '목적어 PP'의 자세한 모습은 이미 살펴본 적 있습니다. 여기서 그것들까지 다시 보이며 수형도를 복잡하게 만들 필요는 없을 거 같아요. 그게 초점이 아니니까요. 이 수형도에서 가장 오른쪽에 있는 'V'인 '먹-'이 핵이고 그 앞에 있는 두 개의 PP가 비핵입니다.

학생 2

선생님, 질문이 있는데요. 아까 보았던 '한국어 구의 통사 구조'나 '주어 PP'와 '목적어 PP'의 수형도와 지금 그리신 '동사구 VP'의 수형도가 뭔가 좀 다른 것 같습니다.

교수

눈이 참 밝은데요! 좋은 관찰력입니다. 뭐가 다른 걸까요? 참고로 '한국어 구의 통사 구조'를 여기 다시 써 볼게요.

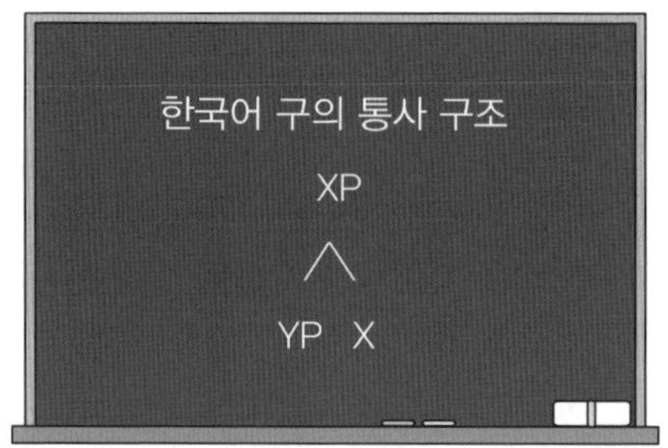

학생 2

예, 감사합니다. 여기 'XP'를 보면 그 아래에 'YP'와 'X'만 있습니다. 'X'가 핵, 'YP'가 비핵, 이렇게 핵과 비핵이 1개씩 있습니다. 그런데 저기에 있는 동사구 VP를 보면, 핵은 V 하나지만, 비핵인 PP는 두 개입니다.

교수

핵과 비핵이 각각 1개씩인 구조를 '이분지' 구조라고 하고, 동사구 VP에서처럼 VP 아래로 가지가 세 개 뻗어나간 걸 '삼분지' 구조라고 합니다. 학생의 질문을 간략히 줄이면, 일반적인 한국어의 통사 구조는 '2분지'인데, 왜 동사구 VP만 '3분지' 구조냐 하는 겁니다. 여기서 질문 하나. 학생, 이론적으로 2분지와 3분지 중에서 어떤 게 더 좋을까요?

학생 2

예? 음... 혹시 2분지 아닐까요?

교수

왜요?

학생 2

가지의 개수가 적으니까...

교수

그렇습니다. 학생의 말대로 가지의 개수가 적은 것이 2분지가 유리한 점이에요. 가지를 추가하는 것도 일이니 최소의 가지로만 통사 구조가 반복적으로 전개될 수 있다면 그게 더 좋겠죠. 여기서 질문 하나 더. 그럼, 이러한 2분지 구조를 기본으로 하고, 여기서 3분지를 허용하는 건 어떨까요?

학생 2

어... 원칙이 있고 또 예외가 있으니 충분히 가능하지 않을까요?

학생 3

저는 생각이 좀 다릅니다. 만약 3분지를 허용하면 4분지도, 또 5분지도 계속 허용해야 할 거고, 이렇게 자꾸 허용하다 보면, 원칙인 2분지가 결국 원칙이 아닌 걸로 될 거 같습니다.

교수

그렇죠. 바로 그런 이유로 학자들은 2분지를 고수하려 들죠. 언어 습득 차원에서도 아이가 모어를 배울 때 문장의 통사 구조가 2분지로만 되어 있다면, 다분지로 되어 있을 경우보다 배우는 게 더 훨씬 쉬울 겁니다. 이게 또 정말 중요한 이유죠. 그러나 이 얘긴 여기서 그치기로 하고, 일단 문제를 간소화하기 위해, 3분지인 동사구를 어떻게 2분지로 바꾸어 그릴 수 있을까에 초점을 맞추어 봅시다.

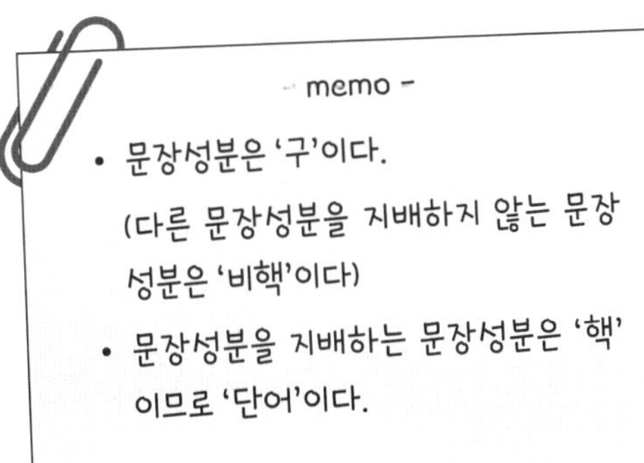

41 구 구조: 핵에서 최대 투사까지

교수

'동사구 VP'를 구성하는 것은 '주어 PP', '목적어 PP', '동사 V' 이렇게 셋입니다. 이때 동사구 VP를 '어미 마디, mother node'라고 하고, 그 밑에 딸려 있는 3개를 '딸 마디, daughter node'라고 합니다. 3개의 딸 마디가 1개의 어미 마디에 묶여 있는데, 이걸 어떻게 2개의 마디가 1개의 어미 마디에 묶여 있는 걸로 바꿀 수 있느냐가 문제인 거죠. 누구, 아이디어 없나요?

학생 3

제 생각에는 3개가 1개에 묶여 있는 걸 2개가 1개에 묶여 있는 걸로 단번에 바꾸는 건 어려울 것 같습니다. 두 단계로 나누면 가능할 것도 같은데요.

교수

뭔가 묘수가 있는 것 같은데요. 그럼 나와서 칠판에 써 주세요. 그리고 설명을.

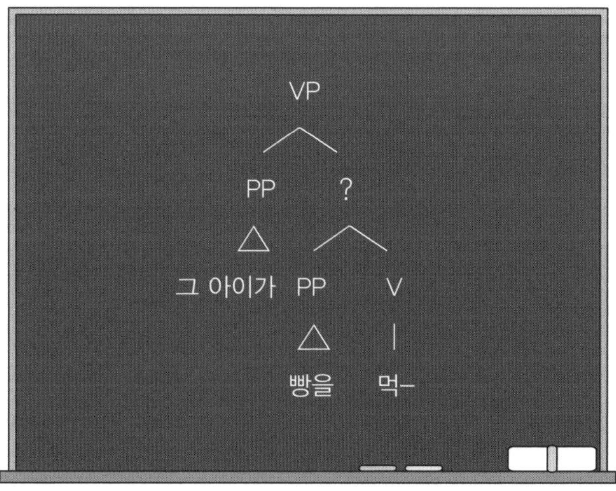

학생 3

일단 목적어 '빵을'이 서술어 '먹-'과 결합하고 나서 그 다음에 주어 '그 아이가'가 결합하는 것입니다.

교수

여기까지 온 것만으로도 매우 훌륭합니다. 목적어와 서술어가 먼저 결합하고 난 다음에 주어가 결합하는 게 중요해요. 주어와 목적어 중 목적어가 서술어와 더 친하니까요. 그 증거는 조금 있다가 살펴보기로 하고, 우선 '빵을'과 '먹-'이 결합하여 이루어지는 어미 마디부터 해결해 봅시다. 학생, 여기에 물음표를 붙인 이유가 뭐죠?

학생 3

그게 뭔지 몰라서 물음표 '?'를 임시로 붙여 놓았습니다. 일단 맨 밑에 동사 '먹-'은 V가 맞고, 맨 위에는 VP가 맞는 것 같습니다.

교수

맨 밑의 V나 맨 위의 VP를 '문법 표지, grammatical label'라고 하고 그것이 놓인 위치를 '마디, node'라고 하죠. 그러니까 '맨 위의 마디는 VP이고, 맨 아래의 오른쪽 마디는 V이다'라고 말하면 됩니다. 마디에는 이렇게 문법 표지를 놓고 그 아래 실제 단어를 배치하죠. 이때 실제 단어를 '어휘 항목, lexical item'이라고 불러요. 통사 구조의 표시는 문법 표지를 가지고 하고, 그 문법 표지 밑에는 어휘 항목을 놓는 겁니다. 그런데 맨 아래의 V와 맨 위의 VP 사이에 있는 '중간 마디'가 '?'로 되어 있는데 이 자리에 들어갈 문법 표지는 뭐라고 하면 될까요?

학생 3

방금 선생님께서 '중간 마디'라고 하셨는데 혹시 그게 답인가요?

교수

눈치가 빠르군요. 더 정확히는 '중간 투사, intermediate projection'라고 합니다. VP가 '최대 투사, maximal projection'이고, V가 '최소 투사, minimal projection'이죠. 이렇게 보니 어때요? 최소 투사, 중간 투사, 최대 투사가 모두 'V 계열'임일 알 수 있죠. 전체 '구'가 VP이니, 그 핵은 당연히 V일 것이고, 핵과 최대 투사 사이의 중간 투사 역시 'V 계열'인 건 당연합니다. 최대 투사의 원래 표시는 V"입니다. V 다음에 붙은 '"'은 '프라임'이라고 읽는데 통사 구조의 계층을 알려 줍니다. 보통 두 개의 프라임을 붙이면 어떤 구의 최고 단계죠. 그래서 V"을 VP라고 바꿀 수 있는 겁니다. VP가 V"이라면 그 아래 단계인 '?'에는 뭐가 들어가면 되겠어요?

학생 3

혹시 프라임이 한 개 줄어든 V'이 아닐까요?

교수

잘 맞추었어요. 중간 투사는 최대 투사 아래 단계이니 프라임을 하나 줄이면 '브이 원 프라임'이 되겠죠. 그럼, 그 아래에 있는 최소 투사는 뭘까요?

학생 3

최대 투사가 '2'이고 중간 투사가 '1'이면, 최소 투사는 '0'이 아닌가요?

교수

그렇습니다. 그래서 최소 투사는 그냥 V라고도 쓰지만 더 정확히는 V^0입니다. V^0에서 시작하여 V', V"로 투사되어 한 단계씩 올라가는 거죠. 이제 학생이 이걸 반영하여 '?'를 제대로 된 문법 표지로 바꾸어 줄래요?

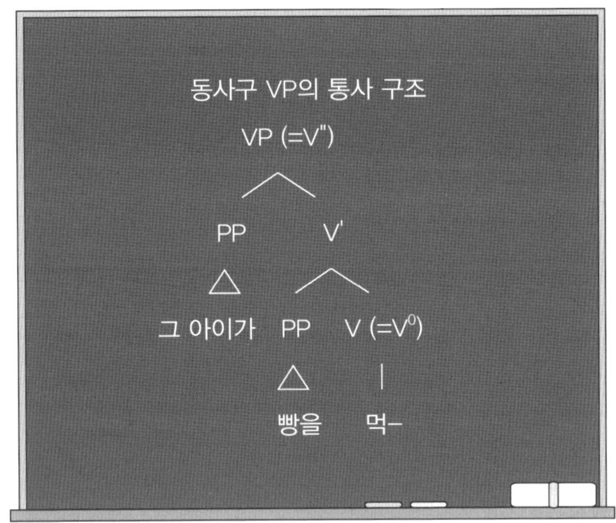

교수

이렇게 동사구의 수형도가 완성되었습니다. 여기서 VP는 V''로 바꾸어 쓸 수 있고, V는 V^0로 바꾸어 쓸 수 있습니다. 동사구가 이분지로 완성이 되었으니, 한국어 구의 일반적인 통사 구조도 그에 맞추어 보완을 해야겠지요?

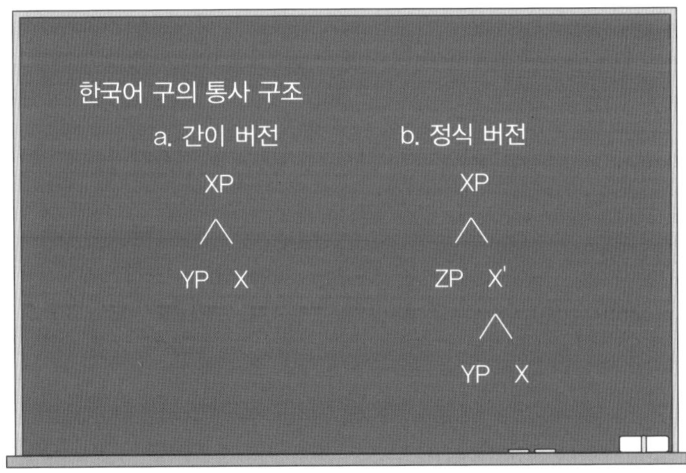

교수

아까 살펴본 통사 구조 (a)는 '간이 버전'이라고 할 수 있습니다. (b)가 '정식 버전'이죠. 핵이 중간 투사를 거쳐 최대 투사에 이릅니다. '간이 버전'에서는 비핵으로 YP밖에 없었지만 '정식 버전'에는 YP 말고도 ZP가 있습니다. 중간 투사를 고려하니 또 다른 비핵이 추가되는 거죠. 이러한 구의 통사 구조를 간단히 '구 구조'라고 부르는데, 여기서 핵과 그 옆의 YP는 '자매 관계, sisterhood'에 있다고 합니다. 즉 X와 YP는 자매관계죠. 핵과 비핵은 자매 관계에 있습니다. 핵 X에 대해 YP를 '보충어, complement'라고 합니다. 핵 X와 그것의 보충어 YP가 합쳐져 중간 투사 X'를 이룹니다. X'는 중간 크기의 구라고 보면 됩니다. 그것은 자신의 비핵을 가지는데 그게 ZP입니다. 그걸 '지정어, specifer'라고 부르죠. 이렇게 핵은 보충어와 결합하여 중간 투사를 이루고, 중간 투사는 지정어와 결합하여 최대 투사, 즉 구를 이룹니다. 비핵에 해당하는 보충어와 지정어는 모두 구의 모습을 띕니다. 이를 잘 그려 놓은 것이 (b)입니다. 구 구조에 대한 이러한 이론을 생성문법에서 '엑스바 이론, X-bar theory' 또는 '핵 계층 이론'이라고 부릅니다. 원칙적으로는 동사구 VP 하의 주어, 목적어도 이렇게 그려야 하겠지만, 그러면 원치 않게 복잡해지니 간단히 (a)와 같은 간이 버전으로 그려 놓고 이야기를 계속해 나가겠습니다.

학생 3

선생님, 주어와 목적어의 수형도를 간이 버전으로 그리게 되면 비핵이 YP인지 ZP인지 구별이 잘 안 되는 게 아닌가요?

교수

정확히 보았습니다. 아주 예리한데요. 주어 PP와 목적어 PP를 (b)처럼 그리게 되면 매우 복잡해집니다. 사실 우리가 지금 하는 논의 차원에서는 그렇게까지 모든 사항들을 시시콜콜히 다 따질 필요는 없을 거 같습니다. 꼭 필요한 얘기를 꼭 필요한 표시로 간결하게 논의하는 게 좋죠. 주어와 목적어는 비핵이 1개이니 간이 버전으로, 서술어는 비핵이 2개이니 정식 버전으로 수형도를 그리며 이야기하는 겁니다.

- memo -

- 삼분지: 어미 마디에 딸려 있는 딸 마디가 3개인 경우
- 이분지: 어미 마디에 딸려 있는 딸 마디가 2개인 경우
- 엑스바 이론: 핵, 보충어, 지정어
- 구 구조: 간이 버전, 정식 버전

42 맏이와 막내: 주어와 목적어의 비대칭성

학생 4

선생님, 아까 목적어와 서술어가 먼저 결합하고 난 다음에 주어가 결합한다는 증거를 보여 주신다고 하셨는데 궁금합니다.

교수

아. 주어와 목적어 중 목적어가 서술어와 더 친하다는 얘기 말이죠? 알겠습니다. 여기 보세요.

a. John broke a vase yesterday.

b. John broke a leg yesterday.

교수

여기 써 놓은 두 개의 예문을 보세요. 서술어는 'broke'인데, 이건 기본형이 'break'로 '타동사, 2자리' 서술어입니다. (a)에서 주어는 'John'이고 목적어는 'a vase'죠. 해석은 어떻게 되나요? '어제 존이 꽃병을 깨뜨렸다' 정도가 되겠죠. 그런데 (b)는 해석이 어떻게 됩니까? 자연스러운 해석은 '어제 존이 다리가 부러졌다'입니다. 'break'는 '타동사, 2자리' 서술어인데 자동사 문장처럼 해석이 되는 거예요. 이게 어찌된 일일까요?

이 문제를 제대로 이해하고 설명하기 위해서는 '의미역, semantic role'이라는 걸 알아야 합니다. '의미역'이란, '의미적 역할'의 줄임말로, 논항이 문장 안에서 맡는 역할이나 기능을 말합니다. 예를 들어, '영수가 밥을 먹는다'라는 문장에서 '영수'는 '먹는' 행위의 주체이고 '밥'은 행위의 대상입니다. 이때 '영수'의 의미역을 '행위자역, Agent'이라고 하고 '밥'의 의미역을 '대상역, Theme'이라고 합니다. '행위자 역할'을 '행위자역', 간단히는 '행위자'나 '행위주'라고 할 수 있고, '대상역'을 그냥 '대상'이라고 해도 됩니다.
이러한 관점에서 칠판에 있는 두 문장의 주어와 목적어의 의미역을 살펴보죠. 학생, (a)에서 주어 'John'과 목적어 'a vase'의 의미역을 각각 말해 볼 수 있겠어요?

학생 4

존이 꽃병을 깨뜨렸으니 'John'은 '행위자'이고 'a vase'는 '대상'이라고 생각합니다.

교수

좋습니다. 잘했어요. 그럼, (b)에서는 어떻습니까?

학생 4

어, (b)에서도 'John'은 '행위자'이고 'a leg'은 '대상'이 아닐까요?

교수

정말이요? 정말 그럴까요? 해석이 앞 문장과 다른데. 혹시 다른 생각 가진 사람 있나요?

학생 5

저는 (a)와 (b)에서 'John'이 좀 다른 것 같습니다. (a)에서는 말씀하신 대로 'John'은 '행위자'이지만, (b)에서 'John'은 뭔가 행위를 한 사람이 아니라 행위를 당한 사람 같습니다.

교수

행위를 당한 사람이라, 그렇다면 행위자가 아니라 피해자?

학생 5

뭐, 그렇게 부를 수 있다면 그렇게라도 불러서 구별해야 하지 않을까 합니다.

교수

정말 그렇게 부른답니다. (b)에서 'John'은, 학생 말대로, 행위를 하는 사람이 아니라 피해를 입은 사람, 그래서 '피해자, Patient'라고 불립니다. 이제 문제는, 왜 이런 해석의 차이가 생기는 걸까 하는 거죠. 정확히 말해 두 문장에서 주어 'John'의 의미역이 왜 달라졌을까 하는 것입니다. 학생, 이유가 뭘까요?

학생 5

두 문장은 모두 똑같은데 목적어만 다릅니다. 아마 거기서 해결의 실마리를 찾아야 할 것 같습니다.

교수

매우 적절한 관찰이에요. 두 문장의 차이라면 목적어가 'a vase'이냐, 'a leg'이냐의 차이밖에 없죠. 그러한 차이가 뭔가 원인일 수 있어요. 그럼 목적어를 더 자세히 살펴보죠. 'a vase'에서 'vase'는 어때요? 보통의 일반명사죠? 별로 이렇다 할 게 없는 명사입니다. 꽃병 하나가 덩그러니 놓여 있을 수가 있죠. 그런데 'a leg'의 'leg'는 어떻습니까? 다리 하나가 덩그러니 저기에 놓여 있을 수 있나요? 매우 충격적인 상상입니다. 보통의 상황에서라면 매우 예상하기 힘든 일입니다. 무슨 끔찍한 사건이 발생해야만 그런 상상하기도 힘든 일이 벌어지겠죠. 왜 그래요? 왜 '다리'는 이렇게 하나가 덩그러니 놓여 있을 수가 없는 거예요?

학생 5

예, 그건 다리가 사람 몸의 일부니까 그런 거 같습니다.

교수

지극히 상식적이면서 아주 훌륭한 대답입니다. 바로 그런 명사를 '비분리성 명사, inalienable noun'이라고 부르니까요. '비분리성'이란 말은 '양도불가능성'이라고도 하는데, '다리'와 같이 신체의 일부가 함부로 떼어져 홀로 존재할 수 없다는 것입니다. (b)의 목적어 'a leg'의 'leg'는 '비분리성, 양도불가능성, 비양도성'을 가집니다. 그러한 목적어에 대해 주어 'John'은 행위자일 수 없고 피해자가 됩니다. 물론 'John'이 의도적으로 자신의 다리를 부러뜨릴 수도 있어요. 그건 지극히 예외적이지만 가능은 하죠. 그러나 일반적인 상황에서의 일반적인 해석은 아까 말한 것처럼 '존이 다리가 부러졌다'는 겁니다. 누군가가 그래서, 혹은 본인의 실수로 다리가 부러진 거죠, 존이.

이때 우리에게 중요한 것은, 목적어가 무엇이냐에 따라 주어의 의미역이 달라진다는 겁니다. 이게 뜻하는 게 뭐예요? 그건, 주어의 의미역은 서술어 혼자서 결정하는 게 아니라 서술어가 목적어와 함께 결정한다는 것입니다. 이해하겠어요? 만약 서술어 혼자서 결정하는 거라면 목적어가 뭐가 와도 'John'의 의미역은 계속 행위자일 테니까요.

자, 그럼, 이제 주어와 목적어가 서술어에 대해 대등한 관계에 있을까 생각해봐야 합니다. 그럴까요? 아니겠죠! 목적어는 서술어와 먼저 묶여야겠고, 주어는 그런 다음에 묶여야 할 겁니다. 서술어가 주어를 혼자 상대하는 게 아니라 목적어와 연합하여 상대해야 하니까요. 그렇다면, 이걸 반영하는 통사 구조는 삼분지일까요, 이분지일까요? 칠판을 보세요.

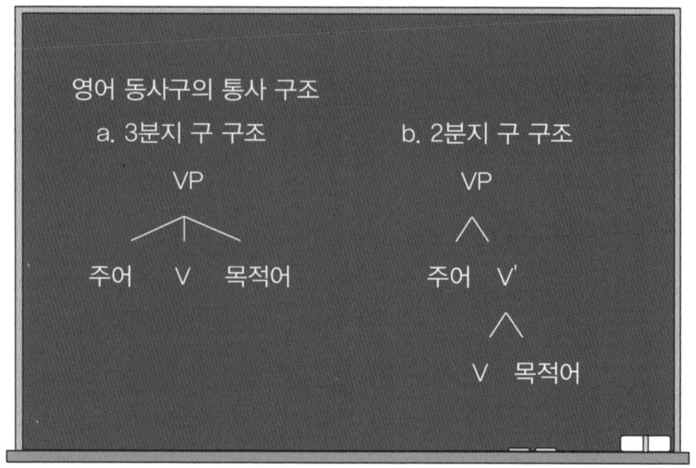

교수

이분지 구 구조에서는 V와 주어, V와 목적어의 거리가 같습니다. 그 거리를 재는 방법은 어렵지 않아요. V에서 출발하여 무엇을 몇 개나 거치냐를 헤아리면 됩니다. 학생이 세어 볼래요?

학생 5

우선 (a)에서는 V에서 출발하여 주어까지 가려면, V에서 시작하여 VP를 거쳐 주어에 도달합니다.

교수

V라는 마디에서 출발하여 VP라는 마디를 거치고 마지막에 주어라는 마디에 도착하는군요. 그러면 목적어로 가려면 어떻게 해야 하나요?

학생 5

역시 V에서 시작하여 VP를 거쳐 목적어에 도달합니다.

교수

(a)에서는 V에서 출발하여 주어까지 가는 것과 목적어까지는 가는 게 거리가 같다는 걸 알 수 있습니다. 한 마디에서 다른 마디로 이동하는 걸 1로 계산하면 모두 거리가 2가 나오니까요. 그럼, (b)에서는 어떤지 계산해 볼까요?

학생 5

(b)에서는 V에서 출발하여 주어까지 가려면, 우선 V'를 거치고 그 다음에 VP를 거쳐서 주어에 도달할 수 있으니 거리가 3입니다. 그런데 목적어까지 가려면 V에서 시작하여 V'로 올라갔다가 다시 목적어로 내려오니 거리는 2가 됩니다. 서술어에서 주어로 가는 게, 목적어로 가는 것보다 멉니다.

교수

잘했습니다. 삼분지 구 구조인 (a)에서는 서술어와 주어, 서술어와 목적어 간의 거리가 같습니다. 이건 뭘 뜻해요? 주어와 목적어가 서술어와 대등한 관계에 있다는 걸 의미입니다. 하지만 이분지 구 구조인 (b)에서는 어떻습니까? 주어와 서술어의 거리는 3이고, 목적어와 서술어의 거리는 2입니다. 어떤 게 더 가까워요? 목적어와 서술어가 더 가깝죠? 이건 뭘 뜻해요? 서술어가 먼저 목적어와 만나고, 그러고 나서 이 둘의 결합체인 V'가 주어를 상대한다는 것을 의미합니다. 어때요? 주어의 의미역을, 서술어가 혼자 결정하는 게 아니라 서술어가 목적어와 연합하여 결정한다는 아까의 관찰에 잘 부합하죠? 그래서 동사구를 그릴 때 삼분지는 안 되고 이분지가 필요한 거예요.
사례 하나를 더 볼까요? 이번에는 재귀대명사를 가진 한국어 예문입니다.

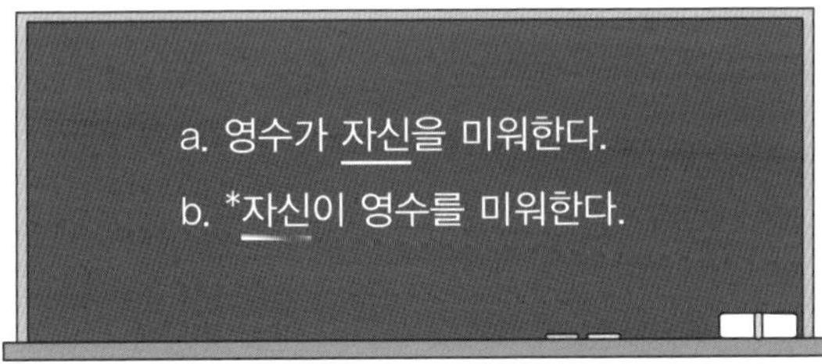

교수

(a)에서 '자신'은 '재귀대명사, reflexive pronoun', '영수'는 그것의 '선행사, antecedent'입니다. 일반적으로 선행사는 재귀대명사보다 먼저 와야, 즉 선

행해야 합니다. '재귀대명사'는 '대명사'니까 그 자체로는 어떤 지시 대상을 가리키는지 알 수 없습니다. 그래서 선행사가 필요한 거죠. 이러한 관계를 '결속, binding'이라고 부릅니다. 선행사는 재귀대명사를 결속해야 합니다. 이때 선행사는 재귀대명사 앞에 와야 합니다. 안 그러면 (b)에서처럼 비문이 되죠. (b)에서 재귀대명사 '자신'은 선행사 '영수'보다 앞서 있습니다.
그런데 여기서 '재귀대명사'와 '선행사'의 위치를 보세요. 단순히 앞에 온다, 뒤에 온다가 아니라 주어 위치, 목적어 위치에 있습니다. 먼저 (a)에서는 선행사 '영수'가 주어 위치에, 재귀대명사 '자신'이 목적어 위치에 있습니다. 이때는 정문이죠. 그런데 (b)에서는 선행사 '영수'가 목적어 위치에, 재귀대명사 '자신'이 주어 위치에 있습니다. 이때는 비문이죠. 단순히 선후 관계 때문에 문제가 생긴 것이 아니라는 건, 다음 예문들이 잘 보여 줍니다.

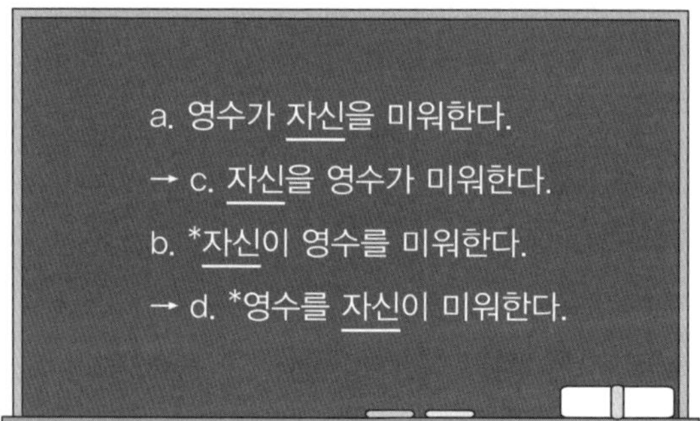

교수

만약 단순히 선행사가 앞에 오고 재귀대명사가 그 뒤에 와야 하는 거라면, (c)는 비문이 되어야 하고, (d)는 정문이 되어야 할 겁니다. 그러나 사실은 그렇지 않죠. (c)는 여전히 정문이고 (d)는 여전히 비문이니까요. 혹시 (c)가 좀 어색하게 여겨지나요? '자신' 대신 '자기 자신'이라고 바꾸면 이론의 여지가 없어질 겁니다. 칠판 보세요.

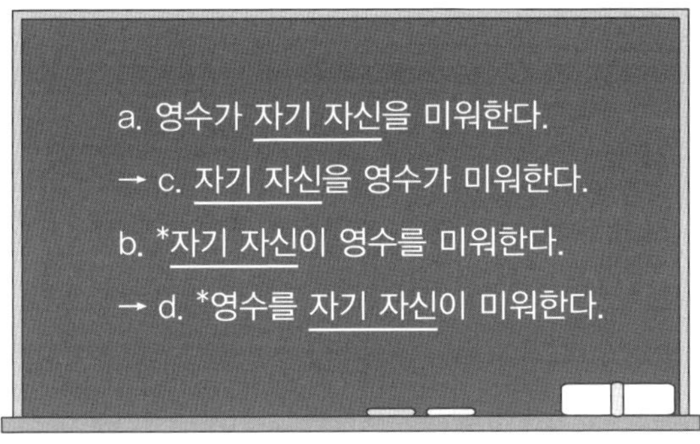

교수

'자기'나 '자신'이나 모두 재귀대명사인데 이걸 겹쳐 써도 됩니다. 그럴 경우, (a)와 거기서 목적어를 문장 앞으로 옮긴 (c)는 여전히 정문이고, (b)와 거기서 목적어를 문장 앞으로 옮긴 (d)는 여전히 비문입니다.

여기서 중요한 것은, 단순히 선행사가 재귀대명사 앞에 와야 하는 게 아니라는 것입니다. 선행사는 재귀대명사보다 구조상 더 높은 곳에 있어야 한다는 것입니다. 아까 살펴본 대로 주어는 목적어보다 서술어로부터 멀리, 그리고 목적어보다 더 높은 위치에 있습니다. 그걸 확인하기 위해 수형도를 다시 그려 보겠습니다.

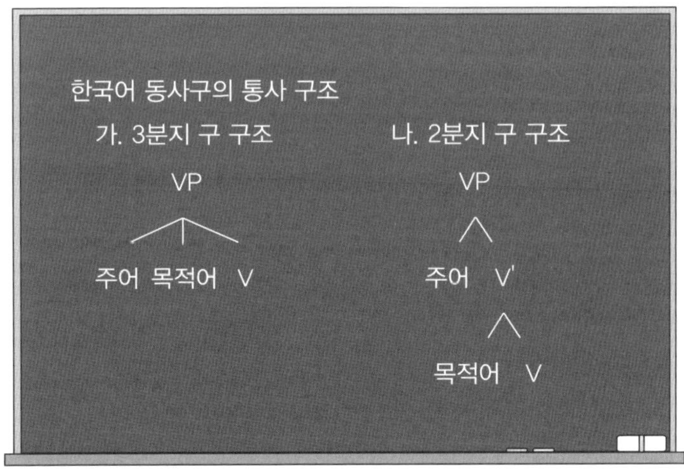

교수

아까 그린 수형도가 영어 버전이라면, 지금 그린 것은 한국어 버전입니다. 목적어와 서술어의 어순이 다르니까요. 영어는 '서술어 - 목적어' 순이고, 한국어는 반대로 '목적어 - 서술어' 순입니다. 여기서도 삼분지 구 구조와 이분지 구 구조를 모두 써 놓았는데, 어떤 게 재귀대명사의 결속 현상을 올바로 설명해 줄 수 있는지 살펴봅시다.
삼분지 구 구조인 (가)에서는 주어와 목적어가 서술어에 대해 같은 거리, 같은 층위에 있습니다. 그러나 이분지 구 구조인 (나)에서는 주어보다 목적어가 서술어와 더 가까이에 있습니다. 목적어는 서술어와 같은 층위의 자매 관계에 놓여 있지만, 주어는 하나 더 높은 층위에 있습니다.
여기서 '성분 통어. c-command'라는 개념이 필요합니다. '어떤 마디'가 '다른 마디' 하나를 거쳐 그 아래의 '또 다른 마디'에 이를 경우, '첫 번째 마디'가 '세 번째 마디'를 성분 통어 한다고 말합니다. (가)에서는 '주어' 마디가 'VP' 마디로 올라갔다가 다시 내려와 '목적어' 마디에 이를 수 있으니, '주어'가 '목적어'를 성분 통어 한다고 말할 수 있습니다. 마찬가지 이유로, '주어'는 '서술어'인 V를 성분 통어 합니다. 같은 방식으로 '목적어'도 '주어'와 V를, V도 '주어'와 '목적어'를 성분 통어 합니다.
그러나 (나)에서는 성분 통어 양상이 달라집니다. 여기서 주어는 VP로 올라갔다가 다시 내려와 만나는 V', 목적어, V를 모두 성분 통어 하죠. 그러나 목적어는 V'로 올라갔다가 내려와서 만나는 V만 성분 통어 합니다. 서술어 V 역시 목적어와 마찬가지로 V'로 올라갔다가 내려와서 만나는 목적어만 성분 통어 합니다. 주어와 목적어의 관계에 초점을 맞추면, (나)에서는 주어만 목적어를 성분 통어 할 뿐, 목적어는 주어를 성분 통어 할 수 없습니다. 어때요? 바로 (나)와 같은 삼분지 구 구조에서만 주어와 목적어의 비대칭성이 제대로 드러납니다.
앞에서 살펴본 선행사와 재귀대명사의 결속 관계는 주어와 목적어의 비대칭성을 직접적으로 드러내는 것이라 할 수 있습니다. 재귀대명사와 선행사는 단순히 앞에 오고 뒤에 오고의 관계가 아니라 비대칭 성분 통어 관계에 있죠. 선행사는 재귀대명사를 성분 통어 할 수 있어야 하지만, 거꾸로 재귀대명사는 선행사를 성분 통어 할 수 없어야 합니다. 이러한 비대칭 성분 통어 관계가 결속 현상에서 핵심입니다. 이를 구조적으로 제대로 드러내 줄 수 있는 것이 바로 (나)의 이분지 구 구조이고요. 삼분지의 (가)는 대칭 성분 통어에 어울리는 구조입니다.

동사구 VP 안에서 주어나 목적어는 모두 서술어 V의 자식입니다. 서술어가 그들을 낳으니까요. 주어가 맏이라면 목적어는 막내라고 할 수 있죠. 엄마는 어린 막내를 안고 맏이를 돌봅니다. 아마도 이렇게 비유하면 맞을 것 같습니다.

- memo -

- 서술어가 목적어와 먼저 결합하고, 그 다음에 주어가 결합하는 증거
- 증거1: 비분리성 명사 구문
- 증거2: 재귀대명사 구문

43 달걀의 노른자와 흰자: 명제를 감싸는 양상

교수

서술어가 핵이 되어 비핵인 목적어를 보충어로 취하여 중간 투사를 이루고, 그러한 중간 투사가 비핵인 주어를 지정어로 취하여 최대 투사, 즉 우리가 아는 VP를 이루는 과정에서 대해 요모조모 살펴보았습니다. 이제 그 다음 단계로 나아가야겠죠? 2조 차례인가요?

학생 6

2조 '에이뿔 주시죠'입니다. 저희가 맡은 문제는 "그 아이가 빵을 먹었다'에서 '먹-'이 핵이 되어 만드는 구는 무엇이고, '-었-'이 핵이 되어 만드는 구는 무엇이고, '-다'가 핵이 되어 만드는 구는 무엇인가?'입니다. 답은, '먹-'이 핵이 되어 만드는 구는 동사구 VP이고, '-었-'이 핵이 되어 만드는 구는 시제소구 TP이며, '-다'가 핵이 되어 만드는 구는 문장종결소구 MP입니다.

교수

이제 문장 구조의 완성을 눈앞에 두고 있어요. 끝이 보이는 것 같습니다. 차근차근 나아갑시다. 이 문제도 작은 문제 3개로 되어 있는데, 첫 번째 문제는 마치 복습 같은 느낌을 주네요. 학생, 첫 번째 문제의 답을 '표지 붙은 괄호'로 나타낼 수 있겠어요?

학생 6

예, 해 보겠습니다.

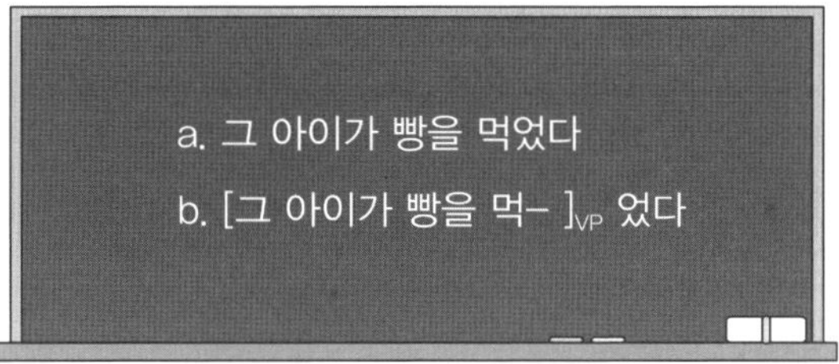

교수

수고했습니다. 그렇게 시도해 보면 돼요. 다만, VP 내부 정보를 좀 추가하면 더 좋을 것 같습니다.

a. 그 아이가 빵을 먹었다

b. [그 아이가 빵을 먹-]$_{VP}$ 었다

c. [[그 아이가]$_{PP}$ [[빵을]$_{PP}$ 먹-$_{V}$]$_{V'}$]$_{VP}$ 었다

교수

학생, 내부 정보가 보충된 (c)를 읽어 줄 수 있겠어요?

학생 6

아, 예, 읽어 보겠습니다. '먹-'이 핵 V로서, '빵을'이라는 목적어 PP를 취하여 V'를 이루고, V'가 '그 아이가'라는 주어 PP를 취하여 VP를 이룹니다.

교수

아주 간결하게 잘 말해 주었습니다. 이때 V'는 '중간 투사'고, VP는 '최대 투사'죠. VP는 동사구인데, 이것의 다른 이름은 또 뭘까요? 힌트! 문장은 뭐와 뭐의 결합이죠.

학생 6

아, 동사구 VP는 문장의 '몸'입니다. 문장은 '몸'과 '옷'으로 되어 있고요.

교수

좋습니다. 그런데 그건 일종의 비유이고 정식 명칭은 뭘까요?

학생 6

예, '문장'은 '명제'와 '양상'의 결합이고, '동사구'는 '명제'에 해당합니다.

교수

그렇습니다. 그 말이 나오기를 바랐어요. 문장의 기능은 사건의 서술이고, 사건의 서술은 '서술 내용'과 '서술 태도'로 이루어져 있으며, 서술 내용을 '명제', 서술 태도를 '양상'이라고 부르죠. 명제의 실체가 바로 이 문장에서 '동사구'입니다. 경우에 따라서는 '형용사구'일 수도 있죠. '명사구'도 가능해요. 다음 문장들을 보세요.

가. 명제가 '동사구'인 경우

a. 그 아이가 빵을 먹었다

b. [그 아이가 빵을 먹-]$_{VP}$ 었다

c. [[그 아이가]$_{PP}$ [[빵을]$_{PP}$ 먹-$_{V}$]$_{V'}$]$_{VP}$ 었다

나. 명제가 '형용사구'인 경우

a. 나는 호랑이가 무섭다

b. [나는 호랑이가 무섭-]$_{AP}$ -다

c. [[나는]$_{PP}$ [[호랑이가]$_{PP}$ 무섭-$_{A}$]$_{A'}$]$_{AP}$ -다

다. 명제가 '명사구'인 경우

a. 영수는 공부에 열심이다

b. [영수는 공부에 열심]$_{NP}$ 이다

c. [[영수는]$_{PP}$ [[공부에]PP 학생N]$_{N'}$]$_{NP}$ 이다

교수

흔히 한국어 문장의 3가지 종류를 '무엇이 어찌한다', '무엇이 어떠하다', '무엇이 무엇이다'라고 합니다. 순서대로 동사문, 형용사문, 명사문이죠. 동사문의 예는 (가)이고, 형용사문의 예는 (나), 명사문의 예는 (다)입니다. (나)에서 AP의 A는 형용사를 뜻하는 'adjective'의 앞 글자를 딴 거예요. 우리는 지금까지 동사문인 (가)를 통해 명제가 만들어지는 과정을 살펴보았지만, 그 외에도 이렇게 형용사나 명사가 서술어가 되어 명제를 이룰 수 있습니다. 논의의 편의상, 동사구가 명제인 (가)에 초점을 두고 얘기하고 있다는 걸 염두에 두기 바랍니다. 학생, 명제가 몸이라면 양상은 옷에 해당하겠죠? 그럼, (가)에서 양상에 해당하는 건 뭐예요?

학생 6

(가)에서 양상에 해당하는 것은 '었다'입니다.

교수

그것도 이렇게 통사 구조로 나타내 볼 수 있을까요?

가. 명제가 '동사구'인 경우

a. 그 아이가 빵을 먹었다

b. [그 아이가 빵을 먹–]$_{VP}$ 었다

c. [[그 아이가]$_{PP}$ [[빵을]$_{PP}$ 먹–$_{V}$]$_{V'}$]$_{VP}$ 었다

d. [[[그 아이가 빵을 먹–]$_{VP}$ –었–]$_{TP}$ –다]$_{MP}$

e. [[[[그 아이가]$_{PP}$ [[빵을]$_{PP}$ 먹–$_{V}$]$_{V'}$]$_{VP}$ –었–$_{T}$]$_{TP}$ –다$_{M}$]$_{MP}$

교수

잘했습니다. (d)를 읽어 줄 수 있나요?

학생 6

예, '먹–'이 핵이 되어 만드는 VP는 명제인데, 시제소구 T가 그러한 명제를 비핵으로 삼아 자신의 TP를 만들고, 다시 문장종결소 M이 그러한 TP를 비핵으로 삼아 자신의 MP를 만듭니다.

교수

잘 설명했습니다. 이렇게 명제인 VP를 TP와 MP가 감싸는 걸 볼 수 있습니다. 옷이 몸을 감싸듯, 양상이 명제를 감싸는 거죠. 이런 모습은 달걀도 연상시켜요. 달걀 안에는 노른자가 있고 그걸 흰자가 감싸니까요. 흰자, 옷, 양상에 해당하는 게 여기서 '–었–'과 '–다'인데, 학생, 이들은 각각 어떤 기능을 가지나요?

학생 6

'-었-'은 '시제소'로서 시간을 한정하고, '-다'는 '문장종결소'로서 문장의 유형을 결정합니다.

교수

우선 '-었-'부터 봅시다. 명제는 사건의 내용을 담고 있는데, 거기에는 아직 시간 정보가 없죠. 구체적으로 말하면, '그 아이가 빵을 먹-'까지가 명제인데, 그것만 가지고서는 그러한 일이 언제 벌어졌는지 아직 알 수 없습니다. 그런데 여기에 '-었-'을 더하면, '그 아이가 빵을 먹었'이 되고 드디어 그 일이 언제 벌어졌는지가 분명해집니다. 이렇게 명제에 시제가 더해질 때 그 명제는 비로소 세상에 발을 붙이게 됩니다. 그래서 시제가 있는 것을 '한정절, finite clause', 시제가 없는 것을 '비한정절, non-finite clause'로 불러 온 거예요. 여기서 '절, clause'은 '문장, sentence'와 비슷한 개념이라고 생각하면 됩니다. 절의 핵심은 명제지만 거기에 시제가 더해지냐의 여부도 매우 중요합니다. '-었-'은 학교문법에서 '시제 선어말어미'라고 하는데, 학문문법에서는 간단히 '시제소, Tense'라고 부르죠. 같은 계열에 속하는 '-는-'이나 '-겠-'도 마찬가지입니다. 이제 '-다'라는 '문장종결소, sentence-final mood marker'로 눈을 돌려 봅시다. 명칭이 좀 기니까 간단히 '종결소, mood marker'라고 부릅시다. 학교문법에서는 종결어미라고 부르는 거죠. 학생, 조금 전에 '-다'가 문장의 유형을 결정한다고 했는데, 그건 구체적으로 어떤 유형의 문장 표지인가요?

학생 6

평서문입니다.

교수

그 밖의 문장 유형에는 또 어떤 게 있을까요?

학생 6

평서문 말고도 의문문, 명령문, 청유문, 감탄문이 더 있습니다.

교수

모두 5가지네요? 그걸 각각 나타내는 종결소는 뭐죠?

학생 6

평서문은 '-다'이고, 의문문은 '-냐'이고, 명령문은 '-어라', 청유문은 '-자', 감탄문은 '-는구나'가 있습니다.

교수

좋습니다. 대표적인 종결소가 그렇죠. 그것 말고도 훨씬 더 많은 종결소가 있으니까요. 이러한 종결소들이 문장의 끝을 장식하면서 문장의 종류를 결정하는 것입니다. 종결소 M은 TP를 비핵으로 취하여 MP를 투사함으로써 문장을 완성합니다.

- memo -

- 동사구: 명제
  - 동사문, 형용사문, 명사문
- 시제소구, 종결소구: 양상

44 왕의 귀환: 조사와 어미 그리고 10품사

교수

문장을 마무리하는 종결어미까지 종결소라는 이름으로 살펴보았습니다. 전체적으로 정리하는 문제가 하나 남은 것 같은데, 3조 차례인가요?

학생 7

예, 3조 '바로 그거죠'입니다. 저희가 풀 문제는 '문장 형성에서 '조사'와 '어미'가 가지는 위상은 어떠하고, 그것이 한국어 품사 체계에 대해 가지는 함의는 무엇이며, '문장'이라는 용어가 굳이 필요하지 않은 이유는 무엇인가?'입니다. 이에 대해서 저희는, 조사는 명제 차원에서, 어미는 양상 차원에서 중요한 기능을 수행하며, 조사뿐만 아니라 어미까지도 통사적인 단어로 보아 10품사 설정이 필요하고, 문장 역시 구의 일종이기 때문에 문장이라는 용어는 불필요하다고 답했습니다.

교수

문장 형성에 대한 우리의 논의를 되돌아보며 현실의 문제를 진단하는 문제입니다. 몇 가지 작은 문제들로 되어 있으니 하나씩 살펴봅시다. 먼저 조사와 어미의 위상 문제입니다. 조사는 명제 차원에서, 어미는 양상 차원에서 중요한 기능을 수행한다고 하였는데 정확히 그게 뭔가요?

학생 7

흔히 명사와 조사 중에서 명사가 더 중요하다고 생각하는데 명제의 형성에서는 조사가 더 중요합니다. 그리고 어미도 동사나 형용사에 비해 덜 중요하다고 생각하는데 양상의 형성에서 더 중요합니다. 문장을 완성하는 것도 어미고요.

교수

이제까지 제대로 대접을 받지 못해 왔던 조사와 어미가 그 진면목을 인정받는 것 같네요. 「반지의 제왕」이라는 영화에서 '왕의 귀환'이 떠오르는 대목입니다. 학생의 말대로 명사와 조사가 만날 때 명사가 더 중요하다고 생각해 왔지만, 실제로 문장의 형성에서는, 더 정확히 말해서 명제의 형성에서는 조사가 더 중요하죠. 명사가 인테리어에 해당한다면 조사는 철근이나 콘크리트에 해당하니까요. 조사는 핵이 되어 명사구를 비핵으로 취해 자신의 투사인 조사구를 형성합니다. 조사구는 후치사구라고 해야 더 객관적인 이름이 되겠죠.
어미는 어떤가요? 그동안 동사나 형용사의 일부라고 알고 있었죠. 그러나 어간 자체가 하나의 단어이고 어미 또한 별도의 단어가 됩니다. 문장에서 독자적인 기능을 수행하니까요. 화용론적 단어는 아니지만 통사론적으로는 단어죠. 동사가 핵이 되어 명제를 이룬다면, 어미는 그러한 명제에 시제나 서법을 입히며 문장을 완성합니다. 실제로 종결어미는 문장의 유형을 결정합니다. 그것이 평서문인지, 의문문인지, 명령문인지를 가르죠. 그렇다면, 이러한 이야기가 한국어 품사 체계에 대해 가지는 함의는 무엇인가요?

학생 7

아까 말씀드린 바와 같이, 조사뿐만 아니라 어미까지도 통사적인 단어로 보아 10품사 설정이 필요합니다.

교수

현재 한국어는 몇 품사인데요? 구체적으로 말해 볼래요?

학생 7

명사, 대명사, 수사, 동사, 형용사, 관형사, 부사, 감탄사, 조사, 이렇게 9품사입니다.

교수

거기에 뭐를 더 넣겠다는 거예요?

학생 7

‘어미’를 넣어 10품사가 되어야 한다는 것입니다.

교수

그 근거는?

학생 7

어미가 조사 못지않게 중요한 기능을 하고 있기 때문입니다.

교수

예를 들면?

학생 7

명제를 둘러싸는 양상을 주도하고, 문장을 완성합니다.

교수

어미가 문장을 완성한다? 자연스럽게 마지막 작은 문제로 향하게 되는데요. ‘문장’이라는 용어가 굳이 필요하지 않은 이유는 무엇이죠?

학생 7

방금, 그리고 아까 말씀드린 바와 같이, 종결어미는 종결소로서 문장의 최종 핵 M입니다. 그것이 시제소구 TP를 비핵으로 취해 자신의 최대 투사인 MP를 이룹니다. 결국 문장이라고 하는 것은 MP인 것입니다. ‘문장’도 ‘구’의 일종인 것이죠. MP라는 구가 문장이니까요. 따라서 문장이라는 개념은 불필요합니다.

교수

대신 뭐와 뭐가 있을 뿐이라는 거예요?

학생 7

'단어'와 '구'가 있을 뿐입니다.

교수

이런 상황에서도 여전히 문장이라는 용어를 쓴다면 그 이유는 뭘까요?

학생 7

음... 아마도 문장이라는 용어를 계속 써 왔기 때문에 일종의 관성처럼 쓰는 게 아닐까 생각합니다.

교수

그렇죠. 문장이 단어와 구로 남김없이 해체될 수 있다고 해도 문장이라는 용어를 계속 쓰는 건 다분히 관성에 이끌리거나 편의상 그럴 거예요. 여러 가지 구 가운데 특정한 어떤 구를 문장이라고 계속 부르는 거죠. 그럼, 어떤 구가 문장이라고 불려 온 걸까요?

학생 7

그동안 분석해 온 문장에서처럼 종결어미가 이룬 구, 그니까 종결소구 MP가 문장이라고 불려 온 구가 아닐까 합니다.

교수

맞아요. 그렇습니다. 그런데 가만히 들여다보면 좀 특이한 것이 있어요. 흔히 문장을 어떻게 규정해 왔습니까?

학생 7

주어와 서술어의 결합이라고 보아 왔습니다.

교수

그런데 그건 지금 관점에서는 뭐에 국한된 얘기에요?

학생 7

명제에 국한된 것입니다.

교수

그렇죠. 주술관계가 문장이라면 그건 명제만 가리켜 문장이라고 정의한 것이 됩니다. 그런데 실제로는 또 문장을 종결어미까지 포함시켜서 생각합니다. 문장의 끝은 종결어미로 끝난다고 생각하는 거죠. 왜 이렇게 된 걸까요?

학생 7

아마도 어미를 동사나 형용사의 일부로 봐서 그런 게 아닐까 합니다. 어미가 동사의 일부이면 동사가 서술어가 되니까 주어와 서술어의 결합에 어미까지 포함되어 버립니다.

교수

정확한 관찰이에요. 바로 그런 이유로 문장은 주어와 서술어의 결합이라고 해도 명제와 양상이 포함이 되는 거죠. 그러나 이러한 시각에는 어떤 문제가 있나요?

학생 7

어미는 동사의 일부가 아니라 독자적인 단어라는 데 문제가 있습니다. 동사 어간이 동사이고 어미는 독자적인 단어입니다.

교수

왜 어미를 동사의 일부로 본 거죠? 다시 말해, 왜 어미는 독자적인 단어가 아니라고 본 거예요?

학생 7

어미는 대화에서 홀로 쓰일 수 없으니까요. 단어가 가진 자립성은 대화에서 홀로 쓰일 수 있는 성질이라고 생각했습니다.

교수

그러나 그건 어느 분야에서의 자립성인가요?

학생 7

화용론에서 가능한 자립성입니다. 대화는 담화이고 담화는 화용론의 연구 대상이니까요.

교수

그렇습니다. 그렇다면 문장 형성에서는 어떠한 자립성이 필요하죠?

학생 7

통사론적 자립성이 필요합니다. 문장 안에서 독자적인 기능을 수행할 수 있는 성질, 그것이 통사론적 자립성입니다.

교수

그러한 통사론적 자립성에 따라 단어를 정의하면 결국 한국어 품사는 몇 개라고요?

학생 7

10개라고 말할 수 있습니다. 조사뿐만 아니라 어미도 문장에서 독자적인 기능을 수행하니까 품사의 하나로 들어갑니다.

교수

좋습니다. 바로 그런 이유에서 한국어 품사 설정을 다시 전반적으로 진지하게 고민해야 하는 겁니다. 기존의 화용론적 자립성을 기준으로 한다면, 어미뿐만 아니라 조사까지도 품사에서 빠져야 합니다. 또 관형사도 그렇죠. 대화에 홀로 등장하기 힘드니까요. 명사 중 의존명사도 그렇습니다. 그러나 통사론적 자립성을 단어 판정의 기준으로 삼는다면, 기존의 9품사 모두와 추가적으로 어미까지 단어가 됩니다. 기준의 변경은 맞춤법의 문제로까지 이어집니다. 당장 하이픈 '-'을 어느 것에 붙일 것인가부터 고민해야 하니까요. 이 강의에서는, 기존의 맞춤법은 따르되 단어 판단 기준으로는 통사론적 자립성을 채택하는 절충안을 취하기로 합니다.

- memo -

- 조사와 어미의 중요성
- 10품사 체계: 어미 포함
- 문장이라는 용어의 잉여성

4장 문장의 확대

45 복잡해지면서 쉬워지는 것은?: 문장의 확대

교수

이제까지 우리는 문장의 재료인 단어의 종류와 구성, 그리고 단어가 모여 구를 이루는 문장의 구성에 대해 살펴보았습니다. 그 과정에서 문장의 실체는 단어와 구라는 걸 알게 되었죠. 또한 종전과 달리, 통사론적 자립성에 입각하여 어미도 단어라는 걸 확인했습니다. 이제 10품사를 바탕으로 문장의 요모조모를 재미있게 관찰해 봅시다.
문장의 중심은 명제이고 그중에서도 핵심은 주어와 술어가 맺는 관계, 즉 주술관계입니다. 주술 관계가 1번인 것을 단문이라고 하고, 2번 이상인 것을 복문이라고 합니다. 이렇게 주술관계의 복잡성을 통해 문장을 구분합니다. 복문은 이어진 문장과 안은문장으로 나뉘는데 여기서 중요한 것이 접속과 내포라는 문장의 확장 기제입니다. 3장에서 문장의 기본 구성을 살펴보았다면, 4장에서는 문장의 확장 구성을 관찰하는 것입니다. 그럼 이와 관련한 첫 번째 문제를 풀어야 하는데, 4조 차례인가요?

학생 8

예, 4조 '언어는 소중하죠'입니다. 문제는 '문장 확대의 2가지 기제는 무엇인지 그 이름과 사례를 각각 밝히고, 두 기제 간의 차이점을 설명하며, 문장의 확대가 '문장의 나열'과 구별되는 본질적인 차이점은 무엇이며, 그로 인해 얻어지는 문장 확대의 의의는 무엇인가?'입니다. 답을 말씀드리면 다음과 같습니다. 문장 확대의 2가지 기제는 접속과 내포이고, 접속이 문장과 문장을 잇는 것이라면 내포는 문장 안에 문장을 넣는 것이라는 점에서 구별되며, 문장의 확대는 문장의 단순한 나열보다 문장 간의 유기적인 연결로 이해를 더욱 쉽고 빠르게 합니다.

교수

간명한 대답 잘 들었습니다. 그런데 구체적인 사례는 들지 않았네요?

학생 8

예, 좀 길어서 칠판에 써야 할 것 같아서요.

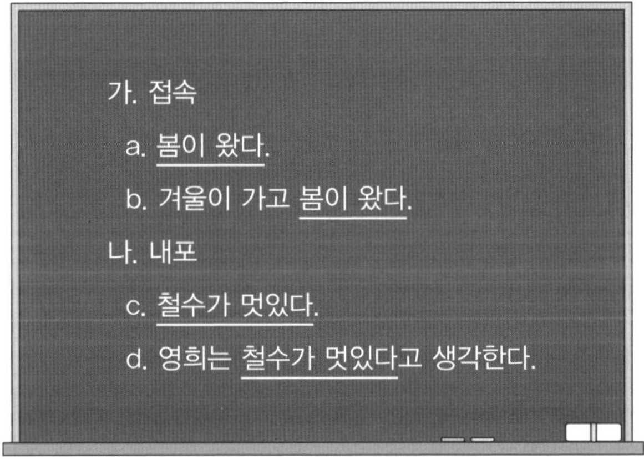

교수

좋습니다. 이걸 가지고 접속과 내포의 방식이 어떻게 구별되는지 설명해 주기 바랍니다.

학생 8

예, 접속의 예를 보시면, '봄이 왔다'라는 문장 앞에 또 다른 문장 '겨울이 가고'가 놓여 있습니다. 이렇게 두 문장이 이어지며 더 큰 문장을 만드는 것을 '접속'이라고 합니다. 내포의 예를 보시면, '철수가 멋있다'라는 문장이 다른 문장 '영희는 생각한다'에 들어가 있습니다. 이렇게 문장 안에 문장이 들어가며 더 큰 문장을 만드는 것을 '내포'라고 합니다.

교수

사례와 방식을 잘 연관 지어 주었네요. 문장과 문장을 잇는 것이냐, 문장 안에 문장을 넣는 것이냐에 따라 접속과 내포로 구별되는 것이죠. 두 가지 방식의 공통점은 뭘까요?

학생 8

두 개의 문장을 합쳐 하나의 더 큰 문장을 만드는 것이라고 생각합니다.

교수

그렇죠. 잘 짚었습니다. 그렇다면 두 개의 문장을 단순히 나열하는 것과, 이어서 하나의 더 큰 문장을 만드는 게 뭐가 그렇게 다른 것인지, 내가 칠판에 적는 이걸 가지고 설명해 보기 바랍니다.

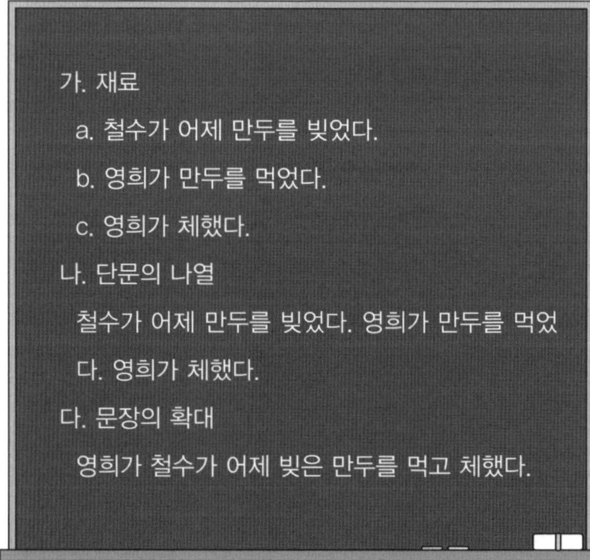

교수

3개의 단문을 재료로 하여 그냥 나열한 것이 (나)이고 3개를 접속과 내포를 통해 하나의 문장으로 만든 게 (다)입니다. (나)와 (다)에서는 어떤 차이가 발견되나요?

학생 8

우선 전체 길이가 다릅니다. 단순히 관찰해 보아도 단문들을 그냥 나열한 (나)보다 단문들을 모아 하나의 문장으로 만든 (다)가 더 짧습니다.

교수

그래요. 왜 짧아졌을까요?

학생 8

단문들에서 공통적으로 나타나는 단어들이 중복되지 않아서 그런 거 같습니다. 예를 들어, (나)에서는 첫 번째 문장과 두 번째 문장에서 '만두'가 중복되고, 두 번째 문장과 세 번째 문장에서 '영희'가 중복되고, 또 세 문장 모두에서 종결어미 '-다'가 중복됩니다. 이렇게 단문의 나열 (나)에서 두 번 중복되거나 세 번 중복되는 게 문장의 확대인 (다)에서는 한 번씩으로 줄어듭니다.

교수

아주 치밀한 관찰입니다. 그렇게 반복된 부분이 줄어든 결과, 문장의 전체 길이가 줄어들었는데, 그것 말고는 다른 점은 관찰되지 않나요?

학생 8

문장을 이해하기가 더 쉬워졌습니다.

교수

그건 또 왜 그럴까요?

학생 8

음… 첫 번째 문장이 두 번째 문장의 '만두'를 수식해 주고, 두 번째 문장이 세 번째 문장의 원인이나 이유가 되는 걸 어미가 나타내서 세 문장들 간의 관계가 더욱 유기적으로 된 때문인 거 같습니다.

교수

그게 바로 아까 학생이 답변한 '문장 간의 유기적인 연결'이죠. 문장들 간의 유기적인 연결이 이루어짐으로써 세 가지 사건이 더욱 긴밀한 관계를 맺게 되어 결과적으로 이해가 더 쉬워진 것입니다. 첫 번째 문장과 두 번째 문장은 내포로 합쳐지고, 그렇게 합쳐진 결과물은 다시 세 번째 문장과 접속으로 합쳐지죠. 그렇게 3개의 단문이 1개의 복문으로 통합되면서 문장의 전체 길이는 짧아지고 이해는 더 쉬워집니다. 그런데 학생, 한국어를 배우기 시작한 외국인 학습자는 단순한 문장의 나열인 (나)와 문장의 확대인 (다) 중 어느 것을 선호할까요?

학생 8

예? 어… 아마도 (나)일 것 같습니다.

교수

왜죠?

학생 8

단문으로 끊어서 하나씩 이해하면 되니까요. 하지만 (다)는 문장은 하나인데 뭔가 크고 복잡해서 쉽지 않을 거 같습니다.

교수

좋아요. 그렇다면 모어 화자인 학생의 입장에서는 어떤가요? 어떤 게 이해하기 더 쉽죠?

학생 8

예상 외로, (나)보다 (다)가 이해하기가 더 쉬웠습니다. 단문의 나열인 (나)는 오히려 집중해서 듣지 않으면 세 문장이 연결된다는 걸 놓칠 것 같습니다. 그런데 문장의 확대인 (다)는 그런 염려 없이 잘 이해할 수 있습니다.

교수

그래요. 신기하죠? (나)보다 (다)가 훨씬 복잡한데 모어 화자에게는 오히려 이해하기가 더 쉬워요. 왜 그럴까요?

학생 8

방금 생각난 건데, 아마도 모어 화자에게는 그런 문장을 만드는 접속과 내포라는 문장 확대 기제가 친숙해서 더 이상 그게 걸림돌이 되지 않고 오히려 어떤 결속 장치 같은 게 되어 문장을 이해하는 데 도움이 되어서 그런 게 아닐까 합니다.

교수

그렇다면 그런 맥락에서 외국인 학습자도 접속과 내포가 익숙해지면 문장의 단순한 나열 (나)보다 유기적인 결합 (다)가 더 잘 이해될까요?

학생 8

아마도 그럴 거 같습니다.

교수

그렇게 본다면, 한국어를 배운다는 것 안에는 이런 접속과 내포를 자유자재로 쓰는 걸 배우는 게 들어가 있다고 볼 수 있겠네요? 그렇죠? 그렇습니다.

- memo -

- 문장 확대의 2가지 기제: 접속과 내포
- 문장의 확대가 '문장의 나열'과 구별되는 본질적인 차이점:

  문장의 유기적인 연결로 이해가 더 쉬워짐
- 외국인 학습자와 모어 화자의 차이:

  문장 확대 기제에 대한 선호도

46 문장 확대의 절차: 내포와 접속의 과정

교수

그러면 이러한 내포와 접속의 구체적인 절차를 살펴볼까요? 다음 조, 문제 풀어 주세요.

학생 9

1조 '집에 가고 싶죠', 문제 풀겠습니다. 문제는 "철수가 어제 만두를 빚었다'와 '영희가 만두를 먹었다'라는 2개의 문장으로부터 '영희가 철수가 어제 빚은 만두를 먹었다'라는 문장이 도출되는 과정을 단계적으로 설명하면?'입니다. 답은 칠판에 써 가며 설명해야 할 것 같습니다.

교수

알겠습니다. 판서를 다 하고 나서 설명해도 되고, 판서하면서 설명해도 됩니다.

학생 9

그럼, 판서하면서 설명하도록 하겠습니다. 먼저 두 문장을 이렇게 나열하면서 시작하겠습니다.

가. 내포의 과정

a. [철수가 어제 만두를 빚었다] +
[영희가 만두를 먹었다]

학생 9

여기서 두 문장이 '만두를'을 공유하는 걸 알 수 있습니다. 둘 중 앞의 것을 삭제합니다.

가. 내포의 과정

a. [철수가 어제 만두를 빚었다] + [영희가 만두를 먹었다]

b. [철수가 어제 ~~***만두를***~~ 빚었다] + [영희가 ***만두를*** 먹었다]

c. [철수가 어제 Ø 빚었다] + [영희가 ***만두를*** 먹었다]

학생 9

여기서 'Ø' 표시는 앞 문장에서 '만두를'이 생략된 자리가 비어 있음을 뜻합니다. 이렇게 목적어가 생략된 앞 문장은, 뒤 문장의 목적어를 수식하기 위해 뒤 문장 안으로 들어갑니다.

가. 내포의 과정

a. [철수가 어제 만두를 빚었다] + [영희가 만두를 먹었다]

b. [철수가 어제 ~~***만두를***~~ 빚었다] + [영희가 ***만두를*** 먹었다]

c. [철수가 어제 Ø 빚었다] + [영희가 ***만두를*** 먹었다]

d. [영희가 [철수가 어제 Ø 빚었다] ***만두를*** 먹었다]

e. [영희가 [철수가 어제 Ø 빚은] ***만두를*** 먹었다]

학생 9

두 번째 문장 안으로 들어간 첫 번째 문장은, (e)에서 보듯이, 어미가 달라집니다. '었다'가 '-은'으로 바뀌는 것입니다.

교수

그때 왜 어미가 그렇게 바뀌었을까요?

학생 9

'었다'는 문장이 끝난다는 것을, 다시 말해, 그 뒤에 아무것도 오지 않는다는 것을 나타내는데, 상황은 그렇지가 못합니다. 그 뒤에 '만두를'이 오니까요.

교수

그게 다인가요?

학생 9

아, 그리고 '었다'를 대신하는 '-은'은, 첫 번째 문장이 그 뒤의 '만두를', 즉 두 번째 문장의 목적어를 수식한다는 걸 나타내 줍니다.

교수

그렇습니다. 그렇게 첫 번째 문장이 두 번째 문장의 안으로 들어가면서 두 번째 문장의 목적어를 수식하는 관형어 노릇을 하게 되는 거라 어미도 그에 맞게 바뀌는 것이죠. 이게 바로 내포의 절차입니다. 전체적으로 잘 설명해 주었어요. 그럼, 다음 조에서는 접속과 관련된 문제를 풀어 주기 바랍니다.

학생 10

2조 '에이블 주시죠', 문제 풀겠습니다. 문제는 "'영희가 만두를 먹었다'와 '영희가 체했다'라는 2개의 문장으로부터 '영희가 만두를 먹고 체했다'라는 문장이 도출

되는 과정을 단계적으로 설명하면?'입니다. 저희 역시 판서를 하면서 설명하도록 하겠습니다.

나. 접속의 과정

a. [영희가 만두를 먹었다] + [영희가 체했다]

b. [***영희가*** 만두를 먹었다] + [~~***영희가***~~ 체했다]

학생 10

접속에서도 일단 두 문장을 나열해 놓고 시작하는데요, 두 문장에서 주어 '영희가'가 중복되어 있고 그중 두 번째 문장의 '영희가'를 생략합니다.

나. 접속의 과정

a. [영희가 만두를 먹었다] + [영희가 체했다]

b. [***영희가*** 만두를 먹었다] + [~~***영희가***~~ 체했다]

c. [***영희가*** 만두를 먹었다] + [Ø 체했다]

d. [***영희가*** 만두를 먹고] [Ø 체했다]]

학생 10

생략된 '영희가'의 자리는 비어 있으니까 'Ø'로 표시하고, 이제 두 문장이 합쳐지면서 첫 번째 문장의 어미가 '었다'에서 '-고'로 바뀝니다.

교수

그때 어미가 바뀌는 이유는 뭐죠?

학생 10

두 문장이 단순한 나열이 아니라 하나의 문장으로 통합됐다는 걸 드러내기 위해서라고 생각합니다.

교수

그것뿐인가요?

학생 10

어, 그리고 또 두 문장의 사건이 시간적인 순서대로 이어진다는 걸 보여주는 게 아닐까 합니다.

교수

좋은 설명입니다. 보통 '-고' 하면 대등 접속의 '-고'만 생각하는데, 여기서의 '-고'는 '계기'를 나타내는 종속 접속의 '-고'라고 합니다. 여기서 '계기'란 "어떤 일이나 현상이 잇따라 일어남"을 뜻합니다. 그러니까, 영희가 만두를 먹은 일에 이어서 영희가 체하는 일이 일어났다는 거죠.

가. 내포의 과정

a. [철수가 어제 만두를 빚었다] + [영희가 만두를 먹었다]

b. [철수가 어제 ~~*만두를*~~ 빚었다] + [영희가 ***만두를*** 먹었다]

c. [철수가 어제 Ø 빚었다] + [영희가 ***만두를*** 먹었다]

d. [영희가 [철수가 어제 Ø 빚었다] ***만두를*** 먹었다]

e. [영희가 [철수가 어제 Ø 빚은] ***만두를*** 먹었다]

나. 접속의 과정

a. [영희가 만두를 먹었다] + [영희가 체했다]

b. [***영희가*** 만두를 먹었다] + [~~*영희가*~~ 체했다]

c. [***영희가*** 만두를 먹었다] + [Ø 체했다]

d. [***영희가*** 만두를 먹고] [Ø 체했다]]

다. 영희가 철수가 어제 빚은 만두를 먹고 체했다

교수

이렇게 내포와 접속이 이루어지는 과정을 알아보았는데 이 두 가지 기제가 작동하여 만들어진 것이 바로 앞에서 살펴본 문장 '영희가 철수가 어제 빚은 만두를 먹고 체했다'입니다.

- memo -

- 내포: 영희가 철수가 어제 빚은 만두를 먹었다
- 접속: 영희가 만두를 먹고 체했다
- 두 가지 합친 것: 영희가 철수가 어제 빚은 만두를 먹고 체했다

47 표지와 기능: 내포문의 두 가지 특징

교수

내포와 접속의 기본 방식을 구별해 보았으니 이제 그 하위 유형에 대해 살펴보겠습니다. 먼저 내포의 종류입니다. 3조 차례인 것 같은데요?

학생 11

예, 3조 '바로 그거죠'입니다. 문제는 '명사절, 관형사절, 부사절을 각각 그러한 명칭으로 부르는 이유와 그 각각의 표지는?'입니다. 답은 다음과 같습니다. 명사와 같은 쓰임을 가지는 안긴문장을 명사절이라 부르며 명사절 표지 즉, 명사형 전성어미는 '-음'과 '-기'입니다. 관형사절은 관형사처럼 쓰이는 안긴문장이며 관형사절 표지, 즉 관형사형 전성어미로는 '-ㄴ'과 '-는', '-를'이 있습니다. 부사절은 부사처럼 쓰이는 안긴문장이며 부사절 표지로는 '게'와 같은 부사형 전성어미나 파생접미사 '-이'가 있습니다.

교수

기본적인 용어 사용을 잠깐 배워야 할 것 같습니다. 문장 안의 문장에서 문장이 두 번 나오는데 각각 부르는 이름이 있어요. 포함하는 문장과 포함되는 문장, 이 둘의 이름은 뭘까요?

학생 11

포함하는 문장을 '안은문장'이라고 하고 포함되는 문장을 '안긴문장'이라고 합니다.

교수

좋습니다. 그런데 그 둘에 대한 또 다른 명칭이 있는데 혹시 아나요?

학생 11

음… 혹시 '포유문'과 '내포문'이요?

교수

꽤 예전 용어를 아네요? 예전에는 '안은문장'을 '포유문'이라고 하고 '안긴문장'을 '내포문'이라고 했죠. 그런데 요즘은 포유문 대신 '모문'이라고 합니다. 자식을 안은 어머니 같은 문장이라는 의미죠. 내포문은 그대로 내포문이고. 안은문장 또는 모문, 안긴문장 또는 내포문. 앞으로 이러한 용어를 왔다 갔다 하면서 사용할 테니 잘 기억해 두기 바랍니다.

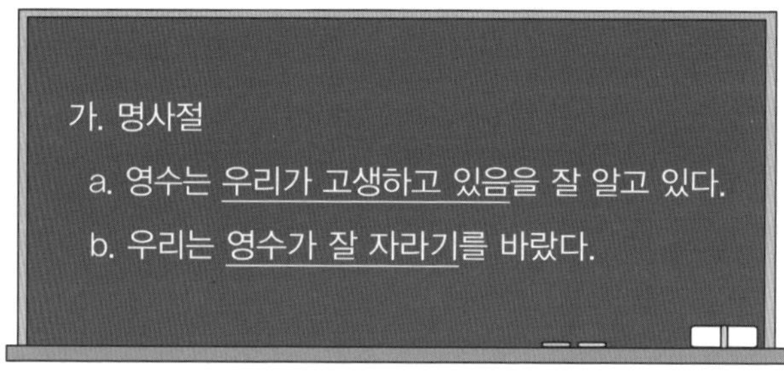

교수

먼저 명사절에 대해 관찰해 봅시다. 칠판에 써 놓은 밑줄 친 두 내포문은 다른 어미로 끝나고 있습니다. (a)는 '-음'이고 (b)는 '-기'죠. 학생, 이 두 안긴문장이 왜 명사절인지 설명할 수 있나요?

학생 11

일단 명사절 표지인 '-음'과 '-기'로 끝나고 있고, 명사처럼 목적어라는 문장성분으로 쓰이고 있기 때문입니다.

교수

더하고 뺄 부분이 없는 좋은 답변입니다. 먼저 표지 이야기를 꺼낸 것이 특히 마음에 듭니다. 문법은 일정한 형식, 즉 표지로 구현되죠. 명사절 표지는 '-음'과 '-기'라는 전성어미입니다. 이때 전성어미란, 어떤 문장을 마치 어떤 단어처럼 쓰이게 만드는 어미를 가리킵니다. 명사형 전성어미를 가진 문장은 더 큰 문장 안에서 마치 명사처럼 주어나 목적어, 보어로 쓰이죠. 이렇듯 명사절은 일정한 표지를 가지고 명사라는 품사처럼 기능합니다. 다른 내포문들도 마찬가지에요.

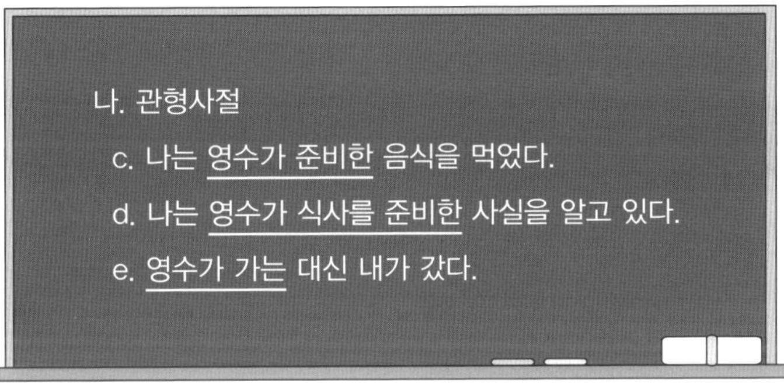

교수

추가로 적은 세 문장은 관형사절입니다. 학생, 이 문장들이 왜 관형사절이라 불릴 수 있을까요?

학생 11

명사절과 마찬가지로 관형사절도 일정한 표지와 기능을 가지는데, 세 문장이 이러한 표지와 기능을 가지기 때문입니다. 구체적으로 말하면, 세 문장은 '-ㄴ'이나 '-는'과 같은 관형사형 전성어미를 취하며, 바로 뒤에 오는 명사 '음식', '사실', '대신'을 관형사처럼 수식하고 있습니다.

교수

아주 좋습니다. 명사절 때 나온 표지와 기능을 곧장 활용하여 간명하게 잘 설명해 주었어요. 그런데 세 가지 예들은 조금씩 다른 특징을 가집니다. 이걸 구별할 수 있을까요? 힌트는 관형사절과 그 수식을 받는 명사, 즉 피수식어 또는 '표제 명사'의 관계를 잘 살펴보면 되죠. 조별 토의가 필요하겠죠? 어서 이야기 나누어 보세요.

((학생들은 주어진 힌트를 가지고 세 가지 예문을 분석해 보며 이야기를 나눈다. 첫 번째 예문과 두 번째 예문은 어느 정도 잘 구별할 수 있는데, 세 번째 예문은 그 정체를 잘 모르겠다며 어려워하는 목소리가 들린다. 세 가지 예문이 각각 다른 유형인지 아니면 크게 두 가지 유형으로 가를 수 있는지를 따지기도 한다. 이러는 가운데 어느덧 주어진 시간이 다 흘렀다.))

교수

세 가지 예들이 조금씩 다른 특징을 가진다고 했는데 그걸 찾기가 쉽지 않나 봐요? 같이 탐구해 봅시다. 학생, 조별 토의에서 나온 이야기 좀 들려주세요.

학생 11

예, 저희들도 뭔가 구별이 될 것 같기도 하고 안 되는 것 같기도 해서 쉽지 않았습니다. 먼저 첫 번째 예인 (c)는 피수식어가 관형사절 내부로 들어갈 수 있었습니다. 그니까, '음식'이 관형사절 '영수가 만든' 안으로 들어가 '영수가 음식을 만든'처럼 될 수 있는 것입니다. 피수식어가 관형사절 안에서 목적어 역할을 하는 것으로 보입니다. 그런데 그 다음의 (d)에서는 그게 가능하지 않습니다. 피수식어 '사실'을 관형사절 '영수가 식사를 준비한'에 넣을 수가 없습니다. 관형사절 안에서 주어나 목적어, 부사어 등 어떤 성분으로도 취급하기 힘드니까요. 이렇게 (c)와 (d)를 구별하면 되겠다 싶었는데, 문제는 (e)라는 예입니다. 이것 역시 피수식어가 관형사절 내부의 성분으로 취급될 수 없으니까요. 그러면 (d)와 (e)는 같은 유형인가 하면 또 그건 아닌 것 같습니다. (e)에서 피수식어 '대신'은 관형사절 '영수가 가는'과 뒤의 모문 '내가 갔다'를 그저 연결해 주는 것 같은 인상을 주어서요.

교수

짧은 시간에 많은 것들을 알아냈군요. 아주 예리한 관찰입니다. 학생이 말한 대로, 피수식어가 관형사절 내부에서 어떤 문장성분으로 쓰일 수 있는 (c)와 같은 것을 '관계 관형사절', 줄여서 '관계절'이라고 부릅니다. 그러나 그게 불가능한 (d)와 같은 것은 '동격 관형사절', 줄여서 '동격절'이라고 하죠. 왜 그런 이름을 붙였을까요?

학생 11

혹시 관형사절이 피수식어의 내용을 말해 주어서 그런 거 아닌가요?

교수

맞아요! (d)에 등장한 피수식어 '사실'의 내용이 곧 '영수가 식사를 준비한' 거니까요. 여기까지는 매우 분명해 보입니다. 피수식어가 관형사절 내부의 어떤 문장성분이 될 수 있느냐로 잘 구분되니까요. 그런데 (e)가 문제죠. (e)는 관계절이 아닙니다. 피수식어 '대신'을 관형사절 '영수가 가는' 안에 넣을 수 없으니까요. 그렇다고 동격절도 아닙니다. '영수가 가는'이 '대신'의 내용이 아니니까요. 그래서 학자들은 (e)를 관계절이나 동격절과 구분되는 제3의 유형으로 봅니다. 이때 학생의 말이 빛을 발합니다. 학생 말대로 이 문장에서 '대신'은 관형사절 내포문 '영수가 가는'과 모문 '내가 갔다'를 연결해 주고 있으니까요. 그래서 (e)와 같은 것을 '연계 관형사절', 줄여서 '연계절'이라고 하죠.

f. 영수가 공을 찬 것이 골대에 들어갔다.

교수

관형사절을 마치기 전에 문제 하나 냅니다. (f)의 특징은 무엇이고 그것은 어떤 유형의 관형사절로 보면 될까요? 학생, 문득 떠오르는 생각 없어요?

학생 11

방금 관형사절을 구분하는 방법을 가지고 판단해 보면, (f)의 밑줄 친 부분은 아무래도 '관계절'로 보는 게 어떨까 싶습니다. 그런데 좀 찜찜한 것은, 관계절의 경우에는 관형사절 내부에 피수식어에 해당하는 것이 생략되어 있는데 이 경우는 그대로 나와 있기 때문입니다.

교수

역시 날카로운 관찰이에요. 여기서 피수식어 '것'은 사실, 관형사절 내부의 목적어 '공'에 해당하죠. 이걸 만약 동격절의 '사실'과 같이 해석해 버리면 그 뒤의 내용과 어긋나 버립니다. '영수가 공을 찬 사실'이 '골대에 들어갈' 수는 없으니까요. 그러니 여기서 피수식어 '것'은 '공'입니다. 그래서 학생의 말대로 (f)는, 피수식어를 관형사절 내부의 문장성분과 대응시킬 수 있다는 점에서 일단 관계절로 볼 수 있습니다. 그러나 일반적인 관계절과 달리, 피수식어에 해당하는 게 관형사절 내부에서 생략되지 않고 그대로 나타나 있죠. 그래서 이걸 '표제 명사 내포 관계 관형사절'이라는 긴 이름으로 부릅니다. 아까 '피수식어'를 '표제 명사'라고도 부른다고 했었죠? 쉽게 말하면, '피수식어를 드러나게 품은 관계절'인 거예요. 특이한 관형사절이라고 할 수 있죠.

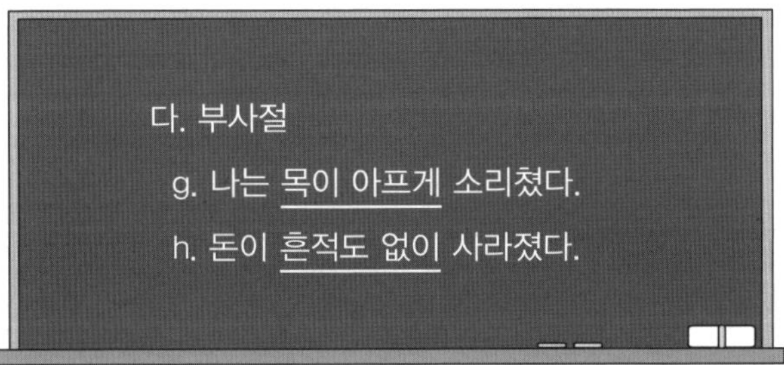

교수

이제 부사절 차례입니다. 학생, 이 두 밑줄 친 문장이 왜 부사절이죠?

학생 11

부사절의 표지와 기능을 가지기 때문입니다. 자세히 말하면, 두 문장은 부사형 전성어미 '-게'나 부사 파생접미사 '-이'를 지니고, 부사처럼 서술어를 수식합니다.

교수

역시 잘 지적했어요. 그런데 주의할 게 좀 있습니다. 명사절이나 관형사절처럼 부사절도 전성어미를 가집니다. 전성어미는 어떤 문장을 마치 어떤 단어처럼 쓰이게 만드는 어미죠. 동사나 형용사 뒤에 전성어미가 결합했다고 해서 전성어미를 가진 동사나 형용사를 사전에 싣지는 않습니다. 학생, '아프게'를 사전에서 찾을 수 있나요? 없죠? 그런데 (h)의 '없이'는 어때요? 사전에서 찾을 수 있죠? 이건 도대체 어떻게 된 걸까요?

학생 11

사실 저희도 조별 토의하면서 그 부분이 좀 이상했습니다. 아까 처음에 문제 읽고 답을 할 때, '없이'의 '-이'를 파생접미사라고 했습니다. 그런데 파생접미사는 새로운 단어를 만들 때 쓰는 것이지 이렇게 문장을 만들 때 쓰는 건 아니라고 알고 있었거든요. 단어 만들 때 쓰는 파생접미사가 어떻게 문장 만들 때 쓰일 수 있는 것인지 아직도 잘 이해가 가지 않습니다.

교수

학생이 잘 알고 있네요. 그렇게 정확히 알고 있으니 오히려 이 부분이 이해하기 어려운 겁니다. 파생접미사는 단어와 결합하여 새로운 단어를 만드는 게 주 임무죠. 그래서 (h)에 등장한 파생접미사 '-이'도 원칙적으로 형용사 '없-'에 결합하여 '없이'라는 파생 부사를 만들었다고 봐야 정상이죠. 그러나 (h)에서 '-이'는 실제로는 '흔적도 없-'이라는 '형용사구, AP'와 결합했나고 봐야 합니다. '흔적도 없이'가 하나의 절로서 부사처럼 서술어를 꾸며 주고 있으니까요. '흔적도 없이'가 부사절이라면 '-이'는 부사형 전성어미라고 해야 할 텐데 실제로 이때의 '-이'는 부사 파생접미사인 겁니다. 파생접미사라면 형용사 '없-'에 결합하는 게 맞을 텐데, 실제로는 이런 문장에서 '-이'가 '흔적도 없-'이라는 형용사구에 결합했으니 모순이 발생하는 것입니다. 원칙적으로 파생접미사는 단어 만들 때 쓰여야지 문장 만들 때 쓰여서는 안 된다는 거죠.

학생 11

이 문제에 대한 모범 답안은 무엇인가요?

교수

글쎄요, 여전히 미궁 속에 있다고 봐야죠. '어미처럼 쓰인 접미사' 혹은 '굴접접미사처럼 쓰인 파생접미사'이니까요. 모순입니다. 잘 따져 보면 이런 일이 적지 않아요. 우리가 전에 살펴보았던 '먹자골목'처럼 단어 안에 문장이 숨어 있는 경우도 같은 축에 속합니다. 단어가 모여 문장을 만드는 게 정상인데, 문장이 단어 안에 들어 있으니 말이죠. 단어와 문장에 대한 일반화에 역행하는 사례입니다. 지금 살펴본 (h)의 부사 파생접미사 '-이'도 마찬가지고요. 단어를 파생시키는 것이 문장을 파생시키고 있으니까요, 이렇게 되면 단어와 문장에 대한 일반화 자체가 흔들려 무엇이 단어이고 무엇이 문장인지조차 구분하기 힘들어집니다. 그런데 사실 이런 게 진짜 흥미진진한 문제인 겁니다. 여러분이 열심히 연구해서 이 문제에 대한 훌륭한 해결책을 얻기를 바랍니다. 여기서는 일단 부사 파생접미사 '-이'가 부사절의 표지 중 하나라는 점만 정리해 두기로 하죠.

- memo -

- 내포문의 2가지 특징: 표지와 기능
- 명사절: 명사형 전성어미, 주어나 목적어, 보어로 쓰이는 명사의 용법
- 관형사절: 관형사형 전성어미, 관형사처럼 쓰임
- 관형사절의 하위 유형: 관계절, 동격절, 연계절
- 부사절: 부사형 전성어미, 부사처럼 쓰임
- '부사 파생접미사'의 문제
  - 단어 형성 요소인데,
  - 문장 형성에 참여하고 있음. 모순적인 현상!
  - 아직은 열린 문제 ('먹자골목'처럼 일반화에 역행)

48 같은 말도 다르게: 인용절의 두 종류

교수

내포문에서 아직 살펴보지 못한 유형들이 더 있습니다. 4조, 부탁해요.

학생 11

예, 4조 '언어는 소중하죠'입니다. 저희가 맡은 문제는 '인용절을 인용절이라 부르는 이유, 그리고 그것의 표지 및 하위 종류는?'인데요, 그 답은 안긴문장이 인용된 내용이어서 인용절이이고, 그 종류로는 인용격 조사 '고'로 끝나는 간접 인용절과 인용격 조사 '라고'로 끝나는 직접 인용절이 있다는 것입니다.

교수

좋습니다. 그럼, 구체적인 예를 통해 살펴볼까요? 학생, 여기 두 인용절의 종류를 말해 주세요.

인용절

a. 어떤 사람이 "시청이 어디입니까?"라고 내게 물었다.

b. 어떤 사람이 시청이 어디냐고 내게 물었다.

학생 11

여기서 (a)는 '라고'를 가지고 있으니까 '직접 인용절'이고, (b)는 '고'를 가지고 있으니까 '간접 인용절'입니다.

교수

그렇죠. 문법에서는 표지가 중요하다고 누차 얘기했는데 학생도 그 점을 잊지 않았군요. 그런데 이렇게 표지가 다르게 붙는 이유는 뭘까요? 두 예문의 공통점과 차이점을 혹시 들추어 볼 수 있을까요?

학생 11

사실 두 문장은 같은 메시지를 전달하는 것 같은데요, (a)처럼 누군가의 말을 있는 그대로 인용할 수도 있지만 그걸 좀 가공하여 (b)처럼 말할 수도 있는 것 같습니다.

교수

그렇죠. 직접 인용절이 말해진 것 그대로를 옮기는 데 비해 간접 인용절은 그걸 중화하여 표현합니다. (a)에서는 '시청이 어디입니까?'라고 '아주 높임'을 사용하고 있는데, (b)에서는 그걸 '아주 낮춤'으로 바꾸어 '시청이 어디냐'로 표현하죠. 다음 예들을 보면 이러한 특징이 더 분명히 드러납니다.

인용절

c. 영수는 우리에게 자기도 가고 싶다고 말했다.

d. 영수는 우리에게 "나도 가고 싶어!"라고 말했다.

교수

여기서도 '라고'가 붙은 게 직접 인용절이고 '고'를 가진 게 간접 인용절인데, 직접 인용절에서 '나'라고 했던 것이 간접 인용절에서는 '자기'로 바뀌고, 직접 인용절에서 '싶어'라고 했던 것이 간접 인용절에서는 '싶다'로 바뀌는 걸 볼 수 있죠. 높임법이나 대명사, 어미에서 두 인용절은 다른 모습을 보입니다.

학생 11

선생님, 질문이 있는데요. '라고' 대신에 '하고'를 쓰기도 하는데 이건 어떻게 봐야 하나요?

인용절

d. 영수는 우리에게 "나도 가고 싶어!"라고 말했다.

e. 영수는 우리에게 "나도 가고 싶어!" 하고 말했다.

교수

좋은 질문입니다. '하고'가 쓰인 것 역시 직접 인용절이죠. (d)를 (e)처럼 바꾸어 쓸 수 있으니까요. 그런데 뭐 달라지는 게 없나요?

학생 11

음... '라고'는 앞 말에 붙여 쓰는데 '하고'는 띄어 쓰고 있는데요.

교수

잘 보았어요. 왜 이런 걸까요? 잘 모르겠어요? 그럼, 조별 토의를 해 보세요. 사전을 참고하면 좋을 겁니다.

((학생들은 평소에 궁금했는데 이번 기회에 잘 따져 보자며 의욕을 보인다. 두 예문을 놓고 얘기를 이어가는 조가 있는가 하면, 어떤 조는 곧장 사전을 펼쳐 보며 잠시 침묵하기도 한다. 사전을 보아도 통 모르겠다며 넋두리하는 학생도 있고, 긴 항목을 꼼꼼히 살피며 단서를 구하려고 몰두하는 학생도 있다. 띄어쓰기의 원칙이 무엇인지, 그리고 질문의 취지가 무엇인지 잘 따려 보자며 조원들을 독려하기도 한다.))

교수

그리 길지 않은 동안 무슨 말이 오갔는지 궁금하네요. 학생, 말해 줄래요?

학생 11

일단 저희는 띄어쓰기에 주목했습니다. 아까 '라고'는 직접 인용절에 붙는 '조사'라고 했으니 당연히 앞 말에 붙여야 합니다. 만일 '하고'도 '라고'와 같이 조사라면 당연히 붙여야겠죠. 그러나 붙여 쓰지 않았습니다. 띄어서 썼다는 건 '하고'가 조사가 아니라는 것입니다. 그래서 사전을 찾아보았는데 '하고'는 여전히 조사로 나와 있어서 좀 당황했습니다.

교수

띄어쓰기에 주목하여 실마리를 풀어나간 건 좋은데, 사전 찾는 데서 좀 아쉬움이 있네요. 혹시 다른 의견이나 더 추가할 사항이 있는 학생은 없나요?

학생 12

저희도 사전을 찾았는데 방금 말한 학생처럼 '하고'가 조사로 나와서 덮으려다가 혹시나 해서 '하다'를 찾아보았습니다. 그런데 비슷한 용법이 눈에 띄었습니다. 그건 "((인용 조사 없이 발화를 직접 인용하는 문장 뒤에 쓰여)) 인용하는 기능을 나타내는 말."이라는 거였습니다.

교수

예문도 나와 있는 걸 확인했겠네요. 불러주세요. 내가 칠판에 써 줄게요.

직접 인용절의 '하고' 관련 검색

가. ((인용 조사 없이 발화를 직접 인용하는 문장 뒤에 쓰여)) 인용하는 기능을 나타내는 말.

나. 보초는 "손 들어!" 하고 크게 외쳤다.

다. 하-: '자동사, 1자리' 서술어

교수

학생이 얘기한 걸 정리해 보면 이렇습니다. 여기서 중요한 발견이 있어요. (나)에 있는 "손 들어!" 역시 직접 인용절이고 뒤에 '하고'가 있는 걸 알 수 있죠. 그런데 이런 뜻풀이를 가진 표제어가 바로 '자동사, 1자리' 서술어인 '하-'라는 점이에요. 이게 의미하는 게 뭐예요?

학생 12

직접 인용절 뒤의 '하고'는 자동사 '하-'의 활용형이라서 띄어 쓰는 것이다?

교수

바로 그겁니다. 그러면 학생, (나)에서 '하-'가 '자동사, 1자리' 서술어라면 그 앞의 "손 들어!"는 어떤 문장성분인 거예요. '자동사, 1자리' 서술어의?

학생 12

혹시 주어요?

교수

그렇죠. 1자리 서술어니까 오로지 주어만 요구하는 거죠. 그러니 ""손 들어!" 하고"에서 "손 들어!"는 주어이고 '하고'는 그것의 서술어죠. 이러한 관계는 (e)에서도 마찬가지입니다.

인용절

d. 영수는 우리에게 "나도 가고 싶어!"라고 말했다.

e. 영수는 우리에게 "나도 가고 싶어!"하고 말했다.

교수

아까 본 이 경우에서도 (e)의 '하고'는 '자동사, 1자리' 서술어이고 그 주어는 "나도 가고 싶어!"입니다. '하고'를 '라고'와 같은 조사로 보려는 입장도 있지만, 대개는 이렇게 아직도 동사인 것으로 보고 띄어서 쓰는 거죠. 학교문법이나 그와 궤를 같이하는 『표준국어대사전』에서 그렇습니다. 살펴본 김에 관련된 예를 더 볼까요?

'자동사, 1자리' 서술어 '하-'의 또 다른 용법

가. ((의성어 뒤에 쓰여)) 그런 소리가 나다. 또는 그런 소리를 내다.

나. '탕' 하고 총소리가 났다.

다. 담 너머에서 '쿵' 하는 소리가 들렸다.

교수

사전에서는 다른 항목으로 따로 기술하고 있지만 여기서도 '하-'는 1자리 자동사죠. 의성어 '탕'이나 '쿵' 모두 뒤따르는 '하고'의 주어입니다. 신기하죠. 아주 단순하고 원시적으로 보이는 동사 '하-'의 용법입니다.

- memo -

- 간접 인용절: 조사 '고'
- 직접 인용절: 조사 '라고'
- 하고: 직접 인용절에 쓰이는 '자동사, 1자리' 서술어

49 표지 없는 문장: 서술절의 문제

교수

이제 내포문 중 남은 건 서술절입니다. 1조, 문제 풀어주세요.

학생 13

1조 '집에 가고 싶죠', 문제 풀겠습니다. 문제는 '서술절을 서술절이라 부르는 이유, 그리고 그것의 표지는?'입니다. 답은 이렇습니다. 안긴문장이 서술어로 쓰이기 때문에 서술절이라고 부르고 서술절 표지는 따로 없습니다.

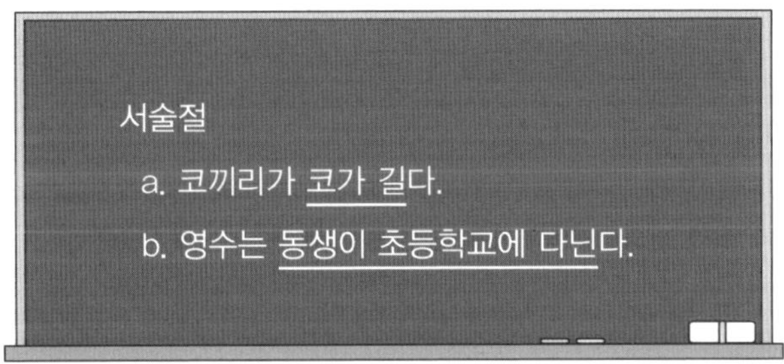

교수

우선 첫 번째 예문을 통해 학생이 답한 내용을 구체적으로 풀어 주면 좋겠어요.

학생 13

예, (a)에서 주어는 '코끼리가'이고 그것의 서술어는 '코가 길다'입니다. 이때 서술어 '코가 길다'는 주어와 서술어를 가진 내포문으로서 서술절로 불립니다.

교수

서술절 표지에 대한 설명도 해 주세요.

학생 13

아, 예. (a)에서 서술어는 '코가 길다'라고 하였는데, 그중 서술절은 '코가 길-'입니다. 서술절이라는 내포문 안에서 주어는 '코가'이고 서술어는 '길-'입니다. '-다'라는 어미는 서술절 어미가 아니라 문장 전체를 마감하는 종결어미입니다. 따라서 서술절 표지는 따로 없습니다.

교수

학생, 그런데 이 대목에서 좀 이상한 거 없어요?

학생 13

저희들도 조별 토의 때 같이 문제 풀면서 얘기를 나누었는데, 다른 내포문들은 다 표지를 가지는데 서술절만 표지가 없으면 어떻게 하나, 혹시 없다는 게 특징인가 했습니다.

교수

원칙은 원칙이죠. 문법에서는 표지와 기능이 중요하다고 하였는데 서술절은 기능은 갖추었지만 표지가 없는 상황입니다. 사실, 그래서 서술절 설정 자체를 의심하기도 하죠. 표지가 없으니까 인정할 수 없다는 거죠. 혹시 맨 끝의 '-다'를 서술절 표지로 보면 안 되나요?

학생 13

만약 그렇게 보아 '코가 길다'가 서술절이라면 이제는 전체 문장을 마감하는 종결어미가 없다고 해야 합니다.

교수

그렇죠. 논리적으로 그래요. 그래서 '-다'를 문장 전체의 종결어미로 보아야 하고, 그래서 서술절에서는 따로 표지를 찾지 못하는 거죠. 이건 서술절 성립 여부의 판단에서 매우 치명적인 문제점입니다.

학생 13

저희끼리 이야기하다가 혹시 이걸 서술절로 보지 않고 '코끼리가' 주어이고 그 서술어가 '길-'이라고 보면 문제가 해결되지 않나 하는 의견이 나왔습니다.

교수

그럴 경우, '코끼리가'와 '길-' 사이에 있는 '코가'는 어떻게 설명하죠?

학생 13

그게 문제였는데요, 혹시 보어나 부사어 같은 걸로 처리할 수는 없는 건지...

교수

그런 처리의 열쇠를 쥐고 있는 건 서술어 '길-'의 성격과 자릿수죠. 사전에서 '길-'은 어떻게 나와 있어요?

학생 13

'형용사, 1자리'라고 나와 있습니다.

교수

그래요. '길-'은 '형용사, 1자리' 서술어기 때문에 주어만 요구해요. 목적어나 보어는 취할 수 없죠. 그래서 '코가'는 보어는 아니고, 그렇다면 부사어로 볼 수 있을까요? 그것도 부정적입니다. '코가'가 서술어 '길-'을 수식한다고 보기도 힘드니까요. 그리고 그 전에 '길-'의 주어로 '코끼리가'를 설정하는 것 자체도 문제가 있습니다. 왜일까요?

학생 13

코끼리가 긴 게 아니라 코가 길어서요?

교수

맞아요. 긴 건 코죠, 코끼리가 아니라. 그래서 의미적으로 주술 관계는 '코가 길-'이라고 보아야 합니다. 그러나 이 둘을 묶어 내포문으로 볼 수는 없어요. 내포문 표지가 없으니까요. 그렇다면 이제 문제는 문장 맨 앞의 '코끼리가'입니다.

학생 13

주어가 두 개 있다고 보면 안 될까요? '코끼리가'도 주어고, '코가'도 주어고.

교수

그런 주장도 있지요. '이중 주어 가설' 또는 '주격 중출 가설'이라고 불러요. 그러나 서술어 '길-'의 자릿수가 몇 개죠? 1개죠? 그러니 둘 중 하나만 주어가 될 수 있습니다. 이게 그런 주장의 난점입니다. 학교문법은 서술절 가설을 채택하고 있죠. 그러나 앞서 말했듯이 내포문 표지가 없다는 큰 결점이 있어요. 그렇다고 주어가 두 개 있다고 할 수도 없고. 이런 상황에서 어떤 해법이 있을까요?

학생 13

주어도 아니고, 보어나 부사어도 아니면, 남은 가능성은 독립어인데 그렇게는 볼 수 없나요?

교수

좋은 접근입니다.

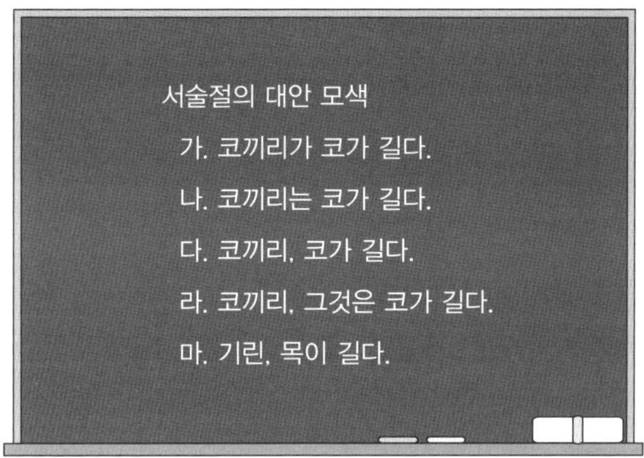

교수

비슷한 시도가 있죠. (라)의 '코끼리' 같은 걸 '제시어'라고 합니다. 어떤 걸 툭 던져 놓고 그것에 대해 말을 이어갈 때, 툭 던진 말, 그걸 '제시어'라고 합니다. 기존의 '독립어'와 범위나 성격이 꽤 비슷한 편이죠. (라) 대신 (다)처럼 말할 수 있고, (다) 대신 (나)로 말할 수 있고, (나)는 (가)와 큰 차이가 없습니다. (다)의 '코끼리'를 '기린'으로 바꾼 (마)도 자연스럽습니다.

학생 13

선생님, 서술절의 두 번째 예문 (b)도 이렇게 볼 수 있나요?

교수

예문 (b) '영수는 동생이 초등학교에 다닌다.'에서 '영수는'은 서술어 '다니-'에 대해 정말 아무 관련성이 없죠. 이 문장은 '영수에 대해서 말하자면, 그의 동생이 초등학교에 다닌다.'의 의미를 가집니다. 그래서 학자들은 (b)의 '영수는'을 '주제, topic' 또는 '주제어'라고 보기도 하죠. (a)의 '코끼리가' 역시 마찬가지로 볼 수 있습니다. 이처럼 서술절 가설의 대안으로 제시어나 주제어가 제안되기도 했습니다.

학생 14

선생님, 다른 의문이 좀 있는데요. 이제까지 배운 내포문의 종류에는 명사절, 관형사절, 부사절, 인용절, 서술절이 있는데, 왠지 5개 모두 다 동질적이지는 않은 것 같습니다.

교수

그럼, 어떻게 갈리나요? 학생의 의견이 궁금합니다.

학생 14

명사절, 관형사절, 부사절의 경우에는 기본적으로 내포문 표지가 '어미'입니다. 그런데 인용절은 조사이고요. 서술절은 아예 표지가 없습니다.

교수

잘 보았습니다. 또 어떤 차이가 있을까요?

학생 14

또 다른 차이는, 명사절과 관형사절과 부사절은 그 이름이 품사 명칭을 따르는데, 인용절과 서술절은 그렇지 않습니다.

교수

맞습니다. 사실 인용절은 조사가 표지라는 점에서 사실상 명사절처럼 볼 수 있습니다. 조사가 붙는 말은 기본적으로 명사니까요. 서술절은 표지가 없다는 점에서 아예 성립하기 힘들고. 그렇다면 뭐만 남아요? 명사절, 관형사절, 부사절이 남죠. 그래서 이 셋을 가장 전형적인 내포문의 하위 유형들이라고 할 수 있습니다.

- memo -

- 서술절의 문제: 절 표지 없음
- 대안: 제시어, 주제어
- 내포문 정리: 명사절(∋인용절), 관형사절, 부사절

50 대등하지 않은 대등 접속: 접속의 종류

교수

문장 확대의 기제로서 '내포' 말고도 '접속'이 있죠? 접속의 종류와 내포와의 구분 문제도 함께 살펴보도록 하겠습니다. 2조 차례인가요?

학생 15

예, 2조 '에이블 주시죠'입니다. 저희가 맡은 문제는 '접속의 두 가지 종류 및 그 둘을 구별하는 기준은 무엇인가?'입니다. 그 답을 말씀드리면, 접속의 종류에는 대등 접속과 종속 접속이 있고, 그 구별 기준은 이어진 두 절의 순서를 바꾸어도 의미에 변화나 문제가 없는가의 여부입니다. 대등 접속은 가능하지만 종속 접속은 불가능합니다.

교수

간명하게 잘 답해 준 내용을 구체적인 예시를 통해 깊이 음미해 보도록 하죠.

접속의 종류

가. 대등 접속

a. 하늘은 파랗고, 들판은 푸르다.

b. 영수는 노래를 불렀고, 숙희는 춤을 추었다.

나. 종속 접속

c. 봄이 오니, 꽃이 핀다.

d. 눈이 오면, 세상이 하얘진다.

교수

학생의 답변대로 접속은 두 가지로 나뉩니다. 대등하게 이어진 대등 접속과 그렇지 않은 종속 접속. 이 둘을 구분하는 기제를 통해 그 차이점을 확인해 보죠. 학생, 그 기제가 뭐죠? 어떻게 둘을 구별하나요?

학생 15

이어진 두 절의 순서를 바꾸어도 의미에 변화나 문제가 없는가 하는 것입니다. 대등 접속은 두 절의 순서를 바꾸어도 되지만, 종속 접속은 그렇게 하면 의미가 달라지거나 문제가 생깁니다.

교수

그럼, 칠판의 문장들을 가지고 입증해 주기 바랍니다.

학생 15

예, 대등 접속의 두 문장들에서는 앞뒤 문장을 바꾸어도 정상적인 문장이 됩니다. 의미가 달라졌다고 보기도 힘들죠. 예를 들어, (a) '하늘은 파랗고, 들판은 푸르다.'를 '들판은 푸르고, 하늘은 파랗다.'로 바꾸어도 맞는 문장이고 의미도 그대로입니다. (b)도 마찬가지입니다. '영수는 노래를 불렀고, 숙희는 춤을 추었다.'나 '숙희는 춤을 추었고, 영수는 노래를 불렀다.'나 메시지가 동일하며 모두 올바른 문장입니다.

가. 대등 접속

a. 하늘은 파랗고, 들판은 푸르다.

→ 들판은 푸르고, 하늘은 파랗다.

b. 영수는 노래를 부르고, 숙희는 춤을 추었다.

→ 숙희는 춤을 추었고, 영수는 노래를 불렀다.

학생 15

그러나 종속 접속은 다릅니다. (c) '봄이 오니, 꽃이 핀다.'의 앞뒤 문장을 바꾸어 '*꽃이 피니, 봄이 온다.'로 만들면 이상해집니다. (d)도 마찬가지입니다. '눈이 오면, 세상이 하얘진다.'를 '*세상이 하얘지니, 눈이 온다.'로 바꾸면, 정말 이상해집니다.

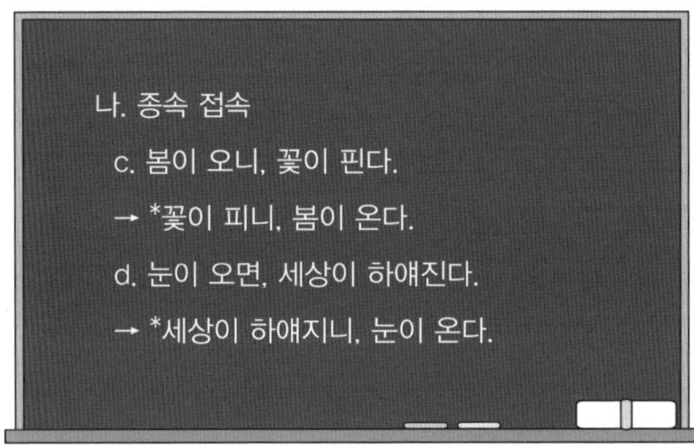

교수

정확히 무엇이 이상해진다는 거죠?

학생 15

아, 뜻이 이상해진다는 것입니다. 봄이 와야 꽃이 피는 거고, 눈이 내려야 세상이 하얗게 변하는 것인데, 꽃이 피니까 봄이 오는 거고, 세상이 하얘지니까 눈이 온다는 것은 원인과 결과가 바뀌어 인과관계가 맞지 않습니다.

교수

그렇습니다. 원인과 결과가 역전되면 이상해지죠. 종속 접속의 두 문장에서 앞 문장은 원인을, 뒤 문장은 결과를 나타냅니다. 접속되어 있는 두 문장의 지위가 동일하지 않다는 얘기죠. 그러니 앞의 것과 뒤의 것을 바꾸었을 때 논리적인 의미의 흐름에 문제가 발생하는 것입니다. 그런데 대등 접속에서는 어떻다는 거예요?

학생 15

두 문장 (a)와 (b)에서 앞과 뒤를 바꾸어도 전혀 문제가 생기지 않습니다.

교수

그것이 뜻하는 바는?

학생 15

이어진 두 문장이 대등하다는 것입니다.

교수

그래서 (a)와 (b)를 '대등 접속'이라고 부르는 거죠. 반대로, (c)와 (d)는 원인이 결과에 종속되는 구조이니까 '종속 접속'이고요. 이어지는 두 문장의 위상을 견주어 대등과 종속으로 나눈 겁니다. 접속된 두 문장의 순서를 단순히 바꾸는 것만 가지고서도 이렇게 대등 접속과 종속 접속을 구분할 수 있다니 간편하면서도 흥미롭네요. 그런데 학생, 여기서 질문하겠습니다. 대등 접속의 경우, 이어진 두 절의 순서를 바꾸었을 때, 의미가 그대로 유지되나요?

학생 15

아까 말씀드렸듯이 대등 접속의 경우 이어진 두 문장을 바꿀 수도 있고 그렇게 바뀐 순서의 의미도 이상하지 않은 것 같은데요.

교수

바뀌었을 때의 의미가 이상하냐를 묻는 게 아니라, 바뀌기 전과 후의 의미가 같은가를 묻는 것입니다.

학생 15

글쎄요, 저는 의미가 같은 거 같은데요.

교수

그럼, 칠판 잠깐 보세요.

어순재배치에 따른 의미 변화 여부

거. 강아지가 고양이를 물었다.

너. 고양이를 강아지가 물었다.

교수

두 문장은 동일한 주어와 목적어, 서술어로 되어 있습니다. 다르다면 뭐가 다를까요?

학생 15

음… (거)에서는 주어, 목적어, 서술어 순인데, (너)에서는 목적어가 맨 앞에 와서 목적어, 주어, 서술어 순입니다.

교수

그래요. 주어와 목적어의 순서가 바뀌었죠. 그 결과 의미는요? 의미 변화는 없나요?

학생 15

목적어 '고양이를'을 먼저 말하고 있으니 (거)보다 (너)에서는 '고양이'가 강조되고 있는 것 같습니다.

교수

그렇죠. 두 문장은 모든 게 동일하고 주어와 목적어만 바뀌어 있을 뿐이지만, 그로 인해서 목적어 성분이 강조되고 있다는 해석이 나옵니다. 구성 성분의 위치를 바꾸니 의미가 달라진 거예요. 순서를 바꾸는 것은 단순히 형식상의 위치 변화에 그치는 것이 아니라 의미상의 변화까지 초래합니다. 이러한 관점에서 아까 대등 접속의 두 예를 음미해 보세요.

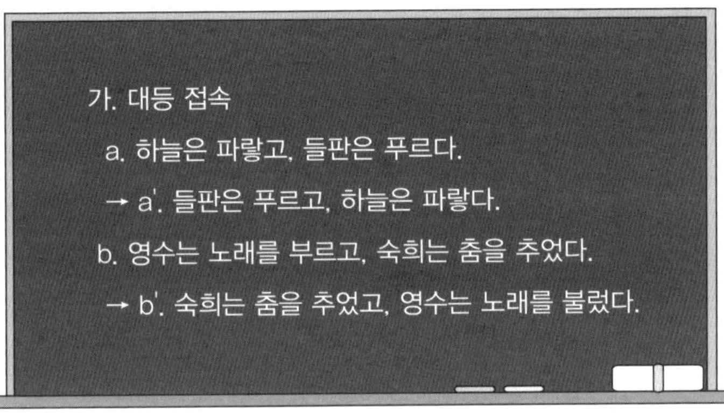

학생 15

그렇게 보면, (a)에서는 '하늘이 파랗고'가 먼저 나오고 (a')에서는 '들판은 푸르고'가 먼저 나오니 강조되는 문장이 다르다고 할 수 있습니다. (b)에서 강조되는 건 영수가 노래를 불렀다는 것인데 (b')에서는 숙희가 춤을 추었다는 게 우선시되고 있습니다.

교수

비록 대등 접속에서는 앞뒤 문장을 바꾸는 게 가능은 하지만 그랬을 때 불가피하게 의미도 달라진다는 점을 놓쳐서는 안 됩니다. 그리고 이게 함의하는 바는 뭐라고 생각하나요?

학생 15

그렇게 되면 대등 접속은 진정한 의미에서 대등 접속이 아닌 거 아닌가요?

교수

나도 같은 생각입니다. 이어진 앞뒤 문장을 바꾸었을 때 가능하다는 것에서 끝나는 게 아니라 의미상으로도 완전히 동일하냐를 따져야 하는데 그 점에서는 다르다고 한다면 완전한 대등 접속은 실제로는 존재하지 않는다는 결론이 나옵니다.

- memo -

- 대등 접속과 종속 접속 가르기: 이어진 앞뒤 문장의 교체 가능 여부
- 대등 접속은 앞뒤 문장 교체가 가능하지만, 그럴 경우 의미가 바뀌어 사실상 완전한 대등 접속은 존재하지 않음

51 형식과 내용의 불일치: 문 접속의 문제

교수

이제 특이한 접속문을 살펴볼 차례입니다. 3조 문제 풀어 주세요.

학생 16

3조 '바로 그거죠'입니다. 문제는 '연결어미를 동반하지 않는 접속문은 무엇인가?'인데요, 그 답은 '문 접속'입니다.

교수

정말 간결한 답이네요. 해설은 그보다 훨씬 길어지겠지만요.

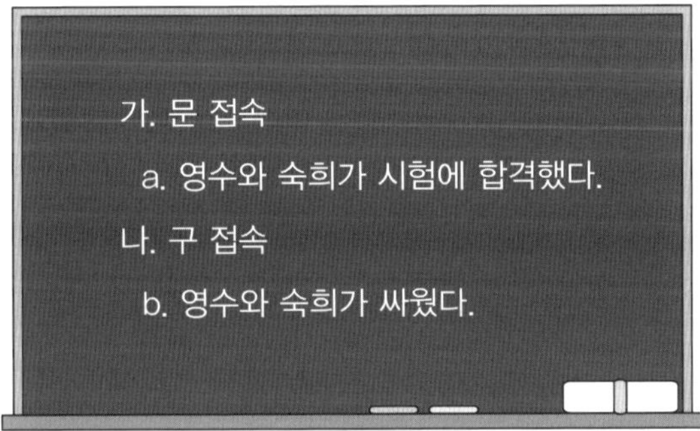

교수

여기 칠판을 보면, 방금 나온 '문 접속' 말고도 '구 접속'이라는 게 있습니다. 구 접속은 조금 이따가 보기로 하고, 일단 문 접속에 집중해 봅시다. 학생, 왜 (a)라는 문장이 접속문이라는 건가요?

학생 16

그것은 '영수가 시험에 합격했다'와 '숙희가 시험에 합격했다'가 합쳐져서 (a)로 되었다고 보기 때문입니다. 두 문장이 합쳐졌지만 겹치는 게 많아 안 겹치는 부분만 남겨 접속조사 '와'나 '과'로 묶어 놓아도 여전히 두 문장이 함께 있다고 보는 것입니다.

교수

아주 잘 설명했습니다. 바로 그런 이유에서 (a)와 같은 문장을 문장의 접속, 즉 '문 접속'으로 보는 것입니다. 그럼, (b)의 '구 접속'이란 무엇일까요? 학생, 마찬가지의 논리로 설명해 볼 수 있나요?

학생 16

예, 설명해 보겠습니다. (a)와 같이 (b)에서도 '와'로 묶인 것들을 가지고 따로 두 문장을 만들어 보면, '*영수가 싸웠다'와 '*숙희가 싸웠다'로 되는데 이건 모두 비문입니다. 따라서 두 문장이 합쳐진 것이라고 볼 수 없습니다. (b)는 문장들이 접속한 게 아니라 명사구들이 접속한 거니까 '구 접속'이라고 할 수 있습니다.

교수

매우 훌륭한 설명입니다. 특히 명사구들이 접속했다는 언급이 아주 좋아요. '영수와 숙희가'에서 '영수'는 달랑 명사 한 개지만 실제로는 명사 핵이 관형어라는 비핵 없이 혼자 투사해서 만들어진 명사구인 것으로 봐야 하죠. 전에 '문장의 구성' 살펴볼 때 다 했던 이야기입니다. 이걸 학생은 잘 기억하고 있네요. 마찬가지 이유로 '숙희'도 명사구입니다. '영수'라는 명사구와 '숙희'라는 명사구가 접속조사 '와'로 묶인 게 '영수와 숙희'이고 여기서 주격조사 '가'가 결합하여 '영수와 숙희가'라는 조사구가 만들어지는 것입니다. 이러한 구조적 성격은 '문 접속' (a)에서도 마찬가지입니다. 그럼에도 불구하고 (a)를 '구 접속'이라고 부르지 않는 것은 '영수와 숙희가'에서 '영수'와 '숙희'가 각각 별도의 주어로 나설 수 있기 때문입니다. '구 접속'인 (b)에서는 그게 불가능하고요. 학생, 왜 이런 차이가 발생할까요?

학생 16

서술어의 차이 때문이라고 생각합니다. '구 접속'의 (b)에 쓰인 서술어 '싸우-'는 반드시 두 명이 있어야 합니다. 이기려고 다투는데 혼자서 그럴 수는 없으니까요.

교수

바로 그런 동사를 '상호동사, reciprocal verb' 또는 '교호동사'라고 부릅니다. 학생이 설명한 그대로, '싸우-'는 반드시 싸움의 두 주체를 요구하고 두 주체가 등장해야만 하나의 싸움이 성립합니다. 하나의 싸움은 하나의 사건이며 그래서 구 접속의 (b)는 단문입니다.
그러나 '합격하-'라는 동사는 원칙적으로 하나의 주체만을 요구하죠. 하나의 주체만 있어도 하나의 합격이 성립합니다. 그런데 (a)처럼 합격한 사람이 둘이라는 거는 두 개의 사건이 벌어졌다는 거고, 그 얘기는 (a)가 두 개의 문장을 포함하고 있다는 겁니다. (a)는 그래서 문 접속이고 복문인 거죠.

학생 17

선생님, 그런데 저는 좀 의문이 듭니다.

교수

생각을 자세히 말해 주세요.

학생 17

문장은 사건을 서술하는 것이고, 사건이 둘이니 두 개의 문장이 있는 것이라는 건 얼핏 보면 그럴 듯하게 들리는데요, 그렇다면 '100명이 시험에 합격했다.'라는 문장은 100개의 문장이 합쳐진 복문이라고 봐야 하는 건가요?

교수

정말 날카로운 지적입니다. 학생은 '문 접속'의 논리에 문제를 제기하는 거군요. '100명이 시험에 합격했다.'라는 문장은 뜻을 생각하지 않으면 그냥 단문으로 보입니다. '100명이'라는 주어 하나와 '시험에'라는 보어 하나, '합격하-'

라는 서술어 하나를 가진 단문 말이에요. 의미상으로는 복수의 사건이지만, 형식상으로는 단문 구조입니다. 논리적으로, '문 접속'이라 불리는 (a)도 마찬가지죠. 의미상으로는 2개의 사건이지만, 형식상으로는 '영수와 숙희는'이라는 주어 하나와 '시험에'라는 보어 하나, '합격하-'라는 서술어 하나를 가진 단문이지요. 결국, '100명이 시험에 합격했다.'라는 문장이나 '문 접속'의 문장 (a) '영수와 숙희가 시험에 합격했다.'나 의미와 형식의 불일치를 보인다고 할 수 있습니다. 이럴 경우 문장의 구조 파악에서는 어떤 걸 중시해야 할까요?

학생 17

저는 문장 구조 파악에서는 당연히 형식을 중시해야 한다고 생각합니다. 단문과 복문을 나누는 기준은 주술 관계가 2번 이상 나타나는가를 보는 것인데, 그건 단순히 의미상의 문제가 아니라 형식상으로도 그래야 하는 것으로 이해해야 할 것입니다. 아까 대등 접속과 종속 접속의 예들에서는 두 개의 문장이 이어져 두 개의 주술 관계가 형식적으로 확인이 될 수 있었습니다. '영수는 노래를 부르고, 숙희는 춤을 추었다.'에서 주술 관계는 분명히 두 번 형식적으로 나타납니다.

내용과 형식의 구분

가. "영수와 숙희가 시험에 합격했다."

a. 의미: 2개의 사건

b. 형식: 1개의 주술 관계

나. "영수는 노래를 부르고, 숙희는 춤을 추었다."

a. 의미: 2개의 사건

b. 형식: 2개의 주술 관계

교수

의미적으로는 두 문장이 모두 2개의 사건을 담고 있지만, 형식적으로는 (가)에서는 1개의 주술 관계가, (나)에서는 2개의 주술 관계가 관찰된다는 것이죠. 통사론이 형식적인 측면에서 문장의 구조를 파악하는 것이라면 결국 '문 접속'은 성립할 수 없는 것이 됩니다. 학생의 논리에 동의합니다. 나 역시 같은 주장을 펴는 논문을 쓴 적이 있지요. '문 접속'은 학교문법에서도 채택될 만큼 인정받기도 하였으나 최근에 오면서 반대의 목소리가 높아지는 것 같습니다. 품사 분류의 기준 중에서 의미적 기준이 문제였던 것처럼, 의미상의 복수성에 기대어 문장의 구조를 파악하려는 문 접속의 논리 또한 문제가 있어 보입니다.

- memo -

- 문 접속과 구 접속
- 형식과 내용의 불일치: 문 접속의 주술 관계는 의미상으로는 복수이지만 형식상으로는 단수임
- 문장의 구조 파악에서는 형식적 차원이 더 중요하므로 문 접속은 인정하기 힘듦

52 오컴의 면도날: 접속과 내포의 통합

교수

이제 문장 확대의 기제를 마무리하는 문제를 풀어볼 차례입니다. 4조 풀어 주세요.

학생 18

4조 '언어는 소중하죠'입니다. 문제는 '내포와 접속의 구별이 쉽지 않아 보이는 경우는 무엇이며 그 해법은?'입니다. 칠판에 판서하며 설명해도 될까요?

교수

그렇게 하세요.

내포와 접속의 구별이 쉽지 않아 보이는 경우

a. 차가 지나가도록 우리는 길에서 비켜섰다.

b. 우리는 차가 지나가도록 길에서 비켜섰다.

학생 18

여기 두 예문 중 첫 번째 문장 (a)는 선행절과 후행절이 이어진 접속문으로 볼 수 있습니다. 여기서 밑줄 친 선행절은 '종속절'로서 이유를 나타내고 후행절은 주절로서 결과를 나타냅니다. 그런데 선행절을 오른쪽으로 움직여 (b)처럼 재배치할 경우, 그것은 부사절로 취급됩니다. '우리는 길에서 비켜섰다'라는 문장의 내부로 들어가 서술어를 꾸미는 부사어로 보이기 때문입니다. 동일한 문장이 어떤 때는 접속의 선행절로, 어떤 때는 내포의 부사절로 취급되는 건 일관성이 없어 보이므로, 둘 다를 내포의 부사절로 보아 통일을 기할 수 있습니다.

교수

설명 잘 들었습니다. 학생의 말대로라면 (a)는 접속문이 아니라 부사절을 가진 안은문장이 되는 거네요?

학생 18

그렇습니다.

교수

그렇게 되면 접속문 중에서 종속 접속은 모두 부사절을 품은 안은문장으로 해석되어 대등 접속만 남게 되는 거네요?

학생 18

예, 그렇게 되는 거 같습니다.

교수

그런데 아까 대등 접속과 종속 접속을 구별하는 기준을 살펴보면서, 선행절과 후행절의 교체 시에 의미의 차이가 발생하기 때문에 결국 진정한 대등 접속은 존재하지 않는다는 걸 알 수 있었죠. 그렇다면 이것이 함의하는 바는 무얼까요?

학생 18

진정한 대등 접속이 없는 거라면 접속에는 종속 접속만 남게 되고, 종속 접속은 다시 부사절로 재해석될 수 있는 것이니까, 결국에는 문장 확대의 기제로는 오로지 내포만 있다는 결론에 이르게 됩니다.

교수

그렇습니다. 그렇게 논리가 흐르게 되죠. 단문을 모아 복문을 만드는 기제로 접속과 내포 두 가지를 가정하는 것과 내포 한 가지만 가정하는 것이 모두 가능하다면, 내포 한 가지만 가정하는 게 이론적으로 더 선호가 됩니다. 전에도 얘기했던 '오컴의 면도날'이라는 추론의 원리 때문이죠. 동일한 설명력을 가진다면, 단순한 게 복잡한 것보다 더 좋으니까요. 학교문법에서는 접속과 내포를 엄격히 나누는 입장과 함께, 종속 접속을 부사절로 흡수하여 대등 접속만 있는 접속과 부사절을 위시한 내포를 문장 확대의 두 축으로 보는 입장도 인정합니다. 그러나 진정한 의미의 대등 접속이 성립할 수 없다면, 복문 형성 기제로는 내포만 있다고 하는 게 타당해 보입니다.

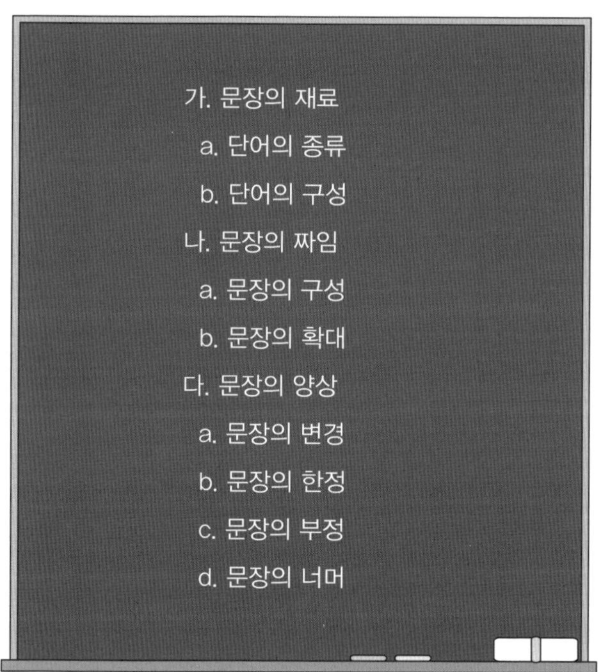

교수

이상으로 문장의 확대에 대해 알아보았습니다. 문장의 기본 구성과 함께 확대 구성을 살펴봄으로써 '문장의 짜임'에 대한 기본적인 이해에 도달할 수 있었죠. 문장에 대한 이러한 본격적인 이야기는 문장의 재료인 단어의 종류와 구성을 살핌으로써 가능했습니다. 문장의 재료와 문장의 짜임을 둘러보았으니, 이제부터는 문장의 양상에 관해 깊이 있게 관찰해 봅니다. 문장이 명제와 양상의 결합이라는 거 잊지 않았죠? 문장의 짜임에서는 주로 명제의 구조에 많은 시간을 할애했습니다. 이제 남은 것은 양상의 차원이에요. 옷이 날개라는 말이 있죠? 문장의 옷에 해당하는 양상, 그것에 속하는 다채로운 문법 현상들이 여러분을 기다리고 있습니다. 다음 시간, 호기심 가득한 얼굴로 다시 만나요.

- memo -

- 내포와 접속의 구분이 어려운 경우
- 종속 접속은 부사절 내포로 해석 가능
- 접속은 없고 내포만 존재: 문장 확대 기제의 단순화
- 다음에 이어질 내용 예고: 문장의 양상

용어 해설

• 단어 (word)

형태론의 최대 단위이자 통사론의 최소 단위로서 하나 이상의 형태소로 이루어져 있다. 단어의 판정 기준은 자립성이며 여기에는 화용론적 자립성과 통사론적 자립성이 있다. 화용론적 자립성은 대화에서 홀로 쓰일 수 있는 성질이며, 통사론적 자립성은 문장에서 홀로 쓰일 수 있는 성질이다. 전통적으로는 화용론적 자립성을 통해 단어를 정의해 왔으나 그럴 경우 의존명사나 관형사, 조사 등이 제외될 수밖에 없는 문제점이 있다. 화용론적 자립성을 자립형태소나 단어의 정의에 활용하는 것은 형태론이나 통사론에 화용론의 기준을 도입하는 것이므로 층위의 혼동이라는 문제를 일으킨다. 통사론적 자립성은 이러한 문제점 없이 단어를 구성하는 형태소를 분류하고 문장 안에서 단어를 정의할 수 있게 해 준다. 통사론적 자립성에 따를 경우 용언의 어간 자체를 동사나 형용사로 보고 어미 또한 독자적인 단어로 취급하므로 단어의 종류는 기존의 9품사 체계에서 10품사 체계로 확대된다. 이러한 품사 체계는 형태적 기준과 통사적 기준, 의미적 기준을 통해 입체적으로 설정된다. 형태적 기준이란 단어가 어미를 취할 수 있느냐를 따지는 것으로서 어미를 취할 수 있는 가변어와 그럴 수 없는 불변어로 단어를 가른다. 통사적 기준은 문장 안에서 단어가 어떤 문장성분으로 쓰이느냐를 따진다. 이러한 기준으로 체언, 용언, 수식언, 독립언, 관계언으로 단어를 구분한다. 의미적 기준은 단어가 가진 의미 부류를 따지는 것으로서 손쉽게 적용할 수 있는 장점이 있지만 경우에 따라서는 형태적 기준이나 통사적 기준을 거스르는 결과를 초래할 수 있으므로 보조적 기준으로만 사용이 가능하다. 그러나 한국어의 9품사는 실제적으로 의미적 기준을 통해 구분되어 왔다는 문제점이 있다. 한편, 단어는 이러한 품사론뿐만 아니라 내부 구조를 다루는 조어론을 통해서도 그 종류가 나누어지기도 한다. 하나의 형태소로 이루어진 단일어와 둘 이상의 형태소로 구성된 복합어가 그것이다. 복합어는 다시 접사를 포함하는 파생어와 어근들만으로 이루어진 합성어로 구분된다. ▷참고 자료: 김의수(2016), "4장. 최대 형태단위의 분류 / 5장. 최소 형태단위와 형태규칙", 『언어의 다섯 가지 부문 연구』, 한국문화사. / 김의수(2024), "31. 문법론 = 형태론 + 통사론 / 용어 해설: 단어 (word)", 『질문하는 언어학』, 박영사. ▶관련 본문: 1장. 단어의 종류 / 2장. 단어의 구성

• **동사** (verb)

형태적으로는 활용을 하는 가변어이고, 통사적으로는 문장의 서술어로 쓰이며, 의미적으로는 움직임을 나타내는 단어를 가리킨다. 동사와 서술어는 구별되는데, 동사가 단어의 종류를 구분하는 품사 차원의 개념이라면, 서술어는 문장성분의 일종이기 때문이다. 동사는 서술어이지만, 서술어는 동사라고 할 수는 없다. 서술어가 될 수 있는 품사에는 동사 말고도 형용사가 더 있기 때문이다. 문장 '영수는 밥을 먹었다'는 동사가 서술어인 경우이고, '영수는 멋있다'는 형용사가 서술어인 경우이다. 동사나 형용사는 다른 말의 도움 없이 그 자체로 서술어로 쓰일 수 있는 품사이다. 한편, 명사가 '이-'의 도움을 받아 서술어의 실질적인 부분으로서 쓰일 수도 있다. 예를 들어, '영수는 학생이다'에서 명사 '학생'이 '이-'의 도움을 서술어의 일부로 쓰이는 것을 볼 수 있다. 이때 '이-'를 두고 학교문법은 서술격조사라고 부르고 학문문법은 계사나 기능동사, 형식동사로 부르기도 한다. 다른 품사들도 이와 같은 방식으로 서술어의 실질적인 부분으로 쓰일 수 있는데 '그때 내 입에서 나온 말은 아이고였다'의 감탄사 '아이고'가 그 한 예이다. ▷출처: 김의수(2024), "용어 해설: 동사 (verb)", 『질문하는 언어학』, 박영사. ▷참고 자료: 김의수(2016), "4장. 최대 형태단위의 분류", 『언어의 다섯 가지 부문 연구』, 한국문화사. / 김의수(2023), "2.1.3 서술어 분석 틀", 『문장 분석』, 하우. ▶관련 본문: 4. 너의 의미는 뭐니?: 단어 분류의 의미적 기준 / 14. 돌다리 두드리기: 형용사와 동사의 구분 / 16. 반전: 형용사는 동사다!

• **명사** (noun)

한국어 9품사 중 하나이고 체언의 핵심을 이루는 단어를 가리킨다. 명사는 어미를 취하지 않는 불변어이고 문장에서 주로 주어나 목적어, 보어로 쓰이는 체언이며 사물의 이름을 가리킨다. 명사에는 보통명사와 고유명사가 있는데 지시 대상이 둘 이상이면 보통명사, 하나이면 고유명사이다. 보통명사는 다시 자립명사와 의존명사로 나뉘

며 의존명사는 관형어 없이는 쓰일 수 없다. 그러나 이러한 명사 분류에서 자립명사와 의존명사의 설정은 잉여성과 모순성을 노정한다. 명사는 기본적으로 단어이기에 자립성을 가지므로 자립명사는 잉여적이고 의존명사는 모순적이다. 이러한 문제는 화용론적 차원에서 자립성을 규정하기 때문이다. 문장에서 독자적인 기능을 수행하는가를 보는 통사론적 자립성에서는 의존명사 역시 자립적이다. 다만, 관형어에 대한 필수적인 요청의 여부를 반영한다면, 본서에서처럼 기존의 자립명사를 '닫힌 명사'로, 기존의 의존명사를 '열린 명사'로 보는 것도 한 가지 구별 방법이 될 것이다. ▷참고 자료: 김의수(2016), "4장. 최대 형태단위의 분류", 『언어의 다섯 가지 부문 연구』, 한국문화사. ▶관련 본문: 10. 잉여와 모순: 자립명사와 의존명사

• **문장** (sentence)

통사론에서 다루는 가장 큰 단위로서 명제와 양상으로 이루어져 있다. 흔히 문장을 주어와 서술어의 결합으로 보는데, 이것은 문장이 지닌 명제에 국한된 것이다. 명제를 구성하는 것에는 서술어 및 그것이 요구하는 필수성분인 주어, 목적어, 보어 이외에도 서술어를 수식하는 부사어와 체언을 수식하는 관형어 등이 있다. 문장은 사건을 서술하는데 명제는 서술 내용에 해당하고 양상은 서술 태도에 해당한다. 명제를 양상이 감싸는 구조이며, 양상은 피동과 사동, 시제와 상, 높임과 종결 등으로 구성되어 있다. 문장을 절이라고도 하며, 주술 관계가 한 번인 것을 단문, 두 번 이상인 것을 복문이라고 한다. 복문은 모문과 그것이 포함하는 내포문으로 구성된다. 모문과 내포문을 모절과 내포절로 부르기도 하며, 내포문에는 명사절, 관형사절, 부사절 등이 있다. 학교문법에서는 이외에도 인용절, 서술절을 설정하기도 하나 인용절은 명사절이나 부사절에 흡수될 수 있고, 서술절은 절 표지의 부재 등으로 설정의 근거가 약하다. 단문을 모아 복문을 만드는 절차에는 내포 외에도 접속이 거론되기도 한다. 그러나 접속의 하위 유형인 대등 접속이 실질적으로는 존재하지 않고 종속 접속은 부사절에 흡수될 수 있으므로 접속을 별도로 설정하지 않고 내포만으로 문장 확대를 설명할 수 있다. 문장의 종류는 종결법에 따라 평서문, 의문문, 명령문, 청유문, 감탄문의 다섯 가지로 나누기도 하지만, 감탄문은 평서문의 일종으로, 청유문은 명령문의 일종으로 간주할 수 있으므로 사실상 문장의 종류를 세 가지로 구분할 수 있다. ▷참고 자료: 김의수(2016), "6

장. 통사단위와 통사구조 / 10장. 통사부와 화용부의 접점", 『언어의 다섯 가지 부문 연구』, 한국문화사. / 김의수(2024), "17. 세상에서 가장 긴 문장은?: 언어의 창조성 / 용어 해설: 문장 (sentence)", 『질문하는 언어학』, 박영사. ▶관련 본문: 31. 문장의 몸과 옷: 문장은 주어와 서술어의 결합이다? / 43. 달걀의 노른자와 흰자: 명제를 감싸는 양상

• **문장성분** (sentence constituent)

문장을 구성하는 성분을 가리킨다. 문장성분에는 명제성분과 양상성분, 독립성분이 있다. 명제성분에는 서술어와 그것이 필수적으로 요구하는 주어, 목적어, 보어가 있고 수의적으로 나올 수 있는 부사어와 관형어가 있다. 이 중 서술어와 직접적인 관계를 맺지 못하는 것은 관형어뿐이다. 양상성분으로는 피동과 사동, 시제와 상, 높임, 종결 등이 있다. 명제성분이 문장의 몸을 이룬다면 양상성분은 몸을 감싸는 옷에 해당한다. 독립성분에는 독립어가 있고 이것을 부사어의 일종으로 취급할 수 있다면 독립성분을 따로 설정할 필요는 없어진다. 문장성분은 보통은 구의 형식을 취하지만 문장성분을 지배하는 문장성분은 핵이므로 단어의 위상을 가진다. 명사구에서 관형어를 지배하는 핵으로서의 명사나, 동사구에서 주어나 목적어, 보어를 지배하는 핵으로서의 동사가 그러하다. 품사 분류의 기준인 통사적 기능은, 단어가 문장 안에서 어떤 문장성분으로 쓰이느냐를 보는 것이다. ▷참고 자료: 김의수(2023), "2.1.1 문장성분 유형 분석 틀", 『문장 분석』, 하우. ▶관련 본문: 3. 네가 맡은 배역은 뭐니?: 단어 분류의 통사적 기준 / 31. 문장의 몸과 옷: 문장은 주어와 서술어의 결합이다? / 43. 달걀의 노른자와 흰자: 명제를 감싸는 양상

• **보어** (complement)

문장에서 서술어가 요구하는 필수성분 가운데 주어와 목적어를 제외한 나머지 성분을 가리킨다. 이론적으로는 깔끔하게 정의할 수 있으나 실제로 문장에서 보어를 가려내기란 여간 어려운 게 아니다. 이 때문에 학교문법에서는 보어를 '되-'나 '아니-' 앞에 오는 '가' 성분으로 엄격하게 제한했다. 그 결과 보어 개념이 너무나 협소하여 사실상 제 역할을 하지 못한다는 지적이 불가피하였다. 학문문법에서는 서술어가 요구하는 필수성분, 즉 논항에서 주어와 목적어를 제외한 나머지를 보어로 규정한다. 이럴

경우 보어와 부가어의 구분이 문제가 된다. 이때 부가어란 논항이 아닌 부사어와 같은 수의성분을 말한다. 서술어의 논항구조나 어휘개념구조를 아무리 엄밀히 설정하려 들어도 연구자들마다 보어의 성격과 인정 여부에서 차이를 보인다. 자동사와 타동사를 가르는 목적어의 정의에서 이견이 분분하듯 보어와 부가어의 구별도 언어학의 큰 난제에 해당한다. 한편, 논항을 이루는 주어와 목적어, 보어 중에서 목적어와 보어를 통합하여 논항을 주어와 보어로 이분하다가 종국에는 주어마저도 보어에 포함시켜 사실상 논항과 같은 개념으로 보어를 사용하기도 한다. 서술어가 필수적으로 요구하는 문장성분을 논항으로, 그렇지 않은 문장성분을 부가어로 규정하고, 논항의 성격은 그것이 가진 격과 의미역으로 구분하는 것이 생성문법의 일반적인 처리 방식이다. ▷참고 자료: 김의수(2006), 『한국어의 격과 의미역』, 태학사. / 김의수(2016), "4.2.4 동사", 『언어의 다섯 가지 부문 연구』, 한국문화사. ▶관련 본문: 13. Less is more: 논항을 삼킨 보어

• **생성문법** (generative grammar)

언어의 분석뿐만 아니라 산출까지도 하나의 이론을 통해 설명할 수 있다고 보는 문법 이론이다. 20세기 중반 미국의 촘스키에 의해 주창된 이론으로서, 기술문법의 전통을 계승하는 동시에 그것을 넘어서려는 시도이다. 기술문법이 주어진 언어 자료를 객관적으로 기술하는 데 목표를 두었다면, 생성문법은 주어진 언어 자료의 객관적 기술뿐만 아니라 그러한 언어 자료의 산출에 대해서도 하나의 모형을 통해 원리적인 설명을 가하려고 한다. 문법 이론의 평가 절차를 마련하여 기술문법이 중간단계인 기술적 타당성을 추구하는 데 반하여 생성문법은 최고의 단계인 설명적 타당성을 목표로 하는 문법 이론이라고 주장한다. 기술적 타당성을 갖춘 문법 이론은 한 언어 전반을 체계적으로 설명해 낼 수 있고, 설명적 타당성을 갖춘 문법 이론은 인류 언어 전체를 설명해 낼 수 있다. 생성문법은 인간만이 가진 언어능력을 가정하는데 그것은 인간의 언어 구사 능력이 일반 인지능력과는 구별된다고 보기 때문이다. 이와 달리, 인지문법은 인간의 언어 구사 능력 또한 일반 인지능력을 통해 이루어진다고 보며 생성문법과 대립적인 시각을 제시하고 있다. ▷출처: 김의수(2024), "용어 해설: 생성문법(generative grammar)", 『질문하는 언어학』, 박영사. ▷참고 자료: 김의수(2016), "3장. 언어기관의 전체 얼개", 『언어의 다섯 가지 부문 연구』, 한국문화사. / 윤평현(2021), "제1장.

의미론의 형성", 『새로 펴낸 국어의미론 강의』, 역락. ▶관련 본문: 13. Less is more: 논항을 삼킨 보어 / 37. 집단과 개인: 구를 지배하는 단어 / 38. 어순을 결정하는 것: 핵과 비핵의 순서 / 41. 구 구조: 핵에서 최대 투사까지

• 어간 (stem)

동사나 형용사가 활용할 때 변하지 않는 부분이다. 화용론적 자립성을 기준으로 단어를 정의할 때 어간은 어미와 더불어 동사나 형용사를 이룬다. 어간이나 어미는 홀로 대화에서 쓰일 수 없기 때문이다. 그러나 통사론적 자립성을 기준으로 단어를 정의하면, 어간과 어미는 독자적인 단어로 인정된다. 어간이나 어미는 문장 형성에서 독자적인 기능을 수행하기 때문이다. 어간과 어미가 결합하는 것을 활용이라고 하며, 이때 어간이나 어미의 일부가 변하기도 한다. 어미와 접사를 접사로 통합하여 어미를 굴절접사로, 기존의 접사를 파생접사로 부르는 경우, 어간은 불필요해지거나 어기로 대체되기도 한다. 어간은 문장을 구성하는 명제의 핵으로서 동사구나 형용사구를 이루며 명제를 마감한다. 이러한 명제를 어미가 취하여 양상을 구성한다. ▷참고 자료: 김의수(2016), "6장. 통사단위와 통사구조", 『언어의 다섯 가지 부문 연구』, 한국문화사. ▶관련 본문: 26. 제한적인 관계: 어근과 접사, 어간과 어미 / 28. 또 하나의 반전: 어근과 어기

• 어기 (base)

단어 형성에서 파생접사나 굴절접사가 결합할 수 있는 바탕이 되는 말을 가리킨다. 단어 형성은 전통적으로 조어법에서 논의해 왔는데 여기에 등장하는 것은 어근과 접사이다. 용언을 바탕으로 설명할 경우, 어근 단독으로나 어근에 접사가 결합하여 어간을 이루에 되며 이러한 어간과 결합하는 것이 어미이다. 그러나 접사와 어미를 동궤에 놓기 위해 기존의 접사를 파생접사로, 기존의 어미를 굴절접사로 설정하면 어간에 어미가 결합하는 활용까지도 단어 형성 차원에서 논의하게 된다. 어미가 접사로 바뀌었으니 어미에 대응하던 어간이라는 개념은 설 자리를 잃는다. 이제 접사와 어근만 남게 되는데 문제는 기존의 어간이 담당했던 부분을 포착해 줄 개념이 더 이상 없다는 것이다. 어근은 파생접사가 결합할 수 있는 언어단위인데, 어근과 파생접사가 만나서 이루어진 결과물로서 앞으로 굴절접사가 결합해야 할 대상으로서의 언어단위를 포착해 줄

개념이 없는 것이다. 어근은 단어의 뿌리로서 단어 분석의 가장 마지막 단계에서 남겨지는 개념이고, 어미와 함께 사라진 어간을 다시 살려내서 사용할 수도 없는 노릇이다. 이때 등장하는 것이 어기이다. 파생접사든 굴절접사든 그것이 결합할 수 있는 기반이 바로 어기이다. 어근은 최초의 어기라고 할 수 있으므로 어기 개념에 흡수된다. 결국 남는 것은 어기와 접사이다. 이 둘을 가지고 조어 과정과 활용 절차 모두를 간명하게 설명할 수 있다. 처음에는 어근과 접사, 어간과 어미라는 네 가지 개념으로 출발했다가 나중에는 어기와 접사라는 두 가지 개념으로 줄이면서 조어뿐만 아니라 활용까지도 단어 형성 차원에서 논의할 수 있게 된 것이다. ▷참고 자료: 김의수(2016), "5장. 최소 형태단위와 형태규칙", 『언어의 다섯 가지 부문 연구』, 한국문화사. ▶관련 본문: 28. 또 하나의 반전: 어근과 어기.

• **어미** (inflectional ending)

동사나 형용사가 활용할 때 변하는 부분이다. 화용론적 자립성을 기준으로 단어를 정의할 때 어미는 어간과 더불어 동사나 형용사의 일부가 되지만, 통사론적 자립성을 기준으로 단어를 정의하면, 어미는 어간으로부터 독립하여 독자적인 단어로 인정된다. 어미와 접사를 구분하여 어미는 어간과 대립되고 접사는 어근과 대립되는 것으로 간주할 경우, 어미는 활용의 핵심 개념이 된다. 어미가 변하는 것을 활용이라 부르기 때문이다. 그러나 어미와 접사를 접사로 통합하여 어미를 굴절접사로, 기존의 접사를 파생접사로 간주할 경우, 어미는 단어 형성에 참여하는 요소가 된다. 이럴 경우, 활용조차 조어 과정의 일부가 되기 때문이다. 문장이 명제와 양상으로 구성된다고 할 때, 어미는 양상의 핵으로서 동사구나 형용사구의 모습을 띤 명제를 감싸며 문장을 마감한다. ▷참고 자료: 김의수(2016), "6장. 통사단위와 통사구조", 『언어의 다섯 가지 부문 연구』, 한국문화사. ▶관련 본문: 26. 제한적인 관계: 어근과 접사, 어간과 어미 / 27. 경계 허물기: 접사와 어미 / 28. 또 하나의 반전: 어근과 어기 / 43. 달걀의 노른자와 흰자: 명제를 감싸는 양상 / 44. 왕의 귀환: 조사와 어미 그리고 10품사

• **언어학** (linguistics)

일반적으로 언어를 연구하는 학문을 가리킨다. 현대 언어학, 특히 생성문법에서 언

어학이란 언어에 대한 모어 화자의 직관을 설명해 내는 학문으로 정의된다. 이때 모어 화자의 직관이란 그가 가지고 있는 언어능력을 뜻하며 이는 모어 화자가 모어의 어떤 문장을 듣자마자 그 문장이 옳은 문장인지 틀린 문장인지를 곧장 알아차리는 능력이다. 언어학의 하위 분야는 각자가 담당하는 언어단위들에 대한 모어 화자의 직관을 잘 설명해 낼 수 있어야 한다. 다른 학문과 마찬가지로 언어학도 역사와 철학을 지닌다. 언어학의 간략한 역사는 전통언어학, 구조언어학/기술언어학, 생성언어학, 인지언어학의 흐름으로 간추릴 수 있다. 각각의 언어학 패러다임마다 언어를 고유하게 정의한다. 전통언어학에서는 언어가 문법 책 속에 기술되어 있다고 보고, 구조 언어학에서는 언어가 문화처럼 사회에 녹아 있다고 보며, 생성언어학에서는 언어가 유전되는 언어능력이라고 보고, 인지언어학에서는 언어가 일반 인지능력의 산물이라고 본다. 그러한 언어학들의 바탕에는 철학이 깔려 있는데 구조언어학의 배후에는 경험주의가, 생성언어학의 배후에는 이성주의가, 인지언어학의 배후에는 현상학적 인식론이 깔려 있다. ▷참고 자료: 김의수(2016), “3장. 언어기관의 전체 얼개”, 『언어의 다섯 가지 부문 연구』, 한국문화사. / 김의수(2024), “2부. 언어 연구의 갈래와 흐름”, 『질문하는 언어학』, 박영사. ▶관련 본문: 5. 의미의 한계: 기준의 위계

• **용언** (inflected word)

동사나 형용사처럼 어미를 취하는 단어이다. 화용론적 자립성을 기준으로 단어를 정의할 때 용언은 어간과 어미로 구성되지만, 통사론적 자립성을 기준으로 단어를 정의할 때 용언은 어간만을 가리킨다. 명령형, 청유형, 현재형, 진행형 여부 등으로 용언을 동사와 형용사로 갈라 왔지만 예외가 적지 않아 신뢰하기 힘들다. 이러한 기준보다 실질적으로 더 중요한 것으로 품사 분류의 형태적 기준과 통사적 기준을 고려한다면, 한국어 용언을 동사와 형용사로 나누기는 어렵다. 문장이 명제와 양상의 결합이라고 할 때, 용언은 명제 내부의 서술어로서 쓰이면서 명제의 핵이 되어 주어나 목적어와 같은 필수성분, 부사어와 같은 수의성분을 취하여 명제를 구성한다. 용언의 의미적 성격이나 자릿수에 의해 명제의 구성이 달라지기 때문이다. 피동의 접사나 사동의 접사를 통해 서술어의 자릿수를 변경함으로써 명제의 구조와 양상의 성격을 다르게 만들 수 있다. ▷참고 자료: 김의수(2016), “6장. 통사단위와 통사구조 / 7장. 서술어 변경과

통사규칙”, 『언어의 다섯 가지 부문 연구』, 한국문화사. / 김의수(2024), “용어 해설: 동사 (verb), 형용사 (adjective)”, 『질문하는 언어학』, 박영사. ▶관련 본문: 11. 술어와 논항: 학교문법과 학문문법 / 14. 돌다리 두드리기: 형용사와 동사의 구분 / 16. 반전: 형용사는 동사다! / 40. 오컴의 면도날: 동사구의 구조

• **음운론** (phonology)

음운에서 음절까지를 다루는 언어학의 하위 분야이다. 이러한 정의는 음운론에 대한 외연적 정의이며, 음운론에 대한 내포적 정의는 음운이 모여 음절을 이루는 것을 연구하는 언어학의 하위 분야이다. 이러한 내포적 정의를 단위, 규칙, 부문의 관점에서 종합적으로 완성하면 다음과 같다. 음운론은 음운단위와 음운규칙, 음운부문을 연구하는 언어학의 하위 분야로서, 음운단위에는 음운과 음절이 있고 음운규칙은 음운이 모여 음절을 형성하는 규칙이며 음운부문, 줄여서 음운부는 음운단위와 음운규칙이 존재하는 공간이다. 생성문법에서는 그러한 공간이 몸과 마음에 있다고 본다. ▷출처: 김의수(2024), “용어 해설: 음운론 (phonology)”, 『질문하는 언어학』, 박영사. ▷참고자료: 김의수(2016), “2장. 언어 연구의 하위 구분, 3장. 언어기관의 전체 얼개”, 『언어의 다섯 가지 부문 연구』, 한국문화사. ▶관련 본문: 22. 단어의 재료: 형태소와 단어 / 34. 근거의 적절성: 음운론적 증거와 통사론적 주장

• **자립성** (autonomy) → **‘단어’를 보세요!**

• **조사** (postposition)

한국어 9품사 중 하나이다. 화용론적 자립성을 가진 최소의 언어단위로 단어를 정의할 경우 조사는 단어에서 제외된다. 이를 막기 위해, 화용론적 자립성을 가지거나 그러한 자립성을 가진 말로부터 분리가 가능하면 단어라고 보는 것이 학교문법이다. 그러나 통사론적 자립성으로 단어를 정의하면 그러한 간단한 정의만으로 조사가 단어라는 것을 쉽게 이해할 수 있다. 조사는 격조사, 보조사, 접속조사로 나뉘는데, 격조사는 문장성분이 서술어와 맺는 문법관계를 나타내며, 보조사는 앞 말에 일정한 의미를 더하고, 접속조사는 명사구들을 연결한다. 대표적인 격조사로 알려진 ‘가’나 ‘를’은 주

격이나 목적격을 나타내는 동시에 문장의 신정보를 표시하고 있다는 점에서 보조사로서도 기능한다. 그러한 점을 중시하여 이들 격조사를 보조사의 일종으로 보기도 한다. 조사는 체언과 결합한다고 알려져 있지만 부사나 어미 다음에 오는 경우도 적지 않다. 조사는 영어의 전치사(preposition)와 대비되므로 후치사(postposition)로 부를 수 있으며, 이 둘을 합하여 부치사(adposition)로 통칭한다. 조사가 명사구와 결합할 경우 조사구를 형성하는데 이는 조사가 문장 형성에서 명사보다 형식적으로 더 중요한 역할을 수행한다는 것을 보여준다. 문장의 형성에서 어미가 양상의 수립에서 핵심적인 역할을 수행한다면, 조사는 명제의 형성에서 중요한 역할을 담당한다. ▷참고 자료: 김의수(2016), “4장. 최대 형태단위의 분류 / 6장. 통사단위와 통사구조”, 『언어의 다섯 가지 부문 연구』, 한국문화사. / 김의수(2017), “5장. 명사가 구가 될 때 / 8장. 격 꺼림과 대칭 투사”, 『문법 연구의 주제 탐색』, 한국문화사. ▶관련 본문: 20. 극과 극: 감탄사와 조사 / 새 정보와 헌 정보: 격조사와 보조사의 구분 / 33. 문장의 건축: 조사가 핵이다.

• **체언 (nominal)**

한국어 품사에서 명사, 대명사, 수사를 통칭하는 용어이다. 체언의 가장 중요한 특징 두 가지는 앞에 관형어가 올 수 있고 뒤에 조사가 올 수 있다는 점이다. 꼭 와야 한다는 게 아니라 올 수 있다는 잠재성이 중요하다. 이런 점에서 대명사와 수사는 일정한 한계를 지닌다. 대명사는 관형사의 수식이 불가능하고 수사는 매우 제한적으로 가능하기 때문이다. 명사 중에서 의존명사라 불리는 것은 관형어의 존재가 필수적이다. 이렇듯 명사나 대명사, 수사는 제각기 관형어 수식과 조사 부착이라는 체언의 주요한 특징들에 대해 조금씩 다른 입장에 서 있다. 그러나 체언의 중심은 명사에 있다고 보아야 한다. 대명사는 명사를 대신하는 명사이며 수사는 수나 양을 나타내는 명사만을 묶어 놓은 것이라고 볼 수 있기 때문이다. 체언은 품사 분류의 세 가지 기준 중에서 통사적 기준에 잘 부합하는 개념이다. 명사, 대명사, 수사는 문장성분 가운데 주어, 목적어, 보어로서 주로 쓰이기 때문이다. 체언과 대응되는 용언은 서술어라는 문장성분으로 쓰이며, 체언과 용언을 통해 형성되는 주술 관계는 문장의 명제를 떠받치는 근간을 이룬다. ▷참고 자료: 김의수(2016), “4장. 최대 형태단위의 분류 / 6장. 통사단위와 통사구조”, 『언어의 다섯 가지 부문 연구』, 한국문화사. / 김의수(2017), “5장. 명사가 구가 될 때", 『문법 연구의 주제 탐색』, 한국문화사. ▶관련 본문: 7. 명사의 두 가지 특징: 관형어와 조사 / 8. 대명사와 수사의 한계: 관형사의 수식 여부.

• **통사론** (syntax)

단어에서 문장까지를 다루는 언어학의 하위 분야이다. 이러한 정의는 통사론에 대한 외연적 정의이며, 통사론에 대한 내포적 정의는 단어가 모여 문장을 이루는 것을 연구하는 언어학의 하위 분야이다. 이러한 내포적 정의를 단위, 규칙, 부문의 관점에서 종합적으로 완성하면 다음과 같다. 통사론은 통사단위와 통사규칙, 통사부문을 연구하는 언어학의 하위 분야로서, 통사단위에는 단어와 문장이 있고 통사규칙은 단어가 모여 문장을 형성하는 규칙이며 통사부문, 줄여서 통사부는 통사단위와 통사규칙이 존재하는 공간이다. 생성문법에서는 그러한 공간이 몸과 마음에 있다고 본다. ▷출처: 김의수(2024), "용어 해설: 통사론 (syntax)", 『질문하는 언어학』, 박영사. ▷참고 자료: 김의수(2016), "2장. 언어 연구의 하위 구분, 3장. 언어기관의 전체 얼개", 『언어의 다섯 가지 부문 연구』, 한국문화사. ▶관련 본문: 34. 근거의 적절성: 음운론적 증거와 통사론적 주장 / 39. 로마에 가면 로마법을: 통사론적 자립성 / 44. 왕의 귀환: 조사와 어미 그리고 10품사

• **품사 통용** (conversion of parts of speech)

하나의 단어가 둘 이상의 품사로 쓰이는 언어 현상을 말한다. 예를 들어, '오늘'이라는 단어는 명사로도 쓰이고 부사로도 쓰인다. 두 가지 용법을 구별하는 것은 조사 부착 가능성 유무이다. 명사로서의 '오늘'은 조사 부착이 가능한데 부사로서의 '오늘'은 '나는 오늘(*에) 영화 보러 간다.'에서처럼 부사격조사의 부착을 거부한다. 명사가 조사의 도움을 받아 부사어로 쓰이는 것과 달리, 자체적으로 부사어로 쓰일 수 있는 부사이기 때문에 그렇다. '이런'과 같은 단어는 형용사, 관형사, 감탄사의 세 가지 품사로 쓰일 수 있으며, '들'과 같은 말은 형태소와 단어를 넘나들면서 파생접미사, 보조가, 의존명사로 쓰일 수 있다. 이렇게 하나의 단어가 여러 가지 품사나 범주로 쓰이는 것은 언어 운용에 경제적이다. 의미론의 주요 연구 대상인 다의어나 동음어 역시 하나의 형식에 둘 이상의 의미가 연결됨으로써 기억의 부담을 줄이게 되는데 이를 언어의 경제

성이라 부른다. 품사 통용 역시 언어 경제성의 연장선상에 있다. ▷참고 자료: 김의수(2016), "7장. 서술어 변경과 통사규칙", 『언어의 다섯 가지 부문 연구』, 한국문화사. / 김의수(2024), "18. 기억하는 언어, 기억하지 않는 언어: 언어의 경제학", 『질문하는 언어학』, 박영사. ▶관련 본문: 9. 품사 통용: 언어의 경제성.

• **필수적 부사어** (obligatory adverbial)

부사어 가운데 서술어가 필수적으로 요구하는 것을 가리킨다. 부사어는 관형어와 함께 수의성분에 속한다. 학교문법이 보어의 범위를 극도로 제한하면서 주어나 목적어, 보어가 아니면서도 서술어가 필수적으로 요구하는 문장성분을 부사어의 일종으로 설정되게 되었다. 예를 들어, '영수가 나에게 책을 주었다.'와 같은 문장에서 '주-'는 '타동사, 3자리' 서술어로서 '나에게'를 필수적으로 요구한다. 이것은 주어나 목적어가 아니므로 보어로 보아야 하는데 학교문법의 보어는 '되-'나 '아니-' 앞에 오는 '가' 성분에 국한되므로 거기에 속하지도 않는다. 부사격 조사를 가지므로 형식적으로 부사어 모습을 띠는 '나에게'는 비록 부사어이긴 하지만 서술어가 필수적으로 요구하는 성분이라는 점에서 학교문법은 이를 필수적 부사어로 설정한다. 그러나 필수적 부사어는, 문장성분의 유형으로서는 수의성분이면서도 서술어가 필수적으로 요구한다는 점에서는 필수적인 성분이라는 모순을 내포한다. 학문문법에서는 이러한 모순을 피하기 위해 '나에게'를 보어로 본다. 이때 보어는 서술어가 요구하는 필수성분 가운데 주어나 목적어가 아닌 모든 것을 가리킨다. 이것은 이론적으로는 합리적인 설정이라 할 수 있지만 실제로는 보어와 부사어의 경계가 모호하다는 점으로 인해 문제에 봉착한다. 예를 들어, '영수는 이 책을 영어로 번역하였다.'에서 '영어로'를 보어로 볼 것인지 부사어로 볼 것인지에 대해 의견이 분분하다. 이럴 경우, 어느 하나로 정답을 정할 수가 없어 학교의 내신 시험이나 국가 고사에서 이를 출제하기 힘들다. 이러한 이유로 필수적 부사어는 학교문법에서뿐만 아니라 학문적인 공론의 장에서도 여전히 유효한 개념으로서 활동하고 있다. ▷참고 자료: 남기심 · 고영근(1985), "11.3 부속 성분", 『표준국어문법론』, 탑출판사. / 김의수(2016), "4.2.4. 동사", 『언어의 다섯 가지 부문 연구』, 한국문화사. / 구본관 외 3인(2025), "4.2.4. 보어", 『한국어 문법 총론 Ⅰ』, 집문당. ▶관련 본문: 12. 필수적인 수의성분: 필수적 부사어.

• **학교문법** (school grammar)

학생들을 대상으로 가르치기 위한 문법을 말한다. 여기서 학생은 일차적으로 초등학교나 중등학교에 다니는 학생을 가리키는 것이겠지만 실질적으로는 국민 전체를 뜻한다고 보는 것이 옳을 것이다. 학교문법은 내국인을 대상으로 할 뿐만 아니라 한국어를 배우는 외국인에게 가르치는 한국어교육 문법의 바탕이 되기도 한다. 이렇듯 교육을 염두에 두고 있는 문법이기 때문에 학교문법은 원칙적으로 통일성을 중시할 수밖에 없다. 반면 학문문법은 언어 자체의 탐구에 목표를 두기 때문에 여러 가지 관점과 시도가 가능하고, 그에 따라 다양한 연구 결과가 도출되어 급기야는 상호 모순적인 결론들이 동시에 주장되기도 한다. 학교문법이 배경으로 삼는 전통문법 역시 학문문법으로서 다양한 연구 결과들을 내어 놓았는데 이를 실용적 목적에 따라 국가 주도로 1960년대에 단일화하여 통일문법을 마련하고 이후 하나의 교과서로 통합 편찬하여 오늘날 볼 수 있는 학교문법의 기틀을 마련하게 되었다. 학문문법은 전통문법, 구조문법 혹은 기술문법, 생성문법, 인지문법 등으로 패러다임의 변화를 겪으면서 다양해졌고 학교문법에 필요한 자양분을 공급해 왔다. ▷참고 자료: 김의수(2016), "3장. 언어기관의 전체 얼개", 『언어의 다섯 가지 부문 연구』, 한국문화사. / 김의수(2024), "2부. 언어 연구의 갈래와 흐름", 『질문하는 언어학』, 박영사. ▶관련 본문: 11. 술어와 논항: 학교문법과 학문문법.

• **학문문법** (academic grammar) → **'학교문법', '언어학'을 보세요!**

• **형용사** (adjective)

형태적으로는 활용을 하는 가변어이고, 통사적으로는 문장의 서술어로 쓰이며, 의미적으로는 상태나 속성을 나타내는 단어를 가리킨다. 여기서 의미적으로 정의된 부분을 제외한 다른 모든 측면에서 형용사의 정의가 동사의 정의와 일치하는 것을 확인할 수 있다. 그리고 이러한 점을 중시한다면 형용사와 동사를 동일 품사로 보고 그 안에서 하위 구분하는 것이 좀 더 타당하고 합리적인 기술이 될 수 있다. 활용 여부를 따지는 형태적 기준과 문장 내의 기능을 고려하는 통사적 기준은, 의미 부류를 나누는 의미적 기준에 비해 우월한 지위를 가지기 때문이다. 예를 들어, '공부'라는 말은 '학문과 기술을 배우고 익힘'이라는 뜻을 가지며, '공부하다'라는 말은 '학문과 기술을 배우고 익히다'라는 뜻을 지니므로, 의미적 기준으로 보아서는 '공부'와 '공부하다'를 같은 부류로 취급해야 한다. 그러나 형태적 기준에서 '공부'는 불변어, '공부하다'는 가변어이고, 통사적 기준에서 '공부'는 주어나 목적어, 보어 등으로 쓰이는 체언이고 '공부하다'는 서술어로 쓰이는 용언이라는 점에서 중대한 차이가 있다. '공부'와 '공부하다'의 올바른 구분을 위해서는 형태적 기준과 통사적 기준을 중시하고 의미적 기준은 아예 배제하거나 기껏해야 참고하는 정도로만 활용하는 것이 바람직해 보인다. 기존에 형용사와 동사를 구분해 줄 수 있다고 보아 왔던 다섯 가지 구분 기준 즉, 명령형, 청유형, 목적어, 현재형, 진행형의 가능 여부도 재고의 여지가 매우 많다. 그것은 용언이 지니는 의미적 특성에 따라 달라지는 것이지, 동사니까 다 되고 형용사니까 다 안 되는 것이 아니다. 예를 들어, '흐르다'라는 말은 비록 동사이기는 하지만 인간의 의지가 개입할 수 없는 자연적인 움직임을 뜻하기 때문에 명령형이나 청유형 어미를 취하기 힘든 것이다. 현재형과 진행형의 가능 여부도 마찬가지 맥락에서 비판될 수 있다. 상태나 속성이라는 의미 부류는 본질적으로 현재를 전제하고 지속성도 띠게 마련이므로 그러한 의미를 가진 용언에 현재형과 진행형을 사용할 경우 현재를 다시 현재화하고, 지속에 다시 지속을 더하는 잉여가 발생할 수밖에 없다. 목적어의 유무라는 기준도 자동사의 존재를 떠올린다면 그리 대단한 구분 기제로 보기는 힘들다. 따라서 형용사와 동사를 별개의 품사로 나누는 것보다는 둘을 하나의 품사로 묶고 그 안에서 하위 구분하는 방식이 더 합리적일 수 있다. 한국어의 형용사는 영어의 형용사와는 매우 다르고 오히려 영어의 동사와 더 가까운 특성을 보여 준다. ▷출처: 김의수(2024), "용어 해설: 형용사 (adjective)", 『질문하는 언어학』, 박영사. ▷참고 자료: 김의수(2016), "4장. 최대 형태단위의 분류", 『언어의 다섯 가지 부문 연구』, 한국문화사. ▶관련 본문: 4. 너의 의미는 뭐니?: 단어 분류의 의미적 기준 / 14. 돌다리 두드리기: 형용사와 동사의 구분 / 16. 반전: 형용사는 동사다!

• **형태론** (morphology)

형태소에서 단어까지를 다루는 언어학의 하위 분야이다. 이러한 정의는 형태론에 대한 외연적 정의이며, 형태론에 대한 내포적 정의는 형태소가 모여 단어를 이루는 것을 연구하는 언어학의 하위 분야이다. 이러한 내포적 정의를 단위, 규칙, 부문의 관점에서 종합적으로 완성하면 다음과 같다. 형태론은 형태단위와 형태규칙, 형태부문을 연구하는 언어학의 하위 분야로서, 형태단위에는 형태소와 단어가 있고 형태규칙은 형태소가 모여 단어를 형성하는 규칙이며 형태부문, 줄여서 형태부(=어휘부)는 형태단위와 형태규칙이 존재하는 공간이다. 생성문법에서는 그러한 공간이 몸과 마음에 있다고 본다. ▷출처: 김의수(2024), "용어 해설: 형태론 (morphology)", 『질문하는 언어학』, 박영사. ▷참고 자료: 김의수(2016), "2장. 언어 연구의 하위 구분, 3장. 언어기관의 전체 얼개", 『언어의 다섯 가지 부문 연구』, 한국문화사. ▶관련 본문: 22. 단어의 재료: 형태소와 단어

- **형태소** (morpheme)

의미를 가진 가장 작은 언어단위이다. 형태소는 형태론의 최소 단위이며, 단어를 구성하는 재료이고, 음운이나 단어와 마찬가지로 저장되는 언어단위이다. 형태소를 분류하기 위한 기준으로 형식의 자립성과 내용의 실질성이 있는데 자립성에 따라 자립형태소와 의존형태소로, 실질성에 따라 실질형태소와 형식형태소로 나뉘므로 하나의 형태소는 두 가지 국면에서 정의된다. 조어법 차원에서 형태소는 접사와 어근으로 구분되며, 활용 차원의 어간은 어근과 접사로 구성되고 그 바깥에 어미가 놓이게 된다. 자립성을 가진 어근은 형태소인 동시에 단어로서 통사부에서 문장 형성에 참여한다. 그러나 어근 분리라고 일컬어지는 경우에서는 자립성을 가지지 못한 어근이나 접사가 통사부의 문장 형성 과정에 개입하기도 한다. 예를 들어, 문장 '방안이 참 깨끗도 하다'에서 '깨끗'은 비자립 어근이고 '하-'는 형용사 파생접사로서 그 둘은 '깨끗하-'와 같은 하나의 단어(형용사)를 이루어 통사부의 문장 형성에 참여하는 게 일반적인데, 이러한 어근 분리의 경우에서는 조사 '도'가 그 둘을 분리하여 마치 그 둘이 별도의 단어인 것처럼 행세하기도 한다. 이러한 현상은 어휘부와 통사부를 구분하여 논의하는 것을 어렵게 만든다. ▷출처: 김의수(2024), "용어 해설: 형태소 (morpheme)", 『질문하는 언어학』, 박영사. ▷참고 자료: 김의수(2016), "5장. 최소 형태단위와 형태규칙", 『언어의 다섯 가지 부문 연구』, 한국문화사. / 김의수(2021), "3장. 인지체계 내에 존재하는 불확정성", 『언어단위와 인지체계의 불확정성』, 소통. ▶관련 본문: 22. 단어의 재료: 형태소와

단어 / 25. 대화와 백과사전: 형태소 분류의 두 기준

• **화용론** (pragmatics)

발화에서 담화까지를 다루는 언어학의 하위 분야이다. 이러한 정의는 화용론에 대한 외연적 정의이며, 화용론에 대한 내포적 정의는 발화가 모여 담화를 이루는 것을 연구하는 언어학의 하위 분야이다. 이러한 내포적 정의를 단위, 규칙, 부문의 관점에서 종합적으로 완성하면 다음과 같다. 화용론은 화용단위와 화용규칙, 화용부문을 연구하는 언어학의 하위 분야로서, 화용단위에는 발화와 담화가 있고 화용규칙은 발화가 모여 담화를 형성하는 규칙이며 화용부문, 줄여서 화용부는 화용단위와 화용규칙이 존재하는 공간이다. 생성문법에서는 그러한 공간이 몸과 마음에 있다고 본다. ▷출처: 김의수(2024), "용어 해설: 화용론 (pragmatics)", 『질문하는 언어학』, 박영사. ▷참고자료: 김의수(2016), "2장. 언어 연구의 하위 구분, 3장. 언어기관의 전체 얼개", 『언어의 다섯 가지 부문 연구』, 한국문화사. ▶관련 본문: 39. 로마에 가면 로마법을: 통사론적 자립성 / 44. 왕의 귀환: 조사와 어미 그리고 10품사

색인

ㅇ

저자 소개

김의수 (uskim2004@naver.com)

현재 한국외국어대학교 사범대학 한국어교육과 교수로 재직 중이며, 같은 대학의 한국어문화교육원 원장과 한국학센터의 장을 역임하였다. 고려대학교와 한국외국어대학교에서 강의하면서 수강생들에게 세 차례 최고의 강의 평가를 받으며 대표 수상의 영예를 안기도 하였다. 고려대학교 문과대학 국어국문학과에서 수학하며 학사, 석사, 박사 학위를 취득하였다. 박사 학위논문이 국어학회의 국어학총서로 선정되고 동숭학술논문상을 수상하였으며, 영국 런던대학교 SOAS에서 국비장학생으로 유학하였고, 우리어문학회 총무이사를 비롯하여 여러 학회에서 연구이사, 편집이사, 부회장 등을 맡아 왔다. 한국어의 문장 구조를 결정하는 통사기능(격)과 의미기능(의미역)을 생성문법의 관점에서 연구하였고, 언어학(생성문법)과 물리학(양자역학)을 접목하여 언어단위와 인지체계에 존재하는 불확정성을 탐구하였으며, 한국어와 중국어를 대조 분석할 수 있는 해석문법 이론을 창안하여 한국어교육과 통번역, 문체론 연구를 수행해오고 있고, 최근에는 현상학의 지향성을 토대로 분인언어와 장면언어를 발굴하여 현상학적 언어학을 새롭게 추구하고 있다. 지은 책으로는 『한국어의 격과 의미역: 명사구의 문법기능 획득론』(국어학회 국어학총서55, 2006년 대한민국학술원 우수학술도서), 『문법연구의 방법 모색』(2007년), 『언어의 다섯 가지 부문 연구』(2016년), 『해석문법의 이론과 실제』(2017년), 『문법연구의 주제 탐색』(2017년), 『언어단위와 인지체계의 불확정성』(2021년), 『문장 분석』(2023년 학범 박승빈 국어학상), 『질문하는 언어학』(2024년) 등이 있다.

질문하는 문법

초판발행　2025년 12월 15일

지은이　김의수
펴낸이　안종만·안상준

편　집　조영은
기획/마케팅　박부하
표지디자인　BEN STORY
제　작　고철민·김원표

펴낸곳　(주) 박영사
서울특별시 금천구 가산디지털2로 53, 210호(가산동, 한라시그마밸리)
등록 1959.3.11. 제300-1959-1호(倫)
전　화　02)733-6771
f a x　02)736-4818
e-mail　pys@pybook.co.kr
homepage　www.pybook.co.kr
ISBN　979-11-303-9789-4　93700

* 이 연구는 2025학년도 한국외국어대학교 교원연구지원사업 지원에 의하여 이루어진 것임.

정 가　19,000원